Berufliche Beratung Älterer

Bernd-Joachim Ertelt / Michael Scharpf (Hrsg.)

Berufliche Beratung Älterer

Bibliografische Information der Deutschen Nationalbibliothek
Die Deutsche Nationalbibliothek verzeichnet diese Publikation
in der Deutschen Nationalbibliografie; detaillierte bibliografische
Daten sind im Internet über http://dnb.d-nb.de abrufbar.

Gedruckt auf alterungsbeständigem, säurefreiem Papier.
Druck und Bindung: CPI books GmbH, Leck

ISBN 978-3-631-72680-8 (Print)
E-ISBN 978-3-631-72681-5 (E-Book)
E-ISBN 978-3-631-72682-2 (EPUB)
E-ISBN 978-3-631-72683-9 (MOBI)
DOI 10.3726/b11357

© Peter Lang GmbH
Internationaler Verlag der Wissenschaften
Frankfurt am Main 2017
Alle Rechte vorbehalten.
PL Academic Research ist ein Imprint der Peter Lang GmbH.

Peter Lang – Frankfurt am Main · Bern · Bruxelles · New York ·
Oxford · Warszawa · Wien

Diese Publikation wurde begutachtet.

www.peterlang.com

Inhaltsverzeichnis

Einleitung

Bis heute verbindet man noch hie und da – selbst in der Fachöffentlichkeit – mit dem Begriff „Berufsberatung" primär die Hilfe bei Übergängen in der individuellen Berufslaufbahn.[1] Auch zeigt sich im internationalen Vergleich, dass die entsprechenden Informations- und Beratungsangebote vor allem auf die Berufserstwahl bzw. den Übergang in den Arbeitsmarkt nach der Ausbildung bzw. dem Studium zielen.

Doch in den 1990er Jahren vollzog sich – besonders auf europäischer Ebene – ein allmählicher Wandel hin zu einer lebensbegleitenden beruflichen Beratung, wobei wesentliche Impulse hierzu von der zuständigen Fachabteilung der Hauptstelle der BA ausgingen (vgl. Ertelt 2015, S. 18). Diese hatten auch deshalb Gewicht, weil die BA innerhalb der Öffentlichen Arbeitsverwaltungen (PES) weltweit über das wohl umfangreichste berufs- und beschäftigungsbezogene Beratungsangebot für alle Altersgruppen verfügt. Im internationalen Vergleich sind demgegenüber – bis heute – die Berufsberatungsdienste für Jugendliche in der Regel vornehmlich im Bildungssystem bzw. im Zuständigkeitsbereich der Bildungsministerien angesiedelt, während diejenigen für Erwerbstätige und Arbeitsuchende den Ministerien für Arbeit unterstehen.

Dazu kommt, dass die gesetzliche und fachliche Grundorientierung der BA auch personalwirtschaftliche und arbeitsmarktbezogene Beratungsdienstleistungen einbezieht, was für eine realitätsnahe lebensbegleitende Beratung unabdingbar ist. Diese ganzheitliche Ausrichtung schlägt sich unmittelbar in der Qualifizierung ihrer Beratungsfachkräfte nieder, wie vergleichende curriculare Analysen zeigen (Ertelt, Weber, Katsarov 2012; Ertelt 2007).

Einen wesentlichen Meilenstein für eine lebensbegleitende Berufsberatung auf europäischer Ebene stellt das von der OECD/EU-Kommission herausgegebene „Handbuch für politisch Verantwortliche" dar. Die darin verwendete Definition von Berufsberatung (2004, S. 12) erscheint aus unserer Sicht allerdings um den Bereich der betrieblichen Qualifizierungsberatung besonders in KMU ergänzungsbedürftig.

---

1   Aus Gründen der besseren Lesbarkeit wird auf die gleichzeitige Verwendung männlicher und weiblicher Sprachformen verzichtet. Sämtliche Personenbezeichnungen gelten gleichermaßen für beiderlei Geschlecht.

Bemerkenswert ist die klare Forderung nach einer Berufsberatung für Ältere, mit Verweis auf deren spezifische Anforderungen. Und hier finden sich auch direkte Hinweise auf die Verantwortung der PES und der Unternehmen. Die vom European Lifelong Guidance Policy Network (ELGPN) 2015 publizierten 18 Leitlinien geben den aktuellen Stand lebensbegleitender Beratung in Europa sehr gut wieder, wobei in Leitlinie 16 die Gruppe der älteren Menschen wiederum gesondert angesprochen und Beispiele für gute Praxis aufgeführt werden.

Der vorliegende Herausgeberband versteht sich als Zusammenschau der bislang vornehmlich in Verbindung mit der Hochschule der Bundesagentur für Arbeit (HdBA) entstandenen Forschungs- und Entwicklungsarbeiten zur beruflichen Beratung Älterer und bildet den Beginn weiterer Fachpublikationen im Rahmen der laufenden Projekte. Hinzu kommen Gastbeiträge zu wichtigen ergänzenden Themenfeldern.

Im **ersten Teil** stehen gesellschaftliche und arbeitsmarktliche Herausforderungen durch die älter werdende Gesellschaft sowie Ansätze für proaktives Handeln im Vordergrund.

In seinem einführenden Kapitel charakterisiert **Heinrich Alt** die Situation der Älteren im arbeitsmarktlichen Kontext und setzt sich kritisch mit gängigen Vorurteilen in diesem Bereich auseinander. Wichtig erscheinen ihm konstruktive Antworten im Bereich der betrieblichen Personalpolitik, der Gesundheitsförderung, der Weiterbildung und des betrieblichen Eingliederungsmanagements, deren Erfolg er allerdings als entscheidend abhängig von beschäftigungs- und wachstumsfördernden Rahmenbedingungen sieht.

Ariane Froidevaux, Isabel Baumann, Christian Maggiori, Frank Wieber und **Jérôme Rossier** widmen sich in ihrer Studie der angemessenen Vorbereitung auf den Ruhestand. Dazu geben sie zuerst einen Literaturüberblick zu den verschiedenen individuellen Übergangsformen und behandeln empirische Forschungen zu den Voraussetzungen und Folgen einer planmäßigen Vorbereitung auf den Ruhestand. Dabei erweist sich besonders der „Transition to Retirement Questionnaire (TQR)" als ein für die Beratungspraxis wertvolles Instrument. Eine kritische Diskussion und Prognosen für die Laufbahnberatung Älterer runden dieses differenzierte Kapitel ab.

Die Spätphase im Erwerbsleben stellen aus individueller und betrieblicher Sicht eine Reihe von Fragen, etwa in Bezug auf die Laufbahnorientierung, den Ausgleich möglicher Einschränkungen durch Berufserfahrung, die Bedeutung des psychologischen Arbeitsvertrags und die Zeitperspektive. **Lyn Barham** charakterisiert jedoch nicht nur diese Bereiche, sondern erarbeitet exemplarisch

Handlungsmöglichkeiten für eine positive Annahme der Herausforderungen in der Laufbahn Älterer.

Das **zweite Hauptkapitel** versammelt empirische Untersuchungen zur beruflichen Beratung Älterer, die im Umfeld der laufenden Projekte an der HdBA in Zusammenarbeit mit anderen Universitäten durchgeführt wurden.

Im Mittelpunkt des Beitrags von **Bernd-Joachim Ertelt, Andreas Frey und Czeslaw Noworol** steht die für die berufliche Beratung wesentliche Frage nach den Zusammenhängen zwischen Berufsinteressen und den selbsteingeschätzten überfachlichen Kompetenzen. Obgleich das Zusammenspiel dieser beiden Persönlichkeitsdimensionen bei der individuellen Laufbahnentwicklung und der entsprechenden Beratung eine wesentliche Rolle spielen dürfte, liegen dazu bislang kaum Forschungsergebnisse – geschweige denn für Ältere – vor. Im deutsch-polnischen Vergleich tun sich interessante Perspektiven auf.

Die Arbeiten von **Caroline Tittel, Stephanie Thalhammer** und **Andrea Wunderlich** stehen in direktem Zusammenhang mit diesem Forschungsfeld und entstanden im Rahmen eines Lehr-Forschungsprojekts an der HdBA. Die Ergebnisse geben weitere wichtige Hinweise auf die Rahmenbedingungen für ein innovatives Beratungsangebot; besonders im „Dritten Alter". Trotz ihrer materiell und zeitlich bedingten Begrenzungen erlauben diese Untersuchungen bislang kaum bekannte Einblicke in die berufsbezogenen Interessen und Rollenvorstellungen sowie den spezifischen Beratungsbedarf der Zielgruppe.

In ihrem Beitrag setzt sich **Ramona Höft** mit den Einflussfaktoren auf die Arbeitsleistung älterer Arbeitnehmer auseinander. Grundlage bilden eine fundierte Literaturanalyse und eine kasuistisch angelegte Untersuchung in sieben mittelständischen Betrieben im Rahmen ihrer Masterarbeit an der Universität Mannheim. Die Ergebnisse münden nicht nur in Handlungsempfehlungen für die Personalentwicklung, sondern auch in Hypothesen für weitere Forschungsarbeiten auf diesem Gebiet.

Im **dritten Teil** des Bandes stehen Aspekte der Professionalisierung von Beratungsfachkräften und Beispiele für erfolgreiche Angebote für die Zielgruppen der Älteren im Mittelpunkt.

Naturgemäß nimmt hier besonders das Studienangebot für berufliche Beratung an der HdBA eine zentrale Rolle ein und muss sich daher kritischen Fragen nach der Berücksichtigung aller Zielgruppen am Arbeitsmarkt stellen. **Michael Scharpf** orientiert sich bei der curricularen Analyse im Hinblick auf die Beratung Älterer an den (neutralen) Kategorien des vom Nationalen Forum Beratung in Bildung, Beruf und Beschäftigung (nfb) herausgegebenen Kompetenzprofils für

Beratende (2012) und kann die vielfältigen Verknüpfungen und Ergänzungserfordernisse aufweisen.

Annika Imsande und **Thorsten Walther** geben in ihrem Beitrag Einblick in die Konstruktion eines Trainingsmoduls für Beratungskräfte im Rahmen des laufenden Entwicklungsprojekts „INBeratung für 55+ in der Metropolregion Mannheim". Wichtig ist ihnen dabei der Rückbezug konkreter Beratungssituationen auf grundlegende Theorien der Laufbahnentwicklung, um daraus jeweils angemessene beraterische Vorgehensweisen zu begründen. Nur so lässt sich der Anspruch auf eine ganzheitliche Beratung, die alle wichtigen Persönlichkeitsdimensionen und Umgebungsbedingungen einbezieht, einlösen.

Neben spezifischen Beratungsdienstleistungen spielen auch andere Angebote für die Zielgruppen der Älteren eine wichtige Rolle bei der beruflichen und gesellschaftlichen Inklusion. Dazu zählen „historisch" gesehen besonders die „Universitäten des Dritten Alters". **Doris Lechner** gibt in ihrem Beitrag einen kurzen Einblick in die Entwicklung und Organisationsformen dieser Einrichtungen und zeichnet am Beispiel des Gasthörer- und Seniorenstudiums der Universität Mannheim den bis heute innovativen Ansatz eines integrativen Modells auf, das Seniorenstudierende an dem normalen Vorlesungsbetrieb teilhaben lässt.

Ein weiteres Beispiel „Guter Praxis" bietet die 1994 an der Jan Długosz Universität (AJD) in Częstochowa/Polen gegründete Universität des Dritten Alters, deren Rektorin, **Joanna Górna**, von einer außerordentlich erfolgreichen Entwicklung hinsichtlich Programmvielfalt und Studierendenzahl berichten kann. Aufgrund der Offenheit auch gegenüber Forschungsvorhaben war und ist es für die HdBA möglich, mit dieser Institution umfangreiche Untersuchungen zu spezifischen Beratungsdienstleistungen für Ältere zu realisieren.

Eine privatwirtschaftliche Initiative zum Wissenserhalt Älterer und zur Weitergabe von Expertenwissen stellt **Marion Kopmann** vor. Das System umfasst eine Social Media Plattform zur Vernetzung von älteren Experten untereinander und mit Unternehmen, Nicht-Regierungs-Organisationen (NGO), Kammern und anderen Institutionen. Außerdem werden „Gründerlounges" für Jungunternehmer, Beschäftigungs- und Bildungsmöglichkeiten in der Rente angeboten.

Den Abschluss bildet ein Beispiel für die Interviews, wie sie im Rahmen des laufenden Projekts „INBeratung" mit erfahrenen Beratungsfachkräften der Partnerorganisation geführt werden. Dabei berichtet **Marion Baader**, langjähriger systemischer Coach, Trainerin und Bildungs- und Laufbahnberaterin von ihren Erfahrungen mit älteren Kunden in der Beratung. Geführt und aufbearbeitet wurde das Interview von **Franziska Schmidt**.

Die Herausgeber danken zuvorderst den Autorinnen und Autoren aus Deutschland, Großbritannien, Polen und der Schweiz für ihre kollegiale Bereitschaft, uns Originalbeiträge zu überlassen. Wir sehen darin ein sehr positives Signal für die weitere Intensivierung unserer Kooperation in einem Feld, das noch viele Herausforderungen für die Beratungsforschung und Beratungspraxis bereithält. Wir möchten unseren Dank jedoch auch all denen aussprechen, die uns bei den redaktionellen und administrativen Arbeiten hilfreich zur Seite standen.

Bernd-Joachim Ertelt und Michael Scharpf

Mannheim, März 2017

Literatur

Ertelt, B.-J. (2015): Die akademische Berufsberatungsausbildung in Mannheim im „historischen Abriss" – Entstehung, curriculare Entwicklung, internationale Bedeutung. In: Ertelt, B.-J. / Frey, A. / Scharpf, M. (Hrsg.): *Berufsberatung als Wissenschaft – Vier Jahrzehnte akademische Ausbildung für Berufsberaterinnen und Berufsberater in Mannheim.* S. 1–30. Hamburg: Verlag Dr. Kovac.

Ertelt, B,-J. / Weber, P. C. / Katsarov, J. (2012): Existing Degree Programmes in Europe; In: Chr. Schiersmann/B.-J. Ertelt/J. Katsarov/R. Mulvey/H, Reid/P. C. Weber (Hrsg.) (2012): *NICE Handbook for the Academic Training of Career Guidance und Counselling Professionals.* Heidelberg: Heidelberg University. S. 83–104.

Ertelt, B.-J. (2007): Wissenschaftliche Aus- und Weiterbildung zur Berufsberatung im internationalen Vergleich. In: *Zeitschrift REPORT* (30) 1/2007, S. 20–32.

European Lifelong Guidance Policy Network (ELGPN) (2015): *Leitlinien für die Entwicklung politischer Strategien und Systeme lebensbegleitender Beratung – Ein referenzrahmen für die Länder der Europäischen Union und für die Europäische Kommission.* ELGPN Tools No. 6.

Nationales Forum Beratung in Bildung, Beruf und Beschäftigung e. V. (nfb) & Forschungsgruppe Beratungsqualität am Institut für Bildungswissenschaft der Ruprecht-Karls-Universität Heidelberg (Hrsg.) (2012): *Kompetenzprofil für Beratende – Kurzdarstellung der Ergebnisse aus dem Verbundprojekt: Offener Koordinierungsprozess Qualitätsentwicklung in der Beratung für Bildung, Beruf und Beschäftigung,* Berlin/Heidelberg. Bielefeld: W. Bertelsmann Verlag.

OECD / EU-Kommission (2004): *Berufsberatung – Ein Handbuch für politisch Verantwortliche.* OECD Publications: Paris Cedex. Luxemburg: Amt für amtliche Veröffentlichungen der Europäischen Gemeinschaften.

I
Gesellschaftliche, arbeitsmarktliche und individuelle Bedeutung der beruflichen Beratung Älterer

Heinrich Alt

Alternde Gesellschaft und Arbeitsmarkt in Deutschland

Abstract: *The requirements for the future world of work have to be met by a smaller and older working population. Various measures will be put forth with regard to HRM, health promotion, further training, and integration management. However, their success depends foremost on the basic conditions for the promotion of employment and economic growth.*

1. Einleitung

Die im Thema angesprochenen Aspekte gewannen in der politischen Diskussion der letzten 10 Jahre zunehmend an Bedeutung. In unserem Beitrag möchten wir dies anhand exemplarischer Quellen nachzeichnen und daran eine Richtungsbestimmung vornehmen. Denn die Bemühungen um eine spezifische berufliche Beratung für Ältere werden nur dann Erfolg haben, wenn sie die vornehmlich sozial- und wirtschaftspolitischen Entwicklungsbedingungen berücksichtigen.

Im Jahre 2010 feierten in Deutschland 1,3 Mio. Menschen ihren 50. Geburtstag. 1960 verzeichneten wir den stärksten Geburtjahrgang der Bundesrepublik. 2015 lag die Zahl der Lebendgeborenen nur noch bei knapp 740.000. Waren 1960 lediglich 17,4 % der Bevölkerung älter als 60 Jahre, werden es 2030 34,6 % sein. Eine fast dramatische Veränderung im Bevölkerungsaufbau.

Bereits 2006 wies der damalige Bundesminister für Arbeit und Soziales, Franz Müntefering, unter Bezug auf die Äußerung von Willy Brandt „Jugend ist ein Argument, das mit jedem Tag an Wert verliert", rhetorisch darauf hin, dass dieser mit seiner Karriere jenseits der 50 (Parteivorsitzender mit 51, Außenminister mit 53 und Bundeskanzler mit 56 Jahren) in 50 % der deutschen Unternehmen schlechte Beschäftigungschancen hätte (vgl. Müntefering, 2006).

Es ist müßig, über die demografische Entwicklung, den Schwund der einheimischen Bevölkerung und das alternde Europa zu klagen. Natürlich ist der demografische Wandel eine Herausforderung. Aber dabei sollten wir zur Kenntnis nehmen, dass die Entwicklung unumkehrbar ist, dass Risiken damit verbunden sind, aber auch Chancen, wenn wir die Herausforderung annehmen und den Ehrgeiz haben, die Zukunft aktiv zu gestalten. André Gide, der große französische Schriftsteller schrieb einmal: „Das Alter als Abstieg zu betrachten ist genauso ungehörig, wie in der Jugend nur ein Versprechen zu sehen. Jedes Alter ist zu einer besonderen Vollkommenheit fähig." Bezogen auf die Situation älter werdender Gesellschaften heißt das, dass wir die Erfahrungen, Kenntnisse und Leistungen der älteren Menschen besser erkennen und pflegen sollten. Denn darin liegt ein wertvolles und unverzichtbares Potential. Wenn wir es zum Wohle aller entwickeln, dann können wir die große Chance nutzen, welche die demografische Herausforderung für uns bereithält. Das Alter muss in unserem gesellschaftlichen und wirtschaftlichen Leben einen neuen Stellenwert erhalten. Wir müssen weg von dem Gedanken, dass „Alter gleich Ruhestand, Stillstand und Müßiggang" ist. Erfahrung ist nicht durch Wissen zu ersetzen. Deshalb sind ältere Menschen ein Schatz an Erfahrungen und Fähigkeiten. Getrieben durch den wachsenden Anteil älterer Menschen in der Gesellschaft, beginnen wir umzudenken. Das Alter wird neu definiert. Manche Berichte über den demografischen Wandel lesen sich wie eine Horrorgeschichte, so, als würden wir vor einer unabwendbaren Katastrophe stehen.

Und wiederum im Anschluss an Franz Müntefering (2010) zähle ich mich nicht zu jenen, die sich optimistisch auf tagespolitische Problemlösungen verlassen. Vielmehr gilt es, die Herausforderungen als zentrale Gestaltungsaufgabe für die Gesellschaft zu erkennen und gemeinsam an gangbaren Lösungen zu arbeiten.

Wichtig für eine Beratungskonzeption ist der Hinweis auf die erheblichen individuellen Auswirkungen der demografischen Entwicklung sowie gleichermaßen auf die Herausforderungen an die Solidarität zwischen den Generationen. Darin sehen wir einen deutlichen Fingerzeig der Politik auf die gesellschaftliche Brückenfunktion der Berufsberatung für Ältere. Dabei gilt es auch die Spannungen in Rechnung zu stellen, dass „die Anforderungen der zukünftigen Arbeitswelt … von einer insgesamt geringeren und zugleich älteren Bevölkerung bewältigt werden [müssen]" (Müntefering, 2010).

Doch dieses Umdenken ist nicht nur eine gesellschaftliche, sondern auch eine individuelle Aufgabe, denn die Jüngeren müssen sich auf eine längere Erwerbsbiografie und die Älteren auf neue Rollenanforderungen einstellen. Doch „viele Menschen fürchten das Alter und eine Gesellschaft, in der immer mehr Ältere immer weniger Jüngeren gegenüberstehen. Allzu leicht rücken jedoch bei einer solchen Betrachtungsweise die Probleme in den Vordergrund und verstellen den Blick auf die Chancen" (BMBF, 2011, S. 5).

Zu fordern ist deswegen eine rationale Betrachtung auf der Basis wissenschaftlicher Untersuchungen zu den Altersbildern und deren mögliche Auswirkungen auf dem Arbeitsmarkt und in der Gesellschaft. Auch das gehört aus unserer Sicht zur Begleitforschung für die Berufsberatung Älterer.

Dabei stellt sich allerdings die kritische Frage nach Art und Grad der Einbeziehung der Zielgruppen der Älteren in diesen Prozess. Aus meiner Sicht besteht die Gefahr, mehr über sie als mit ihnen zu reden und vor allem Probleme in den Spätphasen des Erwerbslebens und der Transition zum Gegenstand der Betrachtung zu machen. Auch wenn die „Altersweisheit" heute ihre Exklusivität weitgehend verloren hat, so „verliert das Alter nicht sein Recht und seine Pflicht, an der Zukunft mitzuarbeiten. Auch das müssen wir üben und dürfen die Generationen- und Kohorten-Gläubigkeit nicht zu weit treiben. Ich habe nicht recht, weil ich älter oder alt bin. Aber umgekehrt gilt auch: Ich habe nicht unrecht, weil ich älter oder alt bin" (Müntefering, 2010).

Wir müssen so oder so unseren Gestaltungsauftrag erkennen: Die Zeit ist reif für einen offenen und intensiven Diskurs. Der Grund dafür, dass die älteren Arbeitnehmer in ganz Europa so sehr in den Blickpunkt gerückt sind, ist klar. Es wird künftig mehr von ihnen geben. In den letzten 50 Jahren ist die Lebenserwartung in Europa um 10 Jahre angestiegen, was die „gesellschaftlichen Strukturen und insbesondere die Alterssicherung vor einen beträchtlichen Handlungsbedarf [stellt]" (BMAS 2010).

Die starken Jahrgänge der Nachkriegszeit beginnen zu altern, gleichzeitig treten immer weniger junge Menschen in den Arbeitsmarkt ein. Darum besteht in ganz Europa ein Interesse daran, dass ältere Arbeitnehmer möglichst lange dem Arbeitsmarkt erhalten bleiben.

Interessant aus unserer Sicht ist, dass nicht zuletzt aus der Gefahr der Überforderung der Sozialsicherungssysteme heraus der Anstoß für die Wertschätzung der Potentiale älterer Arbeitnehmerinnen und Arbeitnehmer resultiert.

So machte EU-Kommissar Vladimir Spidla (2007) bereits vor 10 Jahren deutlich: „Schließlich entdecken wir im Zuge der Alterung der Gesellschaft auch immer mehr die Potentiale älterer Arbeitnehmer." Denn aufgrund des demografischen Wandels herrsche in manchen Berufen bereits ein Mangel an Fachkräften. Auch könne die Zusammenarbeit von Jüngeren und Älteren im Betrieb Synergieeffekte durch die Verbindung des „Esprits der Jungen" mit der „Berufserfahrung der Alten" freisetzen (Spidla, 2007).

Das Bundesministerium für Arbeit und Soziales (BMAS) vermerkt in seinem Bericht „Aufbruch in die altersgerechte Arbeitswelt" (2010) eine ganze Reihe von Argumenten für die längere Integration in den Erwerbsprozess. Dazu zählen positive Auswirkungen auf das Einkommen, den sozialen Status, das Selbstwertgefühl, die Lebenszufriedenheit, das gesundheitliche Wohlbefinden und die gesellschaftliche Teilhabe. Doch dies gelte nicht nur für die älteren Zielgruppen: „Verstärkte Investitionen in Qualifizierung und Gesundheitsförderung über den gesamten Lebensverlauf verbessern nicht nur die Arbeitsfähigkeit. Sie beeinflussen ganz wesentlich das Niveau der geistigen Flexibilität und den Gesundheitszustand im

Allgemeinen. Insofern wirken Maßnahmen zur Erhöhung der Arbeitsfähigkeit weit über den beruflichen Kontext hinaus und verbessern daher auch die Lebensqualität im Ruhestand" (BMAS, 2010).

Der letzte Satz lässt sich mit Blick auf ein entsprechendes Beratungsangebot so deuten, dass auch die Übergangsphase und der Ruhestand einzubeziehen sind.

Trotz aller Erkenntnisse über die Potentiale der Älteren bedarf es jedoch auf gesellschaftlicher und besonders wirtschaftlicher Ebene noch verstärkter Bemühungen zu ihrer Entfaltung (Spidla, 2007).

Das BMAS (2010) spricht diesbezüglich sogar von der „Notwendigkeit eines gemeinsamen Paradigmenwechsels weg von der Frühverrentung und hin zur Förderung eines langen Verbleibs im Erwerbsleben". Dazu stünden auf nationaler Ebene eine Reihe von Instrumenten zur Verfügung, wie die Beschäftigungsförderung, Förderung von Bildung und Weiterqualifizierung, Anpassung der Arbeitsumgebung, Weiterentwicklung der Sozialversicherungssysteme sowie Anhebung des Renteneintrittsalters.

2. Maßnahmen der Betriebe

In dem bereits zitierten Bericht des BMAS (2010) werden die Betriebe aufgefordert, eine „ganzheitliche Strategie" für den Erhalt der Arbeitsfähigkeit ihrer Mitarbeiterinnen und Mitarbeiter zu entwickeln, die nicht nur Angebote zur Gesundheitsförderung und Qualifizierung enthält, sondern „auch umfassende personalpolitische und arbeitsorganisatorische Maßnahmen vorsieht und einen konsequenten Abbau aller Formen der Altersdiskriminierung einschließt."

Wir sehen heute, dass viele Unternehmen die Umkehr von einer altersselektiven und jugendzentrierten Personalpolitik hin zu einem gesunden Altersmix erfolgreich vollzogen haben.

Doch bleibt diesbezüglich noch Entwicklungsbedarf, wie eine aktuelle Untersuchung aus dem Institut für Arbeitsmarkt- und Berufsforschung (IAB) zeigt (Czepek & Moczall, 2017). Danach weisen Ältere eine zunehmende Teilhabequote am Arbeitsmarkt auf, weil sie länger in Beschäftigung verbleiben, doch hat sich die Lage bei Neueinstellungen nicht wesentlich verbessert. Allerdings äußern sich die Betriebe, die Ältere eingestellt haben, fast durchweg positiv zu deren Motivation, Sorgfalt und Teamfähigkeit sowie zur Nutzung ihrer Erfahrungen. Dass die Betriebe bei der Neubeschäftigung von Älteren aber durchaus Risiken sehen, geht aus den Hinweisen zu Maßnahmen zur Verbesserung der Chancen von über 50-Jährigen hervor: Auf den vorderen Rängen stehen „Lohnkostenzuschüsse für Arbeitgeber", „staatliche Zuschüsse für Weiterbildung", „flexibler Renteneintritt (vom Staat bezahlt)", „leistungsbezogene Entlohnung", „flexibler Renteneintritt (vom Arbeitgeber bezahlt)" und „Lockerung des Kündigungsschutzes" (Czepek & Moczall, 2017, S. 6 f.).

Einen wichtigen Baustein für die Verbesserung der Beschäftigungssituation und der Beschäftigungschancen Älterer sehen wir in den in immer mehr Branchen abgeschlossenen Demografie-Tarifverträgen. Die Bundesvereinigung der deutschen Arbeitgeberverbände (BDA) (2015) nennt dazu die Beispiele in der Chemie-, der Metall- und Elektro-, der Stahl-, der Kunststoff- und der Lederindustrie und betont, dass die tarifvertraglichen Rahmenbedingungen „ … den Betrieben Anreize für konkrete Maßnahmen, die den Berufsalltag älterer Beschäftigter erleichtern und damit … angemessene aber auch produktive Erwerbstätigkeit im Alter ermöglichen". Erwähnt wird auch, dass im Rahmen dieser Regelungen vielfach eine „Demografieanalyse" zur betrieblichen Altersverteilung und den entsprechenden Bedürfnissen erfolgt, anhand derer dann Handlungsleitlinien zu alternsgerechter Arbeitsgestaltung, Arbeitszeitmodellen, Qualifizierungsprogrammen, Wissensmanagement und Gesundheitsförderung entwickelt werden.

3. Gesundheitsförderung

In der bereits erwähnten Studie des IAB (Czepek & Moczall, 2017) rangiert das betriebliche Gesundheitsmanagement bei den Empfehlungen zur Verbesserung der Beschäftigungschancen Älterer eher auf den hinteren Rängen. Allerdings steht bei den Einstellungsvoraussetzungen „nur ohne/mit geringen gesundheitlichen Einschränkungen" an zweiter Stelle.

Demgegenüber wurde bereits früher (KAW, 2006) zum Ausdruck gebracht, dass „Gesundheitsmanagement Chefsache [ist] und daher Führungskräfte und Personalverantwortliche … stärker für ein nachhaltiges Gesundheitsmanagement sensibilisiert … und die Beschäftigten für den Gesundheitsschutz motivieren [werden müssen]." Durch die Forderung nach Ausrichtung der Konzepte zur Gesundheitsförderung am Prinzip „Prävention vor Rehabilitation" erhalten auch die betrieblichen Maßnahmen nach unserer Meinung eine sozialpolitische Dimension.

4. Weiterbildung

Die Bedeutung lebensbegleitenden Lernens für die wirtschaftliche Entwicklung und individuelle Beschäftigungsfähigkeit ist heute unbestritten. Dies wird unterstrichen durch eine Studie der OECD (2012, S. 80), die zeigte, dass in allen Mitgliedsländern die Wahrscheinlichkeit, eingestellt oder weiterbeschäftigt zu werden, ab dem 50. Lebensjahr immer geringer wird. Die Arbeitgeber würden dies häufig mit nicht mehr zeitgemäßen Qualifikationen begründen.

Doch in dem Konzert allgemeiner Forderungen nach gleichen Zugangsmöglichkeiten, Transparenz und Durchlässigkeit der Weiterbildung für alle, etwa im Anschluss an die Antwort des früheren Nationaltrainers Berti Vogts auf die Frage nach Verbesserungsmöglichkeiten seiner Mannschaft „Wir müssen in der Spitze breit sein!" (KAW, 2006), gilt es zu differenzieren.

Denn die Beteiligung an Weiterbildung hängt nicht nur von den Betrieben und der öffentlichen Förderung ab, sondern wesentlich auch von der individuellen Motivation (sei sie intrinsisch oder extrinsisch). Dabei dürften die persönlichen Einschätzungen hinsichtlich der beruflichen Verwendungsmöglichkeiten eine wesentliche Rolle spielen. Und diese sind wiederum stark abhängig von Rückmeldungen und spezifischen Anforderungen am Arbeitsplatz (vgl. auch Capuano et al., 2017).

Mit Blick auf die Beschäftigungssicherung Älterer sehen wir hier noch Ausbaumöglichkeiten für eine professionelle Qualifizierungsberatung besonders in kleinen und mittleren Betrieben.

Aus Betriebsbefragungen wissen wir, dass Unternehmen, die ältere Mitarbeiterinnen und Mitarbeiter beschäftigen, nur in geringem Umfang Maßnahmen für Ältere anbieten. Die Betriebe werden deshalb ihre Anstrengungen intensivieren müssen, wenn sie die Arbeits- und Innovationsfähigkeit ihrer alternden Belegschaften erhalten, fördern und die Mitarbeiterinnen und Mitarbeiter möglichst langfristig an sich binden wollen.

„Für die Unternehmen sind die konsequente Qualifizierung und Weiterbildung aller Mitarbeiterinnen und Mitarbeiter – verstanden als ein Konzept lebenslangen Lernens – von entscheidender Bedeutung, wenn sie künftig den Arbeitskräftebedarf zur Wahrung ihrer Innovationsfähigkeit und Produktivität decken wollen" (BMAS, 2010).

Zumindest im verarbeitenden Gewerbe haben die Betriebe ihr Engagement in Bezug auf die betriebliche Weiterbildung von 2000 bis 2014 erhöht, sowohl hinsichtlich ihrer Zahl als auch der Anteile ihrer Beschäftigten (vgl. Capuano et al., 2017, S. 2).

In diese Bemühungen müssen insbesondere auch diejenigen einbezogen werden, die man in Deutschland als atypisch Beschäftigte bezeichnet, also Teilzeitkräfte, Arbeitnehmer mit einem befristeten Arbeitsvertrag, Zeitarbeitnehmer und geringfügig Beschäftigte. Ältere Menschen lernen anders als junge. Das menschliche Gehirn benötigt daher altersspezifische Stimuli für das Lernen einerseits, aber auch für die Erhaltung und Entwicklung der Beschäftigungsfähigkeit andererseits.

„Dazu gehören die Förderung der Medienkompetenz und die Nutzung elektronischer Lernsysteme, um maßgeschneiderte und nachhaltige Lernprozesse zu ermöglichen" (BMBF, 2011, S. 7 f.).

5. Betriebliches Eingliederungsmanagement

Wenn wir über eine alternde Gesellschaft und Herausforderung durch älter werdende Belegschaften sprechen, sind wir auch beim Thema der beruflichen Wiedereingliederung nach längerer Krankheit. In Deutschland scheiden jährlich mehrere hunderttausend Beschäftigte aus gesundheitlichen Gründen für lange Zeit oder für immer aus dem Job. Die Summe der Fehltage wegen Krankheit betrug 2015 etwa 10 Mio. Die Ursache liegt immer öfter in psychischen Erkrankungen – auch aufgrund von Überforderung am Arbeitsplatz. Ältere Menschen reagieren anders auf Stress, auf eine neue Schnelllebigkeit in der Arbeitswelt. Wir kommunizieren nicht mehr in Besprechungen, in denen man ganz klassisch gemeinsam an einem Tisch sitzt, sich in die Augen schaut und die Zeit nimmt, ein Problem gemeinsam zu Ende zu diskutieren. In Zeiten von E-Mail, WhatsApp oder Facebook ist alles etwas anders, schneller, überholt sich schon beim Drücken des Sende-Button. Auch damit muss man umgehen lernen. Nicht jeder wird mit Smartphone oder iPad durch die Werkhallen gehen – es beschreibt aber sehr gut die Entwicklung hin zu einem hochtechnischen Arbeitsumfeld, das überfordern kann, das auch krank machen kann. Seit Jahren nimmt Deutschland Arbeitgeber stärker in die Pflicht, ihren Beschäftigten ein betriebliches Eingliederungsmanagement anzubieten, wenn sie länger als sechs Wochen arbeitsunfähig waren. Es geht im Kern darum, die Leistungsfähigkeit richtig einzuschätzen, Arbeitsbelastungen zu identifizieren und gemeinsam mit Experten die Arbeitsbedingungen daran anzupassen. Der Arbeitsplatz und die Arbeitsaufgaben werden auf den Prüfstand gestellt. Vielleicht muss etwas an der Arbeitsorganisation geändert werden, damit die Belastung sinkt. An erster Stelle steht immer das Ziel, den Weg zurück in den Betrieb zu finden – immer eine ganz individuelle Lösung anzubieten. Darunter verstehe ich beispielsweise auch eine gute berufliche Beratung und darauf aufbauend eine passende berufliche Qualifizierung, um gegebenenfalls an einem anderen Arbeitsplatz innerhalb des Unternehmens arbeiten zu können.

6. Perspektive 50plus

In Deutschland wurde 2005 ein Programm auf den Weg gebracht mit dem Titel „Perspektive 50plus". Was waren die Ziele dieses Programms?

1. Schärfung des Bewusstseins, dass auch Ältere auf dem Arbeitsmarkt eine Chance haben.
2. Dass der – und das meine ich auch durchaus selbstkritisch – in der Arbeitsverwaltung verbreitete „Alterspessimismus" überwunden werden muss.

3. Die stärkere Orientierung auf den Aspekt des Forderns, und dies vor dem Hintergrund der größten Sozialreform der deutschen Nachkriegsgeschichte.

4. Und die Frage nach neuen und wirksamen Instrumenten der Förderung.

Das Arbeitsmarktprogramm „Perspektive 50plus – Beschäftigungspakte für Ältere in den Regionen" zielte auf die möglichst dauerhafte Wiedereingliederung Langzeitarbeitsloser ab 50 Jahren in den Arbeitsmarkt. Der Schwerpunkt lag stärker auf der Förderung und Entwicklung individueller Potenziale, Handlungsmöglichkeiten und Kompetenzen im Vergleich zur Regelförderung bzw. zum klassischen Angebot und bot damit einen deutlichen Mehrwert. Die Initiative lebte vom Engagement vor Ort – aber gerade diese Freiheit und Flexibilität hat zu einer hohen Motivation und Kreativität geführt. Jeder Standort konnte so eigenverantwortlich Vermittlungsideen entwickeln oder Eingliederungsstrategien erproben sowie erfolgreiche Ansätze weiter ausbauen. Über eine gezielte hohe Transparenz über die vor Ort laufenden Projekte konnte ein dichtes und tragfähiges Netzwerk zugunsten Älterer aufgebaut und ein übergreifender Austausch- und Lernprozess sichergestellt werden.

Wurden die Ziele des Programms erreicht? Das Ministerium für Arbeit und Soziales kommt zu folgendem Fazit:

„Die Situation der Älteren am Arbeitsmarkt hat sich während der Programmlaufzeit deutlich gewandelt. Im europäischen Vergleich sind die Erwerbslosenquoten in der Altersgruppe 55 bis unter 65 Jahre kontinuierlich zurückgegangen – von 12,8 Prozent im Jahre 2004 auf 5,1 Prozent im Jahre 2014. Umgekehrt ist die Erwerbstätigenquote dieser Altersgruppe im gleichen Zeitraum in keinem anderen europäischen Land so stark angestiegen wie in Deutschland. … Immerhin gelang es dem Programm … stetig seine Ziele zu erreichen und so bis jetzt 424.000 Langzeitarbeitslose über 50 Jahre in reguläre Beschäftigung zu bringen" (BMAS, 2015, S. 52).

Ohne beschäftigungs- und wachstumsfördernde Rahmenbedingungen werden alle Anstrengungen für mehr Beschäftigung Älterer erfolglos bleiben.

Dies unterstreicht auch die BDA (2015): „Gute gesamtwirtschaftliche Rahmenbedingungen sind eine grundlegende Voraussetzung für mehr wirtschaftliches Wachstum und eine höhere Erwerbsbeteiligung gerade auch von älteren Beschäftigten."

Das Korrelat für das von der BDA geforderte „schlüssige Gesamtkonzept" für die Beschäftigung Älterer sehen wir in einem ganzheitlichen (holistischen) Beratungskonzept, das naturgemäß nicht nur in wirtschaftlichen Kategorien denkt. Vielmehr sollte es gemäß der Forderung von Spidla (2007) auch andere Lebensbereiche und Rollenbezüge, wie etwa das ehrenamtliche Engagement, einbeziehen.

Hierbei müssten spezifische Netzwerke sowie haupt- und ehrenamtliche Dienstleistungen eine größere Rolle spielen, wodurch auch Einsamkeit und Isolation älterer Menschen besser vermeidbar wären (Müntefering, 2010).

Grundlegende Voraussetzung dafür, dass sich die jetzigen positiven Arbeitsmarkttrends verstetigen können und die Beschäftigungschancen Älterer weiter verbessern, ist also eine schlüssige Gesamtstrategie für mehr Wachstum und Beschäftigung insgesamt. Nur wenn bestehende Strukturprobleme gelöst werden, können aus Konjunkturzyklen nachhaltige Wachstumspfade werden und auch die Arbeitslosigkeit von Älteren weiter sinken.

Mit Blick auf die zukünftige Entwicklung der beruflichen Beratung Älterer bleibt für mich – trotz aller Argumente für ihre Bedeutung – die (selbst-)kritische Frage nach ihrer Abhängigkeit von den jeweiligen wirtschaftlichen und speziell den arbeitsmarktlichen Bedingungen.

Es entspräche kaum der Realität, würde man eine solche Abhängigkeit von vornherein als der „Natur der Beratung" kontraproduktiv einschätzen.

Vielmehr sehe ich drei Voraussetzungen für ihre Zukunftsfähigkeit: Die „Verortung" in der sozialen Gesellschaft, ihre Fähigkeit zur harmonischen Verbindung individueller Interessen, Talente, Kompetenzen und Umfeldbedingungen mit den Anforderungen und Entwicklungsräumen von Beruf und Beschäftigung sowie ein tragfähiges Sozial-Marketingkonzept als Managementstrategie.

Unbedingte Voraussetzungen zur Erfüllung dieser Bedingungen sind die Steigerung der Professionalität der Beratungskräfte und der Aufbau einer Beratungsforschung unter systematischer Einbeziehung der Beratungspraxis.

Literatur

Bundesministerium für Arbeit und Soziales (BMAS) (2010): Aufbruch in die Altersgerechte Arbeitswelt – Bericht der Bundesregierung gemäß § 154 Abs. 4 Sechstes Buch Sozialgesetzbuch zur Anhebung der Regelaltersgrenze auf 67 Jahre. http://www.bmas.de/SharedDocs/Downloads/DE/PDF-Publikationen/anlage-bericht-der-bundesregierung-anhebung-regelaltersgrenze.pdf?__blob=publicationFile.

Bundesministerium für Arbeit und Soziales (BMAS) (2015): Bundesprogramm „Perspektive 50plus – Beschäftigungspakte für Ältere in den Regionen". Berlin. https://www.perspektive50plus.de/fileadmin/user_upload/Abschlussdokumentation_Perspektive_50plus_online.pdf.

Bundesministerium für Bildung und Forschung (BMBF) (2011): Das Alter hat Zukunft – Forschungsagenda der Bundesregierung für den demografischen Wandel. Berlin, Bonn 11–2011. http://www.das-alter-hat-zukunft.de/.

Bundesvereinigung der Deutschen Arbeitgeberverbände (BDA) (2015): Erfolgreich mit älteren Beschäftigten – Für eine konsequente Fortsetzung des erfolgreichen Kurses für mehr Beschäftigung älterer Arbeitnehmerinnen und Arbeitnehmer. 30. Januar 2015. http://www.schulewirtschaft.de/www/arbeitgeber.nsf/res/Erfolgreich_mit_aelteren_Arbeitnehmern.pdf/$file/Erfolgreich_mit_aelteren_Arbeitnehmern.pdf?

Capuano, St./ Rhein, Th./ Stepanok, I. (2017): Exportierende und nicht exportierende Betriebe: Unterschiede der Betriebe zeigen sich auch beim Weiterbildungsengagement. IAB-Kurzbericht 7/2017. Nürnberg. http://www.iab.de/194/section.aspx/Publikation/k170228303.

Czepek, J./ Moczall, A. (2017): Neueinstellungen Älterer: Betriebe machen meist gute Erfahrungen. IAB-Kurzbericht 8/2017, Nürnberg. http://www.iab.de/194/section.aspx/Publikation/k170308301.

Konzertierte Aktion Weiterbildung e. V. (KAW) (2006): Weiterbildung – (K)eine Frage des Alters? – Demografische Entwicklung und lebenslanges Lerne Dokumentation des Jahreskongresses der Konzertierten Aktion Weiterbildung e. V. (KAW) vom 11. Mai 2006 in Berlin. https://www.bibb.de/dokumente/pdf/Dokumentation_KAW-Fachtagung_2006-Internet.pdf.

Müntefering, F. (2006): Hurra, wir leben länger – aber wie ist es mit der Beschäftigung Älterer?". Impulsreferat 50plus vom 18. Mai 2006 anlässlich der Norwegisch-Deutsche Willy-Brandt-Stiftung/INQA in Berlin. http://www.willy-brandt-stiftung.de/Mediathek/ RedeMuentefering_end.pdf.

Müntefering, F. (2010): Demografischer Wandel und Fortschritt. Überarbeitete Fassung einer Rede vom 29.04.2010 auf Einladung der KKH-Allianz in Hannover. http://www.franz-muentefering.de/reden/pdf/29.04.10.pdf.

Organisation für wirtschaftliche Zusammenarbeit und Entwicklung (OECD) (2012): Bessere Kompetenzen, bessere Arbeitsplätze, ein besseres Leben – Ein strategisches Konzept für die Kompetenzpolitik. OECD Publishing. Paris Cedex http://www.oecd-ilibrary.org/sites/9789264177338-sum-de/index.html?content Type=&itemId=%2Fcontent%2Fsummary%2F9789264177338-sum-de&mimeType=text%2Fhtml&containerItemId=%2Fcontent%2Fsummary%2F9789264177338-sum-de&accessItemIds=.

Spidla, V. (2007): Demografischer Wandel als Chance: Wirtschaftliche Potenziale der Älteren. Rede anlässlich des Europäischen Kongresses am 17. April 2007 in Berlin. https://www.bmfsfj.de/bmfsfj/rede-des-eu-kommissars-vladimir-spidla-am-17--april-2007-anlaesslich-des-europaeischen-kongresses--demografischer-wandel-als-chance--wirtschaftliche-potenziale-der-aelteren--berlin/100956?view=DEFAULT.

Ariane Froidevaux, Isabel Baumann, Christian Maggiori,
Frank Wieber and Jérôme Rossier

Retirement Planning: How to Deal with Different Adjustment Trajectories?

Abstract: *This chapter examines whether planning for retirement leads to positive adjustment outcomes. The article reviews several retirement adjustment trajectories and suggests five distinct retiree types. Furthermore, it reports antecedents and consequences of retirement planning. Finally, implications for career counselling interventions are derived.*

Author Note

Acknowledgement. The contribution of Christian Maggiori and Jérôme Rossier was partially done within the context of the National Competence Center in Research LIVES, Project 207 entitled *Career paths* led by Jérôme Rossier. This project is financed by the Swiss National Science Foundation.

Please address correspondence concerning this chapter to Dr. Ariane Froidevaux, Department of Management of the Warrington College of Business, University of Florida, PO Box 117165, Gainesville, FL 32611–7165, USA; e-mail: ariane.froidevaux@unil.ch

1. Introduction

> I have always thought that retirement was for others, not for me. Years have gone by, months, weeks, then days. And one day you find yourself behind the [office] door, without any preparation, because I had never planned for anything. So I am the first person responsible for an arrival into retirement that was so hard, so serious. (69 year-old man having to retire four years ago because he had reached the official Swiss retirement age)

Retirement represents a critical event in workers' careers that transforms their lives. In accordance with previous literature, we define retirement as "an individual's exit from the workforce, which accompanies decreased psychological commitment to and behavioural withdrawal from work" (Wang & Shi, 2014, p. 211). Ideally, retirement represents a considerable portion of a person's adult life, having been recognized as a normative third age in the lifespan (Robinson, Demetre, & Corney, 2011). Consequently, it is essential for retirees to achieve psychological comfort with their life, that is, to adjust successfully to retirement. Retirement as an *adjustment process* represents one of the three main psychological conceptualizations of retirement (Wang & Shi, 2014). According to the *decision-making process* perspective, retirement is conceptualized as a personal decision that results in a decreased psychological work commitment and a general withdrawal from work-related activities. Thus, as indicated by Wang and Shultz (2010), retirement is a motivated choice behaviour. However, one of the main limitations of this conceptualization is that in most cases, retirement is not voluntary (Wang & Shi, 2014). Based on the protean career model (Hall, 2004), retirement has been conceptualized as a *late-career development stage*. This perspective considers retirement as a period characterized as having the "continued potential for growth and renewal of careers in people's retirement life" (Wang & Shi, 2014, p. 213), and not simply the end of one's career. Finally, the *adjustment process* perspective incorporates both retirement (from work to retirement) and post-retirement transitions (post-retirement development in life), and describes retirement as a longitudinal developmental process, characterized by the adjustment to the changes and demands related to these transitions (Wang, 2013). According to this perspective, the characteristics of the retirement process embedded in the decision to retire (e.g., planning) are more important than the simple decision itself (van Solinge & Henkens, 2008).

Wang and Shultz (2010) highlighted three main steps in the retirement process: (1) *retirement planning*, where older workers explore and consider various issues pertaining to retirement – such as where to live, how to manage one's time among activities, and how to design a renewed identity (Dennis & Fike, 2012; Sterns & Subich, 2013); (2) *retirement decision-making*, which involves the decision to begin retirement planning, the decision to retire (i.e., early versus late retirement), and the choice of the retirement form (e.g., leisure activities, volunteer work, bridge employment) (Jex & Grosch, 2013); and (3) the *retirement transition itself and adjustment*, that is, the process through which retirees adapt to the changes in various areas of life and achieve contentment in retirement (van Solinge, 2013). Therefore, retirement transition is not a discrete event but unfolds across time. It is, moreover, not bound by a standard time period but is rather a highly individual process. Finally, while the three steps indicate a specific order, they also overlap, as, for instance, the decision to begin retirement planning leads to concrete planning, which, in turn, determines when to take the decision to retire.

The present chapter aims to explore the relationship between retirement planning and adjustment; and, more precisely, the general assumption according to which planning for retirement leads to positive adjustment outcomes (Dennis & Fike, 2012; Kim & Moen, 2001; Topa, Moriano, Depolo, Alcover, & Morales, 2009). Specifically, this chapter contributes to the previous literature by (1) reviewing quantitative and qualitative studies reporting different retirement adjustment trajectories and suggesting a synthesis comprising five distinct retiree types, ranging from overall positive to overall negative patterns; (2) providing an overview of the empirical research on the antecedents and consequences of retirement planning; and (3) proposing practical implications for career counselling interventions of retirement planning.

2. Retirement Adjustment Trajectories and Attitudes

The effect of the transition into retirement on individuals' well-being remains unclear. Recently, two studies revealed contradictory findings in this regard. While a meta-analysis of fourteen longitudinal studies found that the initial negative change in life satisfaction (but not in affects) was ensued by an increase in both life satisfaction and affects in the following months (Luhmann, Hofmann, Eid, & Lucas, 2012); a longitudinal quasi-experimental research undertaken in an international context reported that individuals experienced a large improvement in their subjective well-being, which then declined after a few years (Horner, 2014). In order to reconcile these heterogeneous findings, previous studies have focused on the existence of *retirement adjustment trajectories* (Wang & Shultz, 2010) with the aim of distinguishing, in a same retiree population, different retiree types or profiles, characterized by specific forms or patterns of retirement adjustment in terms of well-being across time. Such perspective is congruent with the life design paradigm, which argues for a focus on the *changing patterns* emerging from individuals' narratives – implying complex patterns of interacting factors; rather than a focus on oversimplified profiles derived from test scores – or the impact of a single variable (Savickas et al., 2009).

Table 1: Synthesis and Comparison of Previous Studies on Retirement Adjustment Process Patterns in terms of Well-Being

Perspective / Study	Research design / Sample / Country	Overall positive pattern	Rather positive pattern	Neutral pattern	Rather negative pattern	Overall negative pattern
Trajectories						
Wang (2007)	Longitudinal; N = 994 and 1,066 United States	**Recovering pattern** (i.e., positive changes to psychological well-being)	–	**Maintaining pattern** (i.e., minimum changes to psychological well-being)	**U-shape pattern** (i.e., initially negative changes in psychological well-being followed by some improvement)	–
Pinquart & Schindler (2007)	Longitudinal N = 1,456 Germany	–	A second group with a large initial increase, then a decline	A third group reporting a very small temporary increase at retirement	A first group characterized by initial decline followed by increase or stabilization	–
Attitudes						
Kloep & Hendry (2006)	Qualitative N = 45 Norway	**There is life beyond work** (i.e., being happy to retire, positive about retirement, good adjustment)	–	–	**Work as a lifestyle** (i.e., refusing to retire and encountering difficulties in adjusting)	**Not much left to live for** (i.e., having either negative or indifferent attitudes towards retirement as well as vulnerability because of health problems, family obligations, or a small social network)

Perspective / Study	Research design / Sample / Country	Overall positive pattern	Rather positive pattern	Neutral pattern	Rather negative pattern	Overall negative pattern
Robinson, Demetre, & Corney (2011)	Qualitative N = 30 United Kingdom	**Positive continuity and challenge** (i.e., good levels of life satisfaction and well-being in work life and retirement)	**Liberation and release** (i.e., liberation from a pressurised work life that diminished well-being and life satisfaction)	**Loss and gain** (i.e., tension between positive and negative responses to retiring)	–	**Restriction, regret and decline** (i.e., regret at having retired and declining well-being)
Schlossberg (2003)	Qualitative N = 100 United States	**Easy gliders** (i.e., wishing to not specify any particular project for the future and enjoying freedom)	**Adventurers** (i.e., introducing change or developing new abilities)	**Continuers** (i.e., a focus on continuity with the previous life phase through continuing to use one's skills in bridge employment or new activities)	**Searchers** (i.e., trial and error at the beginning of the process to figure out what is next and reach a new life balance)	**Retreaters** (i.e., disengaging entirely from life)

Table 1 summarizes the retirement adjustment trajectories characterizing retirees and identified by the five existing studies in this regard (adapted from Froidevaux, 2016). Using the data from an eight-year longitudinal survey, and based on two nationally representative samples of the U.S. population, Wang (2007) identified three retirement adjustment trajectories: a *maintaining pattern*, a *U-shape pattern*, and a *recovering pattern*. Similarly, using a longitudinal design with a German sample, Pinquart and Schindler (2007) obtained three groups of retirees dependent on changes in their life satisfaction: The first group was characterized by initial decline and followed by increase or stabilization, the second group by a substantial initial increase and then decline, and the third group who reported a slight and temporary increase at retirement. Together, the findings of these two studies support the existence of multiple patterns of adjustment during the retirement process (or different retirees' profiles), both during the transition into retirement and the post-retirement development phases (Wang, 2013). Applying qualitative research designs, the remaining three studies also investigated the different patterns of retirement adjustment among retirees. The study by Kloep and Hendry (2006)conducted interviews of forty-five Norwegian retirees andfound three pathways into retirement reflecting various adjustment styles (or meta-themes): *life beyond work, work as a lifestyle*, and *not much left to live for*. Then, Robinson and colleagues (2011) interviewed thirty retirees across the UK, and obtained four well-being and satisfaction patterns over time: *Positive continuity and challenge, liberation and release, loss and gain*, and *restriction, regret and decline*. Finally, Schlossberg (2003) interviewed one hundred American retirees and presented five main paths of retirement adjustment: continuers, adventurers, easy gliders, searchers, and retreaters. Therefore, based on different methodological approaches, these five studies adopted different but complementary perspectives on the retirement period and the adjustment process. Whereas the quantitative studies (Pinquart & Schindler, 2007; Wang, 2007) defined different trajectories of the retirement transition retrospectively, and integrated a set of interrelated variables to predict these trajectories; the qualitative studies shed light on the themes and attitudes regarding the retirement transition and life as a retiree, derived from clients' stories (Savickas et al., 2009).

Altogether, these five studies identified different adjustment patterns and offered the opportunity to distinguish between different types of retirees. As illustrated in Table 1, five types of retirement adjustment patterns across time can be identified across these studies: (i) an overall positive pattern (i.e., initial positive well-being which remains highly positive across time); (ii) a rather positive pattern (i.e., positive and negative changes coexist but the general trend is relatively positive); (iii) a neutral situation where positive and negative changes are relatively equal and thus neutralise each other; (iv) a rather negative pattern (i.e., positive and negative changes characterize the adjustment process, however the negative ones seem to be more important); and (v) an overall negative pattern (i.e., initial negative well-being which remains rather negative across time). In sum, these findings stress the need to avoid considering retirees as a vast and homogeneous population: Recognizing and considering the inter-individual differences–that is, the multiple retirement trajectories – is thus required, in particular in the counselling context.

3. Schlossberg's Typology of Retirees

Schlossberg's (2003) typology of retirees is certainly the most well-known typology and seems to be able to recover the different types of paths described by others (Table 1). Based on a large number of interviews with white and blue-collar workers from her occupation as a counselling psychologist, Schlossberg (2009) distinguished five main types of paths towards a retirement life. Further, this typology has several specificities: Each path has its own benefits and challenges so that none of them can be identified as the most correct. In fact, even the *retreaters'* path, which is frequently associated with negative affectivity, in certain temporary circumstances, can represent an adequate step. Furthermore, individuals can move through these paths over time, but also combine several paths. Thus, retirement is described here as a process and not simply as a punctual event or a static state. Assuming adequate financial and social capitals, as well as favourable health status, Schlossberg (2009) stresses the individual responsibility of each person for a happy or successful retirement.

For *continuers*, previous professional life remains a central aspect of their identity and activities. They continue to use existing competencies or adapt skills to fit with their new activities and interests for retirement (e.g., volunteering, paid work). In this regard, their professional skills are still used but in a different way (Holcomb, 2010). It is not rare for continuers to maintain their collaboration with the same company for a given period of time, although with a reduced work rate or as an external consultant. Thus, continuers' paths are characterized by a gradual adaptation of their worker identity into the new retiree identity.

By contrast, retirement for *adventurers* represents the opportunity for a new beginning and the chance to organize one's life in a different way. Adventurers may move to another country, start a new career (different from the previous professional activity) or go back to school to acquire new skills and competencies, such as an encore career (Freedman, 2007). Retirement is therefore the moment to develop new skills and starting new ventures.

For *easy gliders*, retirement is considered as a "period of freedom", where individuals have unscheduled time and can take opportunities as they come. Thus, they have the opportunity to live from day to day, without the obligation to have a specific and well-established project for the future. For instance, an easy glider may spend an entire day with relatives and friends, leave for a trip the next day and take time for him or herself to relax the day after.

Then, the *searchers'* path reflects the doubts and uncertainty related to the transition from work to retirement. Searchers have no idea about what to do, or they have plenty of general ideas, although they are unattainable. According to Schlossberg (2003), people often go through trial and error to explore new options (or different plans) until they find something that fits.

Finally, *retreaters* have an overall negative perception of this new life stage, so that the retirement transition for them is frequently accompanied by negative affect and a feeling of confusion and uselessness. For some retreaters, retirement represents the end of a meaningful working life. However, as previously mentioned, the retreaters' path is not necessarily a permanent state. Indeed, as an initial and transitory phase (i.e., a momentary time-out), it can be positive by offering the opportunity to figure out one's future and to manage their life as a retiree, after a period of grief.

In the validating study of the Transition to Retirement Questionnaire (RTQ), which measures Schlossberg's (2003) retiree types, Swiss participants described retirement more often as the opportunity to learn new things, to organize their life in a different way or to take occasions as they come. They perceived retirement less as a period of doubt and uncertainty, or as a last and negative step in their life (Maggiori, Nihil, Froidevaux, & Rossier, 2014). In particular, when the scores on the TRQ dimensions of individuals before and after retirement were compared, the analyses of covariance highlighted that retirees reported a lower score on continuers, searchers and retreaters dimensions but a higher score on easy gliders compared to the active participants. However, these differences were associated with quite modest effect sizes. It is also worth mentioning that both subgroups obtained the highest scores on the adventurers and easy gliders dimensions, and the lowest scores for the searchers and retreaters dimensions.

4. Retirement Planning

The life design paradigm for career construction in the 21st century has insisted on the necessity for career counselling to adopt a *preventive role* when intervening at transition times. In particular, Savickas and his colleagues (2009) have argued that life design counselling implied "taking an interest in people's future much earlier than when they have to face the difficulties of transitions, so that their actual choice opportunities can be increased with special attention devoted to at-risk situations" (p. 245). Thus, retirement planning has an important role to play in strengthening individuals' abilities to design their lives at retirement, that is, to adjust their retirement environment to their needs (Nota & Rossier, 2015).

To date, several reviews (e.g., Wang, Henkens, & van Solinge, 2011) and models have been proposed to address the antecedents (e.g., Adams & Rau, 2011; Wong & Earl, 2009) and/or consequences (e.g., Topa et al., 2009) of successful adjustment to retirement, but nothing similar has been done thus far regarding retirement planning. Among the large number of influences, socio-economic and psychological variables have been found to affect importantly whether and how individuals engage in the planning of the health-related, social, and financial aspects of their retirement (e.g., Wang & Shultz, 2010).

Antecedents

Socio-economic variables. Generally, *age* is correlated with planning, as approaching retirement has been observed to relate to more overall planning (Bassett, Fleming, & Rodrigues, 1998; Glass & Kilpatrick, 1998). However, there are *gender* differences regarding the kind of planning that is affected by age: Being older relates to more financial planning in men but more health planning in females (Petkoska & Earl, 2009). These gender differences in the domains of planning do also seem to hold independent of age such that being male goes along with greater financial planning (Hurd & Wise, 1989; Quick & Moen, 1998) and being female was associated with increased interpersonal and leisure planning (Noone, Alpass, & Stephens, 2010; Petkoska & Earl, 2009). In line with the latter findings, being female was related to less financial literacy, which in turn leads to less planning (Lusardi & Mitchell, 2007).

As a third factor, the *education level*, has been found to be positively related to health planning (Petkoska & Earl, 2009). In particular, more educated individuals engaged in more financial planning than less educated individuals (DeVaney & Su, 1997; Yuh & Olson, 1997). Fourth, *income* has been observed to relate to the amount of retirement planning. Individuals with higher income showed enhanced financial planning (Bassett et al., 1998; Grable & Lytton, 1997) and lower levels of anxiety to consult a financial planning adviser for their retirement (van Dalen, Henkens, & Hershey, 2016). Complementary, individuals with lower income reported increased work planning for the time after the retirement (Petkoska & Earl, 2009). In line with the results observed for both the education and income factors, higher economic living standards were linked to higher levels of financial preparation (Noone et al., 2010).

Trait variables. In terms of inter-individual differences that are rather stable over time and situations, two factors have been found to relate to the extent to which late-career workers are engaged in retirement planning over and above the effect of demographic variables. First, individuals with a *proactive personality* are thought to show high self-initiative, focus on the future, and actively try to change and improve their environment (Parker, Williams, & Turner, 2006). In accordance with this assumption, persons scoring high on this trait were more likely to be prepared for their retirement (Griffin, Loe, & Hesketh, 2012). Second, individuals with high levels of *time discounting* – that is, the tendency to discount rewards as they become closer to a future or past time horizon (e.g., preferring a smaller reward in the near future to a larger reward in the far future; Bidewell, Griffin, & Hesketh, 2006) – were observed to plan less for their retirement (Griffin et al., 2012).

Motivational and socio-cognitive variables. A number of psychological variables have been identified to relate to one's retirement planning. As a first factor, *goals* positively predicted retirement planning (Petkoska & Earl, 2009). Interestingly this also held true for general, financial, interpersonal, leisure, and work goals. These findings correspond to those of studies based on two widely recognized theories: goal setting theory (Locke & Latham, 1990, 2013) and the theory of planned behaviour (TPB; Ajzen, 1991, 2012). The former postulates that setting specific and challenging goals improves performance; while the latter explicates personal attitudes, behavioural norms, and sense of control as antecedents of behavioural intentions, which in turn predict actual behaviour. In line with the assumption of TPB, a recent study showed that these antecedents were positively associated with retirement planning although only for women and not for men (Griffin et al., 2012). Older women who reported *positive attitudes toward retirement planning* perceived that retirement planning is socially appropriate and felt capable of planning their retirement, thus indicated greater levels of planning (Griffin et al., 2012). Similarly, *negative attitudes toward retirement* were reported to decrease the likelihood of engaging in retirement planning (Kim & Moen, 2001). However, the gender differences regarding planning do not seem as clear yet. A meta-analysis observed that positive attitudes toward retirement had positive effects of small effects size on planning, independently of gender (e.g., Topa et al., 2009). Finally, in line with the idea that subjective experiences affect retirement planning, *work involvement,* and *job satisfaction* have been observed to exert positive effects of medium size on retirement planning (e.g., Topa et al., 2009).

Social variables. Research on perceived *social support at work* has shown ambiguous results regarding retirement planning: While it has been associated with greater outcome expectations and greater post-retirement work intentions (Wöhrmann, Deller, & Wang, 2013), in another study social support at work and the subjective experience of mattering (i.e., the perception that one makes a difference in the world) were found to have no impact on retirement planning one year later (Froidevaux, Hirschi, & Wang, 2016). These authors further found no mediating effect of mattering in the relationship between social support at work and retirement planning, and suggest that mattering may increase motivation to take action but also a general sense of confidence into life and one's future, so that whatever path individuals choose to pursue at retirement, they would remain important to others. In this context, retirement planning may become unnecessary (Froidevaux et al., 2016). One way to potentially resolve these differences is to differentiate the sources of support into work-related (i.e., superiors and colleagues) and non-work related (i.e., family and friends). In a study by Chiesa and Sarchielli (2008), perceiving high levels of support at work was related to increased levels of anxiety toward retirement, most likely as it implied the loss of the social identity. Perceiving high levels of *support from family and friends*, however, reduced anxiety and intended retirement age. The importance of the approval by close others has also been confirmed by Wöhrmann, Deller, and Wang (2014), who found that social approval by family and friends regarding post-retirement engagement moderated the relation between outcome expectations and post-retirement career intentions. Only when people who are important to a retiree approved the idea of working after one's retirement, the expectation of positive outcomes was related to intentions to work after retirement.

5. Consequences of Retirement Planning

Retirement planning has been found to positively affect various retirement-related outcomes (Wang & Shi, 2014; Yeung, 2013). In the following, we report the consequences with regard to subjective beliefs and expectations, health and well-being, as well as social life and financial aspects. These positive effects have been explained by several mechanisms: First, the fact that retirement planning raised older workers' awareness of the implication of the retirement transition in their lives. Thereby, interventions that provided older workers with information and, more importantly, give them the opportunity to reflect on the information and to raise their concerns, were particularly effective (Richardson, 1993; Sterns & Subich, 2005). Second, when spouses and family were included in the retirement planning procedure, retirement planning increased older workers' perspective-taking regarding the beliefs and expectations held by their significant others (Yeung, 2013).

Financial security. Retirement planning–in particular financial planning – has been found to affect individuals' financial security. The study by Kim, Kwon, and Anderson (2005) showed that older workers, who received financial education and calculated their retirement fund needs ahead, had *more savings once they retired.* Similarly, in a study on the retirees of a large company, an association was observed between the number of planning activities and having sufficient financial resources at hand when individuals were retired (Rosenkoetter & Garris, 2001). However, these studies are cross-sectional and the results may thus be explained by unobserved heterogeneity. This methodological problem has been circumvented in an analysis of baby boomers' retirement security (Lusardi & Mitchell, 2007), using an instrumental variable approach. This method uses a third, exogenous variable that is correlated with the dependent but not with the independent variable (Antonakis, Bendahan, Jacquart, & Lalive, 2010). The authors examined how retirement planning translated into financial security after the end of their occupational career, and found that planners arrived at retirement with much higher wealth levels, and displayed higher financial literacy, than non-planners.

Health and well-being. In the Retirement Confidence Survey analysing the effects of financial planning, Kim and her colleagues (2005) found that those who calculated their retirement fund needs reported better *perceived general health.* Yet, since this is a cross-sectional study, this result may be due to selection effects, where individuals with better health selected themselves into more intensive retirement planning. Similarly, in a large-scale study from the United States, a detailed set of types of retirement planning (e.g., financial planning, planning for retirement with family members, or planning the use of one's time in retirement) was examined and an association was reported between the number of planning activities and a series of retirement adjustment factors such as *less worrying about health* (Rosenkoetter & Garris, 2001).

Further, a large body of literature reported that retirees who planned their time after their career were more *satisfied with their retirement.* An analysis of data from the longitudinal Health and Retirement Study (HRS) found that retirees were more satisfied with their lives when they had previously engaged in financial and other types of planning (Elder & Rudolph, 1999). The authors further divided planning into (a) thinking about retirement and (b) taking measures to prepare retirement: Whereas both factors significantly determined individuals' satisfaction with retirement, active retirement planning (b) had a stronger effect. These results were robust even when controlling for socio-demographic characteristics and financial situation. Another study based on the HRS examined the effect of different measures to prepare for retirement and found particularly strong positive effect for talking intensively to one's spouse about retirement on retirement satisfaction (Noone, Stephens, & Alpass, 2009). Similar results were obtained by studies using primary data. In a large-scale longitudinal study inquiring retirement planning among naval officers, preparedness for the life after employment had a positive effect on retirement satisfaction (Spiegel & Shultz, 2003). Moreover, in a survey study among 550 participants, Muratore and Earl (2015) found that retirement planning had a strong positive effect on adjustment: Individuals who had a higher level of pre-retirement planning had more favourable exit conditions, which in turn favoured more positive retirement experiences. Regarding the mechanisms, more realistic expectations, the reduction of role ambiguity, and an improved ability to structure time have been found to be involved in explaining the higher level of satisfaction of retirees who planned ahead (see Carter & Cook, 1995; Mutran, Reitzes, & Fernandez, 1997; Taylor & Doverspike, 2003).

Subjective beliefs and expectations. Before the transition, retirement planning has been reported to have a positive effect on the individuals' *confidence* to make the retirement transition (Kim et al., 2005). In particular, informal planning is supposed to improve individuals' *self-efficacy beliefs* regarding the retirement transition (i.e., the belief to be able to perform the behaviours that are required to successfully retire). Moreover, formal planning – such as attending retirement seminars–has been found to facilitate individuals' positive *attitudes towards retirement* (Sterns, Junkins, & Bayer, 2001). Other studies have shown that retirement planning facilitated *goal setting* after retirement and contributed to develop *realistic expectations* (Sterns & Subich, 2005; Wang & Shultz, 2010).

Social life. Regarding social life, individuals who planned retirement reported to be more satisfied with their *relationships after retirement* (Taylor, Goldberg, Shore, & Lipka, 2008), and less *lonely* (Rosenkoetter & Garris, 2001). In terms of the processes underlying these effects, it has been assumed that retirement planning helped individuals to better anticipate changes in their social roles and identity and to act accordingly (e.g., to compensate for the reduction in social contacts; Noone et al., 2009). In line with this argument, retirees who engaged in volunteering activities or had a role as grandparents reported a higher well-being (Lo & Brown, 1999). Most probably, these activities provided them with a feeling of being needed that served their need to belong (Baumeister & Leary, 1995). Interestingly, depending on the kind of planning, negative effects of retirement planning have been observed too. Indeed, psychological, financial, and health planning were associated with positive post-retirement outcomes, while social life planning was related to increased levels of psychological distress (Yeung, 2013).

6. Retirement Planning Interventions

As previous research suggested that retirement planning has a significant positive effect on retirees' well-being, the importance of career counselling for older workers may crucially facilitate the transition (Wong & Earl, 2009). Indeed, most people have no or uncertain plans (Ekerdt, Hackney, Kosloski, & DeViney, 2001) and often do not actively plan for their retirement (Lim, 2003). Using self-reported questionnaires among 204 adults aged 40 years old and over in Singapore, Lim (2003) observed that the most frequent retirement planning activity was reading about retirement frequently (25 %) or sometimes (48 %; i.e., informal planning). While only few retirees indicated having been involved in a pre-retirement program (3 %; i.e., formal planning), 37 % said they had the intention to do so.

Similarly, using a consensual qualitative research design with a sample of 16 retired individuals in Switzerland, Froidevaux, Curchod, Degli-Antoni, Maggiori, and Rossier (in preparation) observed that a majority of their sample chose to not follow formal retirement planning interventions. However, these retirees were involved in personal planning (e.g., seeking financial advising for retirement, reading, discussing with friends) and projected themselves in specific projects and activities at retirement (e.g., bridge employment, travelling, leisure activities). Thus, retirement planning interventions may not necessarily be attractive to older workers. Interestingly, among the majority of retirees who decided not to follow retirement planning seminars, these authors reported that many explained that they understood that such courses could be important for others – but not for them. Reasons given were related to the idea that entering retirement was "normal" (i.e., in the sense of a normative and expected transition) and that life involved surprises that cannot be planned but required the capability to "let go". Retirees further explained that they would better know their needs once retired and that it was generally easy to find projects or things to do. Finally, some mentioned a lack of support to follow such courses from their employer. Indeed, mental preparation to design one's life in transition times has been suggested to include changing individuals' mental models of their careers, by seeing the (retirement) transition as a normal event in one's life and as an opportunity to reorient oneself, rather than as a disruption or the end (van Vianen, Koen, & Klehe, 2015).

However, Elder and Rudolph (1999) observed that active retirement planning (i.e., engaging in planning activities) was more effective than passive planning (e.g., thinking about it), which can be due to the fact that imagining career uncertainties in the future may mostly foster fears and worries rather than reassurance (van Vianen et al., 2015). As many individuals do not sufficiently prepare for retirement, interventions that support and instigate active retirement planning in individuals seem thus desirable to support a successful retirement adjustment process. As highlighted by Dennis and Fike (2012), the current view of retirement planning interventions encourages a holistic perspective, implying both financial and non-financial (i.e., how to live and what to do) aspects of retirement. In particular, these authors emphasized that calculating clients' retirement income could not make sense when they do not know how to build a satisfactory and meaningful life at retirement (e.g., according to specific core values; Froidevaux, submitted).

Learning from the Retirement Adjustment Trajectories

Several practical implications for career counselling interventions regarding retirement planning interventions can be derived from the previously reviewed literature. First, it is important that career counsellors inform future retirees about the five recognized well-being patterns in the literature (see Table 1). An important lesson learnt from these results is that a large majority of retirees experience minimal changes in well-being due to entering retirement (Wang, 2007). Knowing this result may help individuals to decrease their feelings of anxiety related to their future transition. Then, career counselling for retirement planning can raise awareness to the fact that changes in well-being may arise in the initial retirement adjustment, before stabilizing. Finally, it is necessary to inform future retirees about the existence of the overall negative pattern, in order to urge those individuals who will be in such a situation / who will be such a case in their future to seek for help through counselling sessions.

Schlossberg's (2003) typology has been grounded on practice and intents to be meaningful for career counselling practice. Concretely, the identified five different paths are used as a working tool in counselling programs or retirement guidance for future or young retirees. According to Schlossberg (2009), an essential aspect of these kinds of interventions is to support individuals to "revitalize" their identity (i.e., find an identity adequate to the new life stage), relationships (i.e., by maintaining previous connections and by creating new ones) and sense of purpose in life, in order to maintain some personal control during the retirement period. Recently, Maggiori and his colleagues (2014) have developed the Transition to Retirement Questionnaire (TRQ), an instrument that assesses one's perception of the coming retirement transition or one's life as retiree according to the typology of retirees proposed by Schlossberg (2003). The validation study of the TRQ (Maggiori et al., 2014) has been conducted on a sample of 1,054 professionally active and retired Swiss adults aged 59 to 72 years old. The final version of the TRQ consists of 26 items and 5 vignettes evaluating five dimensions, named accordingly to Schlossberg's (2003) typology: continuers (5 items and 1 vignette), adventurers (5 items and 1 vignette), easy gliders (4 items and 1 vignette), searchers (6 items and 1 vignettes), and retreaters (6 items and 1 vignette). An example of content of each dimension is as follows: "Continue to work but keeping only pleasant activities" (Continuers), "Learn new competencies, new skills" (Adventurers), "Live from day to day" (Easy gliders), "Have some ideas but not very convinced at the moment" (Searchers), and "When I am retired I will be useless" (Retreaters). The response format for all items and vignettes consists of a 5-point Likert-type scale ranging from 1 (*strongly disagree*) to 5 (*strongly agree*). A score for each of the five dimensions is calculated and reflects perceptions and attitudes towards retirement. Overall, results showed satisfactory psychometric properties of the TRQ. Exploratory and confirmatory analyses indicated that the five-factor structure, which fits coherently with the typology of retirees proposed by Schlossberg (2003), was robust and stable across both active (i.e., working) and retired groups. The internal reliabilities were more than satisfactory for the total sample and for both subgroups.

The TRQ represents a precious tool for career counselling interventions with older workers in the planning and adjustment phases of the transition to retirement, as it provides career counsellors with their clients' scores on the five identified retirement trajectories. It enables to evaluate not only the perception and personal expectation about their future retirement, but also their current experience and daily life as a retiree. Consistent with Schlossberg's (2003) idea that a retiree can fit in more than one path, the general aim of the instrument is to offer a description of individuals in terms of each of the five paths, instead of simply classifying current and future retirees into a unique path. As such, the TRQ represents a valuable basis to prompt discussion. Such discussion can support a co-construction process regarding clients' subjective perception of their former and current experiences of the transition into retirement – regarding all the adjustment processes involved, as well as their expectations for the future.

Identifying their clients' TRQ profile may further enable career counsellors to adapt the kind of information and the form of their retirement planning intervention. As suggested earlier, tracing / finding / identifying salient *retreater* or *searcher* profiles should raise concern if the client has been retired for more than a few months (i.e., in the case of middle- to long-lasting situations). Moreover, identification of the *continuers* profile may guide the planning intervention in the conception of retirement as a late-career development stage (Wang & Shi, 2014) and focus on late-career decision-making. Concretely, they may consider different career options such as delaying one's retirement (i.e., non-retirement), choosing a bridge employment (i.e., a short- to middle-term job assignment aiming at making a bridge between full employment and full retirement) or an encore career (i.e., reengagement in education in order to reorient oneself for a more purposeful career) (Boveda & Metz, 2016). An *adventurer* profile may further enhance clients' desire to pursue an encore career, given that this type of individuals is supposed to enjoy exploring new situations such as new education and work context. Finally, as the *easy gliders'* philosophy is to take each day as it comes, and it may be counterproductive for them if the career counsellors try to engage them in time management interventions, such as creating a precise planning of activities in daily life. The results obtained by Froidevaux and her colleagues (in preparation) corroborate this suggestion, as many of the reasons given by retirees to explain why they decided not to be involved in retirement planning programs were related to this easy glider aspect of an unstructured retirement time (e.g., getting adjusted to unpredictable life "surprises").

Further, assessing clients' personality traits (McCrae & Costa, 2004) may also be useful to raise awareness on their general psychological traits' functioning. In particular, neuroticism was found to be positively related to the searchers and the retreaters dimensions, while openness was associated with the adventurers and the continuers dimensions–and agreeableness with the easy gliders dimension – in positive ways (Maggiori et al., 2014). Further, dispositional resistance to change (Oreg, 2003) had an impact on the TRQ's dimensions for both subgroups. Notably, for the retirees group, the routine seeking was negatively associated with the adventurers dimension, while the short-term focus was positively and negatively associated with the continuers and the easy gliders dimensions, respectively.

Finally, while using the TRQ in individual career counselling session seems relatively straightforward, its use in group settings may be harder to implement. In such settings, we suggest that career counsellors inform (i.e., retirement education) future retirees about Schlossberg's (2003) specific dimensions as one model that illustrates the various retirement adjustment trajectories. The importance of the permeability between dimensions and across time should further be underlined by career counsellors, given that this represents the principal advantage of this typology compared with the others. Finally, in the case of a group setting, general lines describing each Schlossberg's (2003) dimension may be given as prompts for pursuing individual reflection during the following months (e.g., informal self-assessment).

Learning from the Retirement Planning Antecedents and Consequences

Socio-economic antecedents, in particular, can provide career counsellors with fruitful information to help them identify the most vulnerable groups regarding specific types of retirement planning. Notably, it is important that career counsellors encourage retirement financial planning among women, less educated individuals and those with lower incomes; health planning among men and less educated individuals; and leisure and interpersonal planning among men. Further, Sterns and Subich (2013) suggested that individuals with negative attitudes towards retirement are those who would benefit the most from individual career counselling sessions. As suggested by Dennis and Fike (2012), the overrepresentation of the white (in the US) middle-class population as participants to these interventions, represents an important limitation regarding current retirement planning practice. In order to overtake this difficulty and to increase clients' diversity, the authors suggested that career counsellors develop interventions targeted for three specific populations. For the older workers with lower incomes, interventions could focus on learning about savings and increase their self-reliance and sense of fulfilment. For older workers encountering health limitations or chronic diseases, interventions could focus on selection, optimization and compensation strategies, with the aim of maintaining job performance and facilitating retirement decision-making and positive retirement adjustment (Baltes & Rudolph, 2013). Finally, for working retired – who do so voluntarily or obliged to increase their financial resources, interventions could focus on helping them to include some parts of their retirement dreams or freedom into their work life.

Finally, specific key ingredients can be derived from the previously highlighted mechanisms that explained the positive consequences of retirement planning on retirement adjustment in terms of satisfaction. Such ingredients imply integrating into retirement planning interventions (1) the implementation of more realistic expectations about retirement – put differently, it is important to raise consciousness and to provide space to reflect on and thus better anticipate the concrete changes that are likely to occur in retirement (e.g., management of non-professional activities and time with family and friends, reduced income; Froidevaux, 2016). Another ingredient for interventions is that they (2) foster time management skills (i.e., learning how to structure one's time) by clarifying one's values. They further need to (3) reduce ambiguity in social roles (i.e., work and non-work roles identities, for instance by encouraging older workers to share their retirement plans with their spouse and family in order to be more aware of significant others' point of view). Finally, they need to (4) help individuals be closer to their feelings and identify their attitudes towards retirement.

7. Discussion

In this chapter, we explored the relationship between retirement planning and retirement adjustment, by specifying how retirement planning research and practice could be informed by empirical results on the retirement adjustment phase. First, we have reviewed quantitative and qualitative studies reporting different retirement adjustment trajectories and attitudes, suggesting a synthesis of five distinct retiree types across studies, ranging from overall positive to overall negative well-being patterns. Second, we have reviewed empirical research on the antecedents (i.e., socio-economic, trait, motivational and socio-cognitive, and social variables) and consequences (i.e., financial security, health and well-being, subjective beliefs and expectations, and social life) of retirement planning and addressed the methodological challenges that limit the interpretation of previous findings. Third, based on the former two reviews, we have proposed practical implications for career counselling interventions of retirement planning regarding Schlossberg's (2003) typology and the derived Transition to Retirement Questionnaire (Maggiori et al., 2014). Finally, we have identified potential at-risk populations (individuals with low income, health limitations, and working retired) and key ingredients for retirement planning interventions (i.e., realistic expectations, time management, role ambiguity, and awareness of feelings and attitudes towards retirement) that have an impact on the positive effect of such interventions on retirement adjustment later in the process.

Future Directions for Research on Retirement Planning and Adjustment

As reviewed earlier, the latest literature uses longitudinal data to understand the causal effects of several variables on retirement adjustment trajectories and/or well-being (Horner, 2014; Pinquart & Schindler, 2007; Wang, 2007). However, there is clearly a lack of longitudinal studies exploring the factors that affect retirement planning behaviours, as well as their consequences on retirement adjustment quality later in time. In order to better understand the relationship between retirement planning and adjustment, future research needs to assess the different outcome variables of retirement planning *both before and after* retirement planning activities or counselling sessions (Taylor & Schaffer, 2012). This is in line with a concern raised by Wang and Shultz (2010) regarding the long-term impact of retirement planning on retirement adjustment, who suggested that future studies explore *when* the effects of retirement planning would be the strongest across time during the post-retirement trajectory. Indeed, future studies may follow individuals two or three years before reaching their intended retirement age, thus revealing changes in well-being or in retirement attitudes during the retirement planning phase across time – as planning activities unfold and reflections about retirement plans evolve. Moreover, the effectiveness of retirement planning counselling interventions needs to be assessed more systematically. For instance, in line with their conceptual propositions, Taylor and Schaffer (2012) suggested that such studies would make it possible to identify the *kind* of planning that provides most change management resources and need satisfaction.

More concretely, future longitudinal studies need to address the challenge of *timing* of the retirement planning process, that is, when it really begins (Wang & Shultz, 2010). While individual differences exist in this regard, given that some individuals begin to plan quite early (e.g., a few years before reaching official or intended retirement age) and others only a few months before retiring (or not at all, as seen in the introductory quotation), such differences and their reasons have not been explored thus far in empirical literature. As the retirement process becomes much more flexible (e.g., abrogation of the official retirement age in Canada, the US and New Zealand) and as the number of retired workers increases, retirement planning has evolved and could become of particular interest earlier in the career development trajectories of individuals (i.e., mid-careers).

Two general future research directions can further be suggested concerning the investigation of the relationship between retirement planning and adjustment. First, there is a need to increase the *variety* of the variables used to operationalise retirement adjustment quality conceived as the outcome of retirement planning (Wang & Shultz, 2010). This will become particularly important given that the social milieu that is shifting from a "pro-retirement" to a "pro-work" emphasis regarding older and retired workers (Shultz & Wang, 2011). While traditional variables include retirement satisfaction and savings behaviours, novel outcomes from the career development field should be / are particularly interested in considering the perspective of retirement as a late-career development phase: Career adaptability (e.g., Buyukgoze-Kavas, 2016) or self-directed career management (Hirschi, Freund, & Herrmann, 2014) could represent particularly interesting consequences of retirement planning. Second, it is important to develop empirical research focusing on the mechanisms involved in the positive relationship between retirement planning and adjustment. The present chapter offers suggestions to explore this research path, as we identified four key ingredients that were found to *mediate* this relationship: more realistic expectations, better time structure and management, lower ambiguity in social roles, greater awareness of one's feelings and attitudes towards retirement. We also suggest that close concepts should be considered as potential mediators in future studies, in order to explore these mechanisms further, such as proactive behaviours or hope (e.g., Hirschi, 2014). Finally, *moderators* on the relationship between retirement planning and adjustment also deserve more attention from scholars. In this regard, in their conceptual chapter Taylor and Schaffer (2012) suggested two types of Person-Environment fit that would moderate this relationship: the fit between change in the post-retirement environment and individuals' change management resources (i.e., health-oriented, cognitive, personality, social and work-oriented resources), and the fit between individual's needs (i.e., financial, social, generative, and work-oriented) and their satisfaction in the post-retirement environment. Thus, future studies need to test Taylor and Schaffer's (2012) theoretical propositions and their variables of interest as possible moderators empirically.

It is also of particular importance that future research addresses specific methodological issues. For instance, the same underlying psychological antecedent factors that are linked to retirement planning may also predict health-improvement behaviour after retirement. This problem has been addressed by Gubler and Pierce (2014) in a study using an employer-sponsored health examination as a *quasi-exogenous shock* to employees' health knowledge. Identifying employees' level of wealth by their decision to contribute to an expensive private retirement plan, these authors found that employees' financial situation and future health improvements were positively correlated. Next, the relationship between planning and retirement outcomes, such as satisfaction, may be overestimated because of common method variance: Those who report planning for their retirement would also be more likely to report satisfaction in retirement (Elder & Rudolph, 1999; Zhu-Sams, 2004). *Prospective studies*, where retirement planning is assessed when individuals are still working, enable us to address this problem. For instance, Noone and his colleagues (2009) measured workers' levels of preretirement planning while still working and compared the findings to postretirement levels of satisfaction. Finally, a major shortcoming of previous research is the use of self-report measures, instead of *hetero-evaluations or dyadic data* that would include the perceptions of other people who may have an impact on individuals' retirement process. As a result, future research could include relatives' (e.g., spouse, friends, colleagues) ratings of retirees' and older employees' retirement planning and adjustment, in order to compare the results from the self-administered questionnaires with external assessments. Such measures would further enable to decrease the threat of the common method bias.

Concluding Thoughts

As illustrated by the introducing quote, the 69 year-old man made a causal relationship between no retirement planning and his important difficulties to adjust to retirement. This man is an example of someone who encountered a rather negative pattern, as he experienced severe difficulties in the initial phase of retirement adjustment. He reported having needed around eight months to become accustomed to his retirement, and at the time of the interview, he felt quite happy. While not planning nor even think about one's future retirement represents an extreme situation, a lack in retirement planning contributes to explain that 10 to 30 % of retired individuals struggle to adjust to retirement (Bossé, Spiro, & Kressin, 1996; Wang, 2007). This chapter has highlighted the links between research and practice in retirement planning, and those between the former and the last phase of the retirement process. We believe that these dialogues have the potential to contribute to diminishing the potential vicious cycles that can exist between a lack in socio-economic, trait, motivational and socio-cognitive, or social variables; the opportunity to plan one's retirement, formally or informally; and the resulting retirement adjustment in terms of financial security, health and well-being, subjective beliefs and expectations, and social life.

References

Adams, G. A. / Rau, B. L. (2011): Putting off tomorrow to do what you want today: Planning for retirement. *American Psychologist* 66, S. 180–192, DOI 10.1037/a0022131.

Ajzen, I. (1991): The theory of planned behavior. *Organizational Behavior and Human Decision Processe,* 50, S. 179–211.

Ajzen, I. (2012): The theory of planned behavior. In: Van Lange, P. A. / Kruglanski, A. W. / Higgins, E. T. (Hrsg.): *Handbook of theories of social psychology.* SAGE Publications Ltd: London, S. 438–459.

Antonakis, J. / Bendahan, S. / Jacquart, P. / Lalive, R. (2010): On making causal claims: A review and recommendations. *The Leadership Quarterly* 21, S. 1086–1120, DOI 10.1016/j.leaqua.2010.10.010.

Baltes, B. B. / Rudolph, C. W. (2013). The theory of selection, optimization, and compensation. *The Oxford Handbook of Retirement.* New York, NY: Oxford University Press; US, S. 88–101.

Bassett, W. F. / Fleming, M. J. / Rodrigues, A. P. (1998): How workers use 401 (k) plans: The participation, contribution, and withdrawal decisions. *National Tax Journal,* S. 263–289.

Baumeister, R. F. / Leary, M. R. (1995): The need to belong: desire for interpersonal attachments as a fundamental human motivation. *Psychological Bulletin* 117, S. 497.

Bidewell, J. / Griffin, B. / Hesketh, B. (2006): Timing of retirement: Including a delay discounting perspective in retirement models. *Journal of Vocational Behavior* 68, S. 368–387.

Bossé, R. / Spiro, A. I. / Kressin, N. R. (1996): The psychology of retirement. In: Woods, R. T. (Hrsg): *Handbook of the Clinical Psychology of Ageing.* Wiley: Chichester, UK, S. 141–157.

Boveda, I. / Metz, A. J. (2016): Predicting end-of-career transitions for baby boomers nearing retirement age. *The Career Development Quarterly* 64, S. 153–168, DOI 10.1002/cdq.12048.

Buyukgoze-Kavas, A. (2016): Predicting career adaptability from positive psychological traits. *The Career Development Quarterly* 64, S. 114–125, DOI 10.1002/cdq.12045.

Carter, M. A. T. / Cook, K. (1995): Adaptation to retirement: Role changes and psychological resources. *The Career Development Quarterly* 44, S. 67–82, DOI 10.1002/j.2161–0045.1995.tb00530.x.

Chiesa, R. / Sarchielli, G. (2008): Getting ready for retirement: The role of social support in anxiety management. *Revista de Psicologia del Trabajo y de las Organizaciones* 24, S. 365–388, DOI doi: 10.4321/S1576-59622008000300006.

Dennis, H. / Fike, K. T. (2012): Retirement planning: New context, process, language, and players. In Hedge, J. W / Borman, W. C. (Eds.): *The Oxford Handbook of Work and Aging* (pp. 538–548). New York, NY: Oxford University Press; US, S. 538–548.

DeVaney, S. A. / Su, Y.-p. (1997). Factors predicting the most important source of retirement income. *Compensation and Working Conditions* 2, S. 25–31.

Ekerdt, D. J. / Hackney, J., Kosloski, K. / DeViney, S. (2001): Eddies in the stream: The prevalence of uncertain plans for retirement. *The Journals of Gerontology Series B: Psychological Sciences and Social Sciences* 56, S. 162–170, DOI 10.1093/geronb/56.3.S162.

Elder, H. W. / Rudolph, P. M. (1999): Does retirement planning affect the level of retirement satisfaction?. *Financial Services Review* 8, S. 117–127.

Freedman, M. (2007): *Encore: Finding work that matters in the second half of life.* New York, NY: Public Affairs.

Froidevaux, A. (2016): *Adjusting successfully to retirement: Qualitative and quantitative investigations on identity, meaning and mattering*. (Unpublished Doctoral Thesis in Psychology), Faculty of Social and Political Sciences, University of Lausanne.

Froidevaux, A. (submitted): A life design perspective on the work to retirement transition. In: Cohen-Scali, V. / Rossier, J. & Nota, L. (Hrsg): *International Perspectives on Current Research in Career Counseling and Guidance: Building Careers in Changing and Diverse Societies*. Springer.

Froidevaux, A. / Curchod, G. / Degli-Antoni, S. / Maggiori, C. / Rossier, J. (in preparation): Consensual qualitative research analysis of retirement adjustment: Well-being, identity, and resources.

Froidevaux, A. / Hirschi, A. / Wang, M. (2016): The role of mattering as an overlooked key challenge in retirement planning and adjustment. *Journal of Vocational Behavior* 94, S. 57–69, DOI 10.1016/j.jvb.2016.02.016.

Glass, J. C. / Kilpatrick, B. B. (1998): Gender comparisons of baby boomers and financial preparation for retirement. *Educational Gerontology: An International Quarterly* 24, S. 719–745.

Grable, J. / Lytton, R. (1997): Determinants of retirement savings plan participation: A discriminant analysis. *Personal Finances and Worker Productivity* 1, S. 184–189.

Griffin, B. / Loe, D. / Hesketh, B. (2012): Using proactivity, time discounting, and the theory of planned behavior to identify predictors of retirement planning. *Educational Gerontology* 38, S. 877–889, DOI 10.1080/03601277.2012.660857.

Gubler, T. / Pierce, L. (2014): Healthy, wealthy, and wise: Retirement planning predicts employee health improvements. *Psychological Science* 25, S. 1822–1830, DOI 10.1177/0956797614540467.

Hall, D. T. (2004): The protean career: A quarter-century journey. *Journal of Vocational Behavior* 65 (1), S. 1–13, DOI 10.1016/j.jvb.2003.10.006.

Hirschi, A. (2014): Hope as a resource for self-directed career management: Investigating mediating effects on proactive career behaviors and life and job satisfaction. *Journal of Happiness Studies* 15, S. 1495–1512, DOI 10.1007/s10902-013-9488-x.

Hirschi, A. / Freund, P. A. / Herrmann, A. (2014): The Career Engagement scale: Development and validation of a measure of proactive career behaviors. *Journal of Career Assessment* 22, S. 575–594, DOI 10.1177/1069072713514813.

Holcomb, T. F. (2010): Transitioning into retirement as a stressful life event. In Miller, T. W. (Hrsg.): *Handbook of Stressful Transitions across the Lifespan*. Springer: New York, S. 133–146.

Horner, E. M. (2014): Subjective well-being and retirement: Analysis and policy recommendations. *Journal of Happiness Studies* 15, S. 125–144, DOI 10.1007/ s10902-012-9399-2.

Hurd, M. D. / Wise, D. A. (1989): The wealth and poverty of widows: Assets before and after the husband's death. In Wise, D. A. (Hrsg.): *The Economics of Aging.* Ill: University of Chicago Press: Chicago, S. 177–200.

Jex, S. M. / Grosch, J. (2013): Retirement decision making. In Wang, M. (Hrsg.): *The Oxford Handbook of Retirement.* Oxford University Press, New York, S. 267–279.

Kim, J. / Kwon, J. / Anderson, E. A. (Producer). (2005): Factors related to retirement confidence: Retirement preparation and workplace financial education. *Journal of Financial Counseling and Planning* 16(2), 0_1,1–19. Retrieved from http://search.proquest.com/docview/1362247653?accountid=12006.

Kim, J. E. / Moen, P. (2001): Is retirement good or bad for subjective well-being? *Current Directions in Psychological Science* 10, S. 83–86, DOI 10.1111/1467-8721.00121.

Kloep, M. / Hendry, L. B. (2006): Pathways into retirement: Entry or exit? *Journal of Occupational and Organizational Psychology* 79, S. 569–593, DOI 10.1348/096317905X68204.

Lim, V. K. G. (2003): An empirical study of older workers' attitudes towards the retirement experience. *Employee Relations* 25, S. 330–346.

Lo, R. / Brown, R. (1999): Stress and adaptation: Preparation for successful retirement. *Australian and New Zealand Journal of Mental Health Nursing* 8, S. 30–38, DOI 10.1046/j.1440–0979.1999.00127.x.

Locke, E. A. / Latham, G. P. (1990): *A theory of goal setting and task performance.* NJ: Prentice-Hall: Englewood Cliffs.

Locke, E. A. / Latham, G. P. (2013): *New developments in goal setting and task performance.* NY: Routledge: New York.

Luhmann, M. / Hofmann, W. / Eid, M. / Lucas, R. E. (2012): Subjective well-being and adaptation to life events: A meta-analysis. *Journal of Personality and Social Psychology* 102, S. 592–615, DOI 10.1037/a0025948.

Lusardi, A. / Mitchell, O. S. (2007): Baby boomer retirement security: The roles of planning, financial literacy, and housing wealth. *Journal of monetary Economics* 54, S. 205–224, DOI 10.1016/j.jmoneco.2006.12.001.

Maggiori, C. / Nihil, R. / Froidevaux, A. / Rossier, J. (2014): Development and validation of the transition to retirement questionnaire. *Journal of Career Assessment* 22, S. 505–523, DOI 10.1177/1069072713498684.

McCrae, R. R. / Costa, P. T., Jr. (2004): A contemplated revision of the NEO Five-Factor Inventory. *Personality and Individual Differences* 36, S. 587–596, DOI 10.1016/S0191-8869 %2803%2900118-1.

Muratore, A. M. / Earl, J. K. (2015): Improving retirement outcomes: The role of resources, pre-retirement planning and transition characteristics. *Ageing & Society* 35, S. 2100–2140, DOI 10.1017/S0144686X14000841.

Mutran, E. J. / Reitzes, D. C. / Fernandez, M. E. (1997): Factors that influence attitudes toward retirement. *Research on Aging* 19, S. 251–273.

Noone, J. H. / Alpass, F. / Stephens, C. (2010): Do men and women differ in their retirement planning? Testing a theoretical model of gendered pathways to retirement preparation. *Research on Aging* 32, S. 715–738, DOI 10.1177/0164027510383531.

Noone, J. H. / Stephens, C. / Alpass, F. M. (2009): Preretirement planning and well-being in later life a prospective study. *Research on Aging* 31, S. 295–317, DOI 10.1177/0164027508330718.

Nota, L. / Rossier, J. (2015): *Handbook of life design: From practice to theory and from theory to practice*. MA: Hogrefe Publishing: Boston.

Oreg, S. (2003). Resistance to change: Developing an individual differences measure. *Journal of Applied Psychology* 88, S. 680–693, DOI 10.1037/0021-9010.88.4.680.

Parker, S. K. / Williams, H. M. / Turner, N. (2006): Modeling the antecedents of proactive behavior at work. *Journal of Applied Psychology* 91, S. 636, DOI 10.1037/0021-9010.91.3.636.

Petkoska, J. / Earl, J. K. (2009): Understanding the Influence of Demographic and Psychological Variables on Retirement Planning. *Psychology and Aging* 24, S. 245–251, DOI 10.1037/a0014096.

Pinquart, M. / Schindler, I. (2007): Changes of life satisfaction in the transition to retirement: A latent-class approach. *Psychology and Aging* 22, S. 442–455, DOI 10.1037/0882-7974.22.3.442.

Quick, H. E. / Moen, P. (1998): Gender, employment and retirement quality: A life course approach to the differential experiences of men and women. *Journal of Occupational Health Psychology* 3, S. 44.

Richardson, V. E. (1993): *Retirement counseling: A handbook for gerontology practitioners*. NY: Springer: New York.

Robinson, O. C. / Demetre, J. D. / Corney, R. H. (2011): The variable experiences of becoming retired and seeking retirement guidance: A qualitative thematic analysis. *British Journal of Guidance & Counselling* 39, S. 239–258, DOI 10.1080/03069885.2011.562484.

Rosenkoetter, M. M. / Garris, J. M. (2001): Retirement planning, use of time, and psychosocial adjustment. *Issues in Mental Health Nursing* 22, S. 703–722, DOI 10.1080/01612840120432.

Savickas, M. L. / Nota, L. / Rossier, J. / Dauwalder, J.-P. / Duarte, M. E. / Guichard, J. / Soresi, S. / Van Esbroeck, R. / Van Vianen, A. E. (2009): Life designing: A paradigm for career construction in the 21st century. *Journal of Vocational Behavior* 75, S. 239–250, DOI 10.1016/j.jvb.2009.04.004.

Schlossberg, N. K. (2003): *Retire smart, retire happy: Finding your true path in life.* American Psychological Association: Washington, DC.

Schlossberg, N. K. (2009): *Revitalizing retirement: Reshaping your identity, relationships, and purpose.* American Psychologist Association: Washington, DC.

Shultz, K. S. / Wang, M. (2011): Psychological perspectives on the changing nature of retirement. *American Psychologist* 66, S. 170–179, DOI 10.1037/a0022411.

Spiegel, P. E. / Shultz, K. S. (2003): The influence of preretirement planning and transferability of skills on naval officers' retirement satisfaction and adjustment. *Military Psychology* 15, S. 285–307, DOI 10.1207/S15327876MP1504_3.

Sterns, H. L. / Junkins, M. P. / Bayer, J. G. (2001): Work and retirement. In Bonder, B. R. / Wagner, M. B. (Hrsg): *Functional Performance in Older Adults.* Pa: Davis: Philadelphia, S. 148–164.

Sterns, H. L. / Subich, L. M. (2005): Counseling for Retirement. In: Brown, S. D. / Lent, R. W. (Hrsg.): *Career Development and Counseling: Putting Theory and Research to Work.* John Wiley & Sons: Hoboken, New Jersey.

Sterns, H. L. / Subich, L. M. (2013): Counseling for retirement. In Brown, S. D. / Lent, R. W. (Hrsg.): *Career Development and Counseling: Putting Theory and Research to Work.* John Wiley & Sons Inc: Hoboken, NJ, S. 506–521.

Taylor, M. A. / Doverspike, D. (2003): Retirement planning and preparation. In Adams, G. A. / Beehr, T. A. (Hrsg.): *Retirement: Reasons, processes, and results.* Springer: New York, S. 53–82.

Taylor, M. A. / Goldberg, C. / Shore, L. M. / Lipka, P. (2008): The effects of retirement expectations and social support on post-retirement adjustment. *Journal of Managerial Psychology* 23, S. 458–470, DOI 10.1108/02683940810869051.

Taylor, M. A. / Schaffer, M. (2012): Planning and adaptation to retirement: The post-retirement environment, change management resources, and need-oriented factors as moderators. In: Wang, M. (Hrsg.), *The Oxford Handbook of Retirement.* Oxford University Press: New York, S. 249–266.

Topa, G. / Moriano, J. / Alcover, CM / Morales, F. y. D., M. (2009): Antecedents and consequences of retirement planning and decision-making: A meta-analysis and model. *Journal of Vocational Behavior* 75, S. 38–55, DOI 10.1016/j.jvb.2009.03.002.

Topa, G. / Moriano, J. A. / Depolo, M. / Alcover, C.-M. / Morales, J. (2009): Antecedents and consequences of retirement planning and decision-making: A meta-analysis and model. *Journal of Vocational Behavior* 75, S. 38–55.

Van Dalen, H. P. / Henkens, K. / Hershey, D. A. (2016): Why do older adults avoid seeking financial advice? Adviser anxiety in the Netherlands. *Ageing & Society, FirstView*, S. 1–23, DOI 10.1017/S0144686X16000222.

Van Solinge, H. (2013): Adjustment to retirement. In Wang, M. (Hrsg.): *The Oxford Handbook of Retirement*. Oxford University Press: New York, S. 311–324.

Van Solinge, H. / Henkens, K. (2008): Adjustment to and satisfaction with retirement: Two of a kind? *Psychology and Aging* 23, S. 422–434, DOI 10.1037/0882-7974.23.2.422.

Van Vianen, A. E. / Koen, J. / Klehe, U.-C. (2015): Unemployment: Creating and conserving resources for career self-regulation. In Nota, L. & Rossier, J. (Hrsg.), *Handbook of Life Design: From Practice to Theory, from Theory to Practice*. Hogrefe Publishing: Boston, MA.

Wang, M. (2007): Profiling retirees in the retirement transition and adjustment process: Examining the longitudinal change patterns of retirees' psychological well-being. *Journal of Applied Psychology* 92, S. 455–474, DOi 10.1037/0021-9010.92.2.455.

Wang, M. (Hrsg.) (2013): *The Oxford handbook of retirement*. Oxford University Press: New York.

Wang, M. / Henkens, K. / van Solinge, H. (2011): Retirement adjustment: A review of theoretical and empirical advancements. *American Psychologist* 66, S. 204–213, DOI 10.1037/a0022414.

Wang, M. / Shi, J. (2014): Psychological research on retirement. *Annual Review of Psychology*, 65, S. 209–233, DOI 10.1146/annurev-psych-010213-115131.

Wang, M. / Shultz, K. S. (2010): Employee retirement: A review and recommendations for future investigation. *Journal of Management* 36, S. 172–206, DOI 10.1177/0149206309347957.

Wöhrmann, A. M. / Deller, J. / Wang, M. (2013): Outcome expectations and work design characteristics in post-retirement work planning. *Journal of Vocational Behavior* 83, S. 219–228, DOI 10.1016/j.jvb.2013.05.003

Wöhrmann, A. M., / Deller, J. / Wang, M. (2014): A mixed-method approach to post-retirement career planning. *Journal of Vocational Behavior* 84, S. 307–317, DOI 10.1016/j.jvb.2014.02.003.

Wong, J. Y. / Earl, J. K. (2009): Towards an integrated model of individual, psychosocial, and organizational predictors of retirement adjustment. *Journal of Vocational Behavior* 75, S. 1–13, DOI 10.1016/j.jvb.2008.12.010.

Yeung, D. Y. (2013): Is pre-retirement planning always good? An exploratory study of retirement adjustment among Hong Kong Chinese retirees. *Aging & Mental Health* 17, S. 386–393, DOI 10.1080/13607863.2012.732036.

Yuh, Y. / Olson, P. (1997): Factors affecting the retirement fund levels of self-employed households and wage and salary households. *Family Economics and Resource Management Biennial* 2, S. 25–31.

Zhu-Sams, D. (2004): Will pre-retirement planning affect post-retirement experience? *Western Family Economics Associations* 19, S. 51–57.

Lyn Barham

Extending working lives: progression in late careers

Abstract: *This chapter considers the nature of movement and personal change at the later stage of careers, focusing on several involved aspects. The form of progression differs from the ambitious striving of early careers. Consequently, we need to differentiate career support for older workers from that offered to entrants of the workforce.*

1. Introduction

This chapter considers the nature of onward movement at the later stage of careers. Movement and personal change continue, but the form of progression differs from the ambitious striving more typical of early career, suggesting that we should differentiate career support for older workers from that offered to entrants to the workforce. Such a distinction would require career practitioners to think and to work differently with their older clients.

2. Older workers: Progression replaces ambition?

Ambition is, in general, framed as a healthy characteristic of young adulthood, linked with the formation of an adult social identity. Over time, perceptions shifted from the tragic aspect of Macbeth's 'overweening ambition' to an increasing acceptability of ambition as a positive personal characteristic. The shift is captured in the current definition in the Oxford English Dictionary (OED): 'The ardent (in early usage, inordinate) desire to rise to high position, or to attain rank, influence, distinction or other preferment'. Recent decades have seen something of a flux in ambition's fortunes. The social values which underpinned local communities are increasingly under threat from a 21st century Western capitalism where individuals 'must embrace self-interest and whatever response is forced on them by impersonal market judgements' (Hutton, 2010, p. 17). The personal ambition needed by those who will thrive in this economic culture may perhaps be moving back towards 'inordinate'.

Young people are much under pressure to conform if they want to build a career that is successful in these conditions, and well-remunerated. For individual younger people, the benign gloss woven into the promotion of career management skills is encouragement of experimentation in career-related roles (Van Vianen et al., 2009) and exploration of 'possible selves' (Ibarra, 2003), but there is a 'flip side' (Plant & Valgreen, 2014) in policies directed towards flexicurity and mobication (Andersen, Lubanski & Pedersen, 2011), placing an obligation on workers to adopt personal flexibility and mobility as the price for labour force participation and/or support from social benefits and services.

In career practice with younger people, this creates for practitioners a dilemma 'in relation to the delicate balance between guidance as an instrument for personal development, and guidance as social control' (Plant & Valgreen, 2014, p. 15). But in the end, for each individual, this will change: conforming to workplace pressures and exploring possible work roles will cease after retirement. Whatever 'selves' are explored – as they will be – will not have wage-earning as a central concern. This chapter argues that, with maturity, a focus on *ambition* cedes place to other forms of personal *progression*. This results in a different dilemma for career practitioners: to identify if and when *progression* tends to replace *ambition*, the nature of mature progression, and what this means for their practice in supporting older workers in workplaces that continue to demand a willingness to flex to the job market's requirements.

The OED defines *progression* as 'continuous action conceived or presented as onward movement through time'. The similarities and the differences in these definitions are relevant to career development as we consider different life stages. Movement is the common element; direction is what differs: 'rise' is replaced by 'onward movement'. How should we conceptualise positively the 'onward movement' of older workers in a way that is different from the 'rise' of early and mid-career ambition?

3. Older workers in the workforce

Demographic change is creating labour and skill shortages, and in coming decades will produce a shrinking population in most advanced countries, as is already the case in some such as Japan and Latvia. The related need to curtail rising pension costs reinforces the imperative to retain older people in the workforce, where it is clear that older workers not only are needed but also that they have much to offer (Altmann, 2015). Yet there is a widespread assumption that many people, particularly in less well remunerated employment, find their work irksome and their employer exploitative, a view which is not fully borne out by empirical work with those around retirement age. Discussing a series of interlocking research studies involving 5,500 respondents in south-east England, the Centre for Research into the Older Workforce (CROW) reports:

Over 75 % of respondents to the postal questionnaire agreed, or agreed strongly with statements like 'I enjoy my job', 'my job makes good use of my skills', 'my work is valued by my employer', 'I enjoy working with my colleagues', and 'my job contributes to society'. The qualitative interviews suggested that this cohort has a very strong work ethic, but also that their motivations and attitude towards work change over the life course; with the more intrinsic aspects of working becoming more important as the financial drivers to work reduce. (CROW, 2006 p. 17)

The increasing importance of intrinsic work satisfactions has been identified in other studies (Barham & Hawthorn, 2010; Clark & Arnold, 2008; De Lange et al., 2010). Given that many people, if not all, express some enthusiasm for continuing activity in the workforce, retention is a realistic endeavour, as long as employment is attuned to the preferences of this age group. The CROW report continues:

In addition to financial factors ... the attractions of work include pride in the job, interest and mental stimulation, the ability to use and maintain one's skills, the social engagement associated with work and the sense of structure to life which work provides. (ibid., p. 17).

The preponderance of research into the workforce retention of older workers derives from organisational studies, human resource management and government policy 'making the business case for later life working, and for tackling the issue of involuntary labour market exit of people in their 50s and early 60s' (DWP, 2015, p. 4). Typically of other studies, this DWP report identifies benefits as 'better retirement outcomes for individuals, greater labour supply and growth for the economy, and the retention of skills and experience for employers' (ibid.). Policy and business case approaches risk missing the human perspective: what conditions will make continued working enjoyable and fruitful for the individual?

We could further diversify our response to this question on enjoyment and fruitfulness if we remind ourselves that 'older workers' are neither a homogenous group nor a small age band. The age group stretches across two decades, from those in their early fifties to those moving into their seventies. We should no more treat this as a group made uniform by age than we would for the two decades from early twenties to early forties. Instead we should acknowledge this diversity and augment it with a consideration of the widely differing life experiences of older workers. In the UK, the relevant age span includes a significant proportion of people who left school aged 15, without experience of school-leaving qualifications, alongside others who benefitted from the doubling in the proportion of the age cohort for whom university places were available. (The UK school leaving age rose to 16, thus retaining all pupils to the examination stage, only from 1973, whilst university capacity had expanded during the late 1960s). In the later part of the 1970s, rapid rises in unemployment, crippling rates of inflation and extreme house price escalation splintered the age cohort in many different ways: career and financial success for some, but periods of worklessness and financial constraint for others.

Holding in mind all these diverse experiences, we still know that older workers have much to offer, but that they differ in many ways from younger workers, both from themselves when they were younger, and from today's generation of younger people. Career practitioners need to have conceptual frameworks for understanding these differences, and strategies for working effectively with the variety of older workers.

Much of the published work on workforce retention of older workers frames people as pawns in the game of economic chess being played by governments and employing organisations. By contrast, career practitioners place the voice of the individual at the heart of their professional endeavours. Long ago, careers advisers moved away from 'measuring' people and slotting pegs into holes. Bringing a constructionist perspective to individual lives and people's career development, career practitioners develop an integrative view on individual development, understanding this to be constantly affected by the socio-economic and physical circumstances in which the person has lived, circumstances which they in turn act upon and modify. The narrative turn of recent years (Merrill & West, 2009) has increased attention on hearing each individual's unfolding story of career as enacted and constrained.

These new concepts have, however, largely been applied in the context of helping younger people 'story' the choice of initial career route and the early stages of career building. Demographic and economic changes now create an urgent need for research into how individual career stories unfold in the years up to and following typical retirement ages.

Such research as exists draws out a number of themes characteristic of older workers. Significant amongst these are a shift in values allied with a desire for respect for experience, changes in time perception, and the notion of generativity, or care for shaping the world for others. These are universal themes that intermingle with the personal story of career. Careers advisers need to listen for them, and when they are present, work with clients to encompass them in plans for future work activities.

4. Values and the psychological contract of work

The shift from ambition as an upward career movement to progression as an expansive onward movement reflects a shift in personal needs (Ng & Feldman, 2009). Growth is a central need continuing into younger adulthood, encompassing skill and knowledge development, work identity formation and attention to increasing financial reward for labour. By contrast, many mature adults will recognise a point at which their career momentum reaches a plateau: work expertise is established, identity confirmed, and further steps of promotion become less likely. Over a period, the need for growth cedes place to social needs.

The psychological contract of work incorporates in unwritten form the 'mutual obligations between two parties as perceived by an individual', which augment the instrumental conditions set out in a formal contract of employment. Rousseau (1995) argues that a high-quality relationship between the employee and the organisation is necessary for employees to remain committed to their organisation. In earlier career, attention by the organisation to providing scope for development and advancement meets this need. In later career, increased expertise achieved with age and job tenure creates greater 'human capital', and a sense of entitlement to respect for the value that the mature worker brings to the organisation (Bal et al., 2013). The psychological contract is mutual. As workers anticipate respect for the expertise, so also they respond: 'this cohort has a very strong work ethic', in the words from CROW (2006), cited above. In one particular instance, Barham (2011) offers an example:

> Colin recounted that he had refused the offer of an otherwise attractive job because the journey to work would be extremely unreliable: 'It would be disloyal. If I take on a job, I should be there.' (His) personal schema extends well beyond the transaction symbolised by the pay packet, and implies a mutual rather than a one-sided arrangement. (p. 193)

Mutuality is premised on recognition and support from the employer, reciprocated through commitment and performance from the employee. The organisational culture of a workplace affects the sense of well-being for all workers. As people reach an age where retirement is an option, this becomes a key issue in retaining them within the workforce. Organisational culture is supported by, but not limited to, management quality and relevant policies, including those on age discrimination. Culture should evidence a belief that older people can learn, can deliver in work roles and have a distinctive contribution to make to the organisation, which may differ from, but is equally valuable to, that of younger people. Adoption of genuinely bi-directional intergenerational learning would be evidence of such a culture, and would benefit younger as well as older workers (Ropes, 2011).

Career practitioners always need to keep in mind that individual older workers will differ greatly, but should be alert to this under-researched question of the trend in attitudes that underpin the psychological contract and how they vary with age (Vantilborgh et al., 2013).

5. Time perception

Time is a complex concept, with individuals' perceptions of time altering across the life course. That single word 'time' encompasses meanings that stretch from the eons of universal time, to human life-spans, to the time pressures of each day. There is shared human realisation across cultures that life is short and time is precious, but the meaning attributed to this realisation is both individually and culturally shaped. Western individualistic worldviews create an emphasis on linear lifespace from infancy to old age. Progression along this line is perceived through a dualism of cognition and affect, with strong negative connotations of old age in some cultures (Barham, 2011). Research also seems to show that 'perceived time moves more quickly for older people' with possible explanatory theories abounding (Yates, 2016).

Future time perspective is a subjective view of time, reflecting highly individualised beliefs about how much time people have available to them in the future. Lewin (1939) argues that an individual's life-space is constituted of geographical, social and time elements, asserting that 'time perspective is one of the most fundamental facts of development' (Lewin, 1939, p. 879). His proposition that 'time ahead which influences present behavior […] is […] to be regarded as a part of the present life-space' (p. 879) holds true throughout life, and needs to be addressed in career support in later years of life as it already is in career education provision in the early years of schooling. Between early childhood and adolescence, future time perspective increases from days or months into years (Lewin, 1939). Adolescence is the period when time horizons allow to planfulness become meaningful, a prerequisite for career discussions.

After the adolescent period, time perspective is negatively correlated with chronological age: anticipation of future time available reduces with increasing years, though individual differences in future time perspective may be considerable. However for each individual there comes a point where 'time since birth' exceeds the likely 'time left till death', and their personal time-horizon includes disengagement from career in its sense of paid employment. A general understanding of mortality becomes a more focused and personal sense that one's own lifespan is finite; time becomes more precious.

The double realisation – of finite time, and of a future life not including economic work – rouses in many individuals a reappraisal of how they spend their time 'now' (Barham, 2011). In mid-career, there is frequently an imperative to maintain income in order to fulfil the parent-provider role. Career advancement is still possible, and is often attractive on the grounds of personal achievement as well as financial reward. As people enter the later stages of career, advancement becomes less likely. This may require a paradigm shift in thinking, away from the assumption that everyone strives for continued advancement (Calo, 2005).

Future time perspective has so far been conceptualised as a single construct, representing a bipolar continuum from expansive (feeling there is plenty of time to do what one wants to do) to limited (feeling time is running out) (Cate & John, 2007). The possible dimensions of future time perspective, and how time perception relates to other social opportunities and constraints, need further research. Cate and John (2007) identify two main aspects of change with maturity, which occur at different paces: an opportunity dimension which may show reduction from early adulthood into middle age, but then stabilise; and a limitation dimension which may only occur from middle age, but will increase with subsequent years. This research would suggest that careers advisers working with clients of any age need to attune to their clients' awareness and perception of opportunities available to them, and their self-perception of limitations with regard to accessing opportunities.

A perception of reduced opportunities in earlier adulthood (those aged in their 30s and 40s) may reflect the normative circumstantial constraints associated with a life stage dominated for many by providing for and nurturing a family. Limitation, by contrast, may arise from within the individual, and became an apparent concern for respondents in one study, even when health issues and lower energy levels were not reported as a constraining factor (Barham, 2008).

Limitations may however be felt in terms of specific health issues, often minor, but that would be aggravated by physical or mental stress, and an acceptance of tiring more easily than in younger days. Older people who have taken a break from full-time work are more likely to doubt their capacity to return to a full-time job, which may not be noted as a limitation for those of a similar age with a continuous full-time work history (Barham, 2008). This suggests that neither social circumstance alone nor time perspective alone offers sufficient explanation: study of the interaction between factors may reveal the complexity as experienced by individuals.

Gender specificity is almost totally absent from studies of future time perspective. Differences are likely. Women experience a distinct marker of advancing age in the menopause, but conversely have longer life expectancy than men. Men have traditionally been significant providers of financial provision for families, while nurturance fell more to women, although in economically advanced societies roles have become blurred in recent decades.

Chronological age cannot serve as a standardised benchmark for studies of future time perspective. As with all aspects of ageing, people will have different perspectives built through a whole range of experiences from the highly personal (such as life-spans of parents, siblings and friends) to views in common currency in the media and social settings (Bal et al., 2013). More research is needed to fill existing gaps, which include: age-group (many studies of future time perspective are with much younger or much older age cohorts than the 50–70 year age range that covers the period up to and after conventional retirement age, when most people disengage from the workforce); gender, allowing for different family and career paths of adult men and women; how careers advisers specifically can best frame these issues to address them in their work with their clients.

While future time perspective has been identified as playing a part in the way that people relate to many changes as they age, only limited attention has been paid to the part it plays in people's attitudes to and decisions about work, learning and employment (Bal et al., 2010). Addressing these issues in work with clients raises ethical questions about the role of the careers adviser. Clients may have beliefs about the time and opportunities likely to be available to them. Is it ethically right for the careers adviser to understand and support within the limitations of such personal beliefs (even when they are at odds with objective information), or should the careers adviser challenge and seek to change personal beliefs? The latter action may be imposed by policy pressures in countries where demographic changes are causing a move towards longer working lives. Here again, careers advisers may be expected to deliver a measure of social control, whatever their judgement on the individual case.

6. Generativity

Awareness of the limit to 'time remaining until death' leads for many to a concern with legacy. 'As physical health and career decline, people normally become more reflective and more existential in nature. They long to make a contribution to the lives of others and desire to leave a legacy. [...] Virtues, families, friends, faith, and worthy human causes become more emphasised' (Abi-Hashem, 2000, p. 342). This is echoed in earlier work by Gonzales and Zimbardo (1985) where the future concerns of older research participants included their children, retirement, legacy, and other long-term factors, which were not evident in the thoughts of college students in the same study.

Generativity is the term used by Erik Erikson (1959) to typify concern for legacy as a characteristic of healthy psychosocial functioning in mature adulthood. For Erikson, the notion of *care* is central to generativity, as a 'widening commitment' which extends into three different aspects: *to be careful, to take care of* and *to care for* (Erikson, 1997, p. 59). Generativity emerges earlier in adulthood within the family and parenting context, following the late adolescent and early adult self-preoccupation with identity formation (and Erikson's well-known concept of identity crisis when this does not occur smoothly). As the immediate preoccupations of parenting lessen, generative care extends to encompass 'creating and maintaining a healthy social, material and cultural habitat for the next and future generations' (Clark & Arnold, 2010). The antithesis to generativity is stagnation, a sense of alienation that includes self-absorption and boredom.

Generativity is not a simple, or exclusively altruistic, form of action; it is not singular in composition, but will balance different elements of care depending on the character of each individual and their experiences. The Data-People-Things schema which underpinned the Dictionary of Occupational Titles (US Dept of Labor, 1999) offers one way to consider generativity (Clark & Arnold, 2010). For engineers, generativity may relate to productivity: acting as a model of high standards, passing on skills, achieving production standards. For those whose employed work involved more direct concern for people, generativity may take a nurturing form. Clark and Arnold (2010) term these 'productive' and 'nurturant' forms of generativity and find both a tendency towards one, dependent on career orientation, but also evidence of both themes in the personal accounts offered by their research sample.

The social engagement which is intrinsic to generative activity may occur in paid work, in volunteer activity and in the social and familial aspects of life (including the role of grandparent). Optimally, it may occur in all three, and accompany a gradual re-balancing within a mix from professional engagement through part-time or voluntary activities to a largely family and social role in the more circumscribed physical conditions of oldest age. For some people, late career may be a time to re-appraise capacities, interests and motivations. A 55-year-old has many years of life experience which make him or her different from the 20-year-old who embarked on a chosen career path. Different motivations may guide career choices now.

7. How long to work and how to retire?

There is clear evidence that seeing the shift from full engagement with work to full retirement as a *process over time* rather than an *event in time* has a long-term impact, lasting right through to oldest age. The debate should be *how* to retire, as well as *when* to retire, with support for each individual in their choice of how to manage the period into retirement. Yeandle (2005) reports that:

> While almost a third of those who were currently working said they were planning to retire 'gradually' (this rose to two-thirds among the self-employed), evidence from those

who had already left paid employment revealed that only 7 per cent had in fact retired
gradually (p. 5).

Some research has drawn a simple orthogonal schema about motivation to stay in
or leave employment. One such schema sets financial need on one axis and social
need on the other (NZ Department of Labour, 2006), and permits the conclusion
that financial security and adequate social involvement in other aspects of life will
remove any motivation to work. The discussion above suggests in reality a more
complex and individualised picture. But whatever the motivations to stay or to go,
evidence clearly points to better outcomes from a staged process of withdrawal
towards retirement, over which the individual is able to exercise choice and control (Vickerstaff, 2006; Yeandle, 2005).

8. Career development and older people – the challenge

The arguments in this chapter have largely drawn upon theoretical work and
meta-analyses. Although quantitative studies of trends in demography and the
labour force are more numerous, there has to date been a paucity of qualitative
work to address these questions in the real lives of older people. It raises a challenge for the career development research community to address that lack, a task
in which this volume takes a step.

However, such research as exists raises challenges also for career guidance
practitioners: how to ensure longer working life and self-managed retirement is
delivered on suitable conditions for the majority of people. At present a minor-
ity have this chance. A self-managed process of retirement is possible for high
achievers in occupations characterised by substantial levels of autonomy – senior
medical doctors, architects, those in creative industries such as fashion, film and
music. It is also possible for those in family enterprises and community-based
organisations, where personal relationships are close, and continued work is available, and sometimes a necessity. The picture is generally less positive in the majority of medium to large sized bureaucratic organisations, and there is a tendency
by career practitioners to see entitlement to state pension payments as a panacea
for ongoing employment problems. Employers may find flexible hours a logisti-
cal inconvenience; managers who create employment policies may have limited
contact with the workforce, and so gain little sense of the respect in which an
older worker is held by colleagues, nor any real understanding of the generative
potential of older workers. Nameless pawns can be used till their skills decline or
become outdated, and then they are pushed off the chessboard.

So there is much for the career guidance profession to do. The notion of generativity has been researched as a social, leisure and family construct, but less as a

work construct. Research and theory development can improve our understanding of the processes of generativity and shifts in time perception, remembering that these may be only two amongst a number of changes in career priorities in later working life. Like other aspects of career, these factors may be differentiated by gender. We have not yet undertaken the necessary research to know. We will need to incorporate new understandings about later career into methods of practice and training courses. But these issues go beyond theory and practice. There is a need to engage with policy makers in political and organisational arenas to assert the interests of individual older people in balance with the narrow focus on the availability and utilisation of skills. In the long term, respecting and valuing older workers is good for organisations, it is good for the future health and well-being of individuals, it is good for national economies and it strengthens social structures.

References

Abi-Hashem, N. (2000): Psychology, time, and culture. *American Psychologist* 55(3), S. 342–343.

Altmann, R. (2015): *A New Vision for Older Workers : retain, retrain, recruit*. Department of Work and Pensions: London.

Andersen, S. K. / Lubanski, N. / Pedersen, O. K. (2011): The Competitiveness of the Nordic Countries – from flexicurity to mobication. *University of Copenhagen, FAOS*. Retrieved from http://faos.ku.dk/english/news/the_competitiveness_of_the_nordic_countries_.

Bal, P. M. / de Lange, A. H. / Zacher, H. / Van der Heijden, B. I. (2013): A lifespan perspective on psychological contracts and their relations with organizational commitment. *European Journal of Work and Organizational Psychology* 22(3), S. 279–292.

Bal, P. M. / Jansen, P. G. / Van Der Velde, M. E. / de Lange, A. H. / Rousseau, D. M. (2010): The role of future time perspective in psychological contracts: A study among older workers. *Journal of vocational behavior* 76(3), S. 474–486.

Barham, L. (2008): *Career management skills and the older workforce*. NICEC: Cambridge.

Barham, L. (2011): Career development in later working life: implications for career guidance with older workers. In Cedefop, ed. *Working and Ageing: Guidance and Counselling for Mature Learners*. Publications Office of the European Union: Luxembourg.

Barham, L. / Hawthorn, R. (2010): Helping older adults make career decisions. In Cedefop, ed. *Working and Ageing: Emerging Theories and Empiricial Perspectives*. Publications Office of the European Union: Luxembourg.

Calo, T.J. (2005): The generativity track: a transitional approach to retirement. *Public Personnel Management* 34(4), S. 301–312.

Cate, R.A. / John, O. P. (2007): Testing models of the structure and development of future time perspective: maintaining a focus on opportunities in middle age. *Psychology and Aging* 22(1) S. 186–201.

Centre for Research into the Older Workforce (CROW) (2006): *Older Workers in the South East*. Guildford: CROW, University of Surrey.

Clark, M. G. / Arnold, J. (2010): Generativity, identity, and the older worker. *CESR Review*.

Clark, M. / Arnold, J. (2008): The nature, prevalence and correlates of generativity among men in middle career. *Journal of Vocational Behavior* 73(3), S. 473–484.

De Lange, A. H. / Van Yperen, N. W. / Van der Heijden, B. I. / Bal, P. M. (2010): Dominant achievement goals of older workers and their relationship with motivation-related outcomes. *Journal of vocational behavior* 77(1), S. 118–125.

Department for Work and Pensions (DWP) (2015): *Attitudes of the over 50s to Fuller Working Lives*. DWP: London.

Erikson, E. H. (1997): *The life cycle completed*. Norton: New York.

Erikson, E. H. (1959): *Identity and the life cycle*. Norton: New York.

Gonzales, A. / Zimbardo, P.G. (1985): Time in perspective. *Psychology Today* 19(3), S. 21–26.

Hutton, W. (2010): *Them and Us: Changing Britain – Why We Need a Fairer Society*. Little, Brown: London.

Ibarra, H. (2003): *Working Identity: Unconventional Strategies for Reinventing Your Career*. Harvard Business School Press: Cambridge MA.

Lewin, K. (1939): Field theory and experiment in social psychology: concepts and methods. *American Journal of Sociology* 44(6), S. 866–896.

Merrill, B. / West, L. (2009): *Using Biographical Methods in Social Research*. Sage: London.

New Zealand Department of Labour (2006): *45 Plus: Choices in the labour market. Stage 1: Review of literature; Stage 2: Quantitative survey; Stage 3: Qualitative study*. New Zealand Department of Labour: Wellington, NZ.

Ng, T. W. H. / Feldman, D. C. (2009): Re-examining the relationship between age and voluntary turnover. *Journal of Vocational Behavior* 74(3), S. 283–294.

OED Online. Oxford University Press. Available at: www.oed.com.

Plant, P. / Valgreen, H. (2014): The flip side: career guidance and social control. *Journal of the National Institute for Career Education and Counselling* 32(1), S. 15–18.

Ropes, D. C. (2011): Intergenerational learning in organisations – a research framework. In Cedefop, ed. *Working and Ageing: Guidance and Counselling for Mature Learners*. Publications Office of the European Union: Luxembourg.

Rousseau, D. M. (1995): *Psychological contracts in organizations: understanding written and unwritten agreements*. Sage: Thousand Oaks.

Van Vianen, A. / De Pater, I. / Preenen, P. (2009): Adaptable careers: maximizing less and exploring more. *Career Development Quarterly* 57(4), S. 298–309.

Vantilborgh, T. / Bidee, J. / Pepermans, R. / Willems, J. / Huybrechts, G. / Jegers, M. (2013): From "getting" to "giving": Exploring age-related differences in perceptions of and reactions to psychological contract balance. *European Journal of Work and Organizational Psychology* 22(3), S. 293–305.

Vickerstaff, S. (2006): Entering the retirement zone: how much choice do individuals have? *Social Policy and Society* 5(4), S. 507–517.

Yates, C. (2016): Why time seems to go by more quickly as we get older. *The Conversation*, (10 August), retrieved from https://theconversation.com/why-time-seems-to-go-by-more-quickly-as-we-get-older-63354.

Yeandle, S. (2005): *Older workers and work-life balance*. Joseph Rowntree Foundation: York.

II
Felder der Beratungsforschung

Bernd-Joachim Ertelt, Andreas Frey, Czesław Noworol

Berufsinteressen und überfachliche Kompetenzen bei Älteren – eine empirische Analyse über Ausprägung und Zusammenhänge im deutsch-polnischen Vergleich

Abstract: *The selection of adequate career guidance methods for older people requires an in-depth knowledge of career related traits as well as of their interdependence. A German-Polish comparative study demonstrates some characteristic relations between vocational interests and transferable competences in a target group of 3rd age individuals.*

1. Einleitung

Eine wichtige Herausforderung für ältere Menschen ist die Aufrechterhaltung der Aktivität. Diese kann sich auf verschiedene Lebensbereiche beziehen, wobei auch die Welt der Arbeit eine große Rolle spielen dürfte. Dazu zählen etwa die Weiterbildung und Tätigkeiten, die einen mehr oder weniger starken Bezug zu den verschiedenen Formen der Beruflichkeit haben. Aus historischer Sicht hat sich so ein Paradigmenwechsel ereignet, der allerdings auch noch heute Anlass zu kritischer sozialpolitischer Diskussion gibt.

Otto von Bismarck lässt sich als Begründer der staatlichen Altersversorgung betrachten, denn er führte bereits 1889 eine Art Altersrente für Arbeiter ein. Seine Entscheidung, das 65. Lebensjahr zum Standardrentenalter zu machen, wurde im Laufe der Zeit als gängiges Modell etabliert.

Seit dieser Zeit hat sich allerdings eine Menge geändert, etwa in Bezug auf die Lebenserwartung, die Generationenrelation oder die längere Arbeitsfähigkeit durch Fortschritte in der Medizin (Albrecht & Bury, 2001).

Diese und weitere Veränderungen fordern das Nachdenken über neue Ansätze für ältere Arbeiternehmer heraus (Feldman, 2003). Wirtschaftliche Analysen besagen etwa, dass ein geringeres Rentenalter als 65 im Hinblick auf das Verhältnis von Erwerbstätigen und Nichterwerbstätigen auf dem Arbeitsmarkt unrealistisch sei (Börsch-Supan & Miegel, 2001; Kunisch, 1992).

Die aktuelle Diskussion auf europäischer Ebene richtet sich auf eine individuell und gesellschaftlich angemessene Verlängerung der Lebensarbeitszeit. Dabei spielen nicht nur arbeitsmarktpolitische und finanzielle Aspekte, wie etwa die Sicherung des Rentenniveaus, sondern auch die gesellschaftliche Inklusion eine Rolle. Der Beschluss des Europäischen Parlaments und des Rates vom 14. September 2011 über das Europäische Jahr für aktives Altern und Solidarität zwischen den Generationen (2012) wollte auf den raschen demografischen Wandel vorbereiten. Die zentrale Antwort bezog sich auf die Schaffung einer Kultur des aktiven Alterns durch Förderung lebenslangen Lernens. Diese sollte der Altersgruppe 50+ gute Beschäftigungsmöglichkeiten sowie erhöhte Chancen für eine aktive Teilnahme am Sozial- und Familienleben sichern.

Weitere Ziele richteten sich auf die Sensibilisierung der Bevölkerung für die Bedeutung aktiven Alterns sowie die Bekämpfung von Altersdiskriminierung und negativen Altersklischees. Neben guten Beschäftigungsmöglichkeiten wurden auch ehrenamtliches Engagement, lebenslanges Lernen, kulturelle Aktivitäten und Sport genannt.

Für manche Arbeitnehmer und Organisationen mit vielen Mitarbeitern ohne Karrierepläne oder zusätzliche Qualifizierung erscheint eine Vorruhestandsregelung attraktiver. Die Tradition der Frühverrentung macht jedoch eine Politik des aktiven Alterns nicht einfacher. Eine Reihe von Betrieben und Organisationen unterstützen hingegen eher aktives Altern durch Maßnahmen zur Rückkehr oder zum Verbleib in Positionen, die auf die Qualifikation, die Berufserfahrung und die beruflichen Vorlieben der ehemaligen Mitarbeitenden speziell abgestimmt sind (Stein, Rocco & Goldenetz, 2000).

Die Perspektive älterer Arbeitnehmer richtet sich immer stärker auf aktives Altern (Walker, 1999), Übergangsbeschäftigung (Shultz, 2003), eine zweite Karriere (American Association of Retired Persons, 1992) oder eine selbstständige Tätigkeit (Minerd, 1999). In Bezug auf die genannten Bereiche entscheiden sich die Älteren ausdrücklich für den Verbleib im Arbeitsleben. So lässt sich konstatieren, dass sowohl Arbeitnehmer als auch Arbeitgeber an Maßnahmen für den Verbleib, eine Weiterbildung oder eine altersgerechte Umgestaltung der Tätigkeit interessiert sind (Rocco, Stein & Lee, 2003).

Auf nationaler Ebene – am Beispiel Dänemarks und Spaniens – forderten Plant und López-Sanchez (2011, S. 12) besondere Bemühungen hinsichtlich der Koordinierung der zahlreichen – aber bislang nur mangelhaft vernetzten – Beratungsangebote für ältere Arbeitnehmer.

Das gibt einen wichtigen Hinweis auf die Notwendigkeit eines holistischen Ansatzes bei den Angeboten für Ältere, auch was die Einbeziehung spezifischer Dienstleistungen für Arbeitgeber in Bezug auf die Beschäftigung von Mitarbeitern 50+ betrifft.

OECD und EU-Kommission fordern im „Career Guidance – A Handbook for Policy Makers" (2004) eine Berufsberatung für Ältere. Es wird konstatiert, dass die Politik bislang die Berufsberatung nur zögerlich zur Förderung des aktiven Älterwerdens einsetzt. Ältere Menschen brauchen spezialisierte Informations- und Beratungsangebote für flexiblere Übergänge im Sinne der Kombination von Vollzeitarbeit, Teilzeitarbeit, ehrenamtlicher Tätigkeit, Nichterwerbstätigkeiten. Gefordert wird ferner eine bessere Harmonisierung der beruflichen und finanziellen Planung der Maßnahmen. Kritisch ist angemerkt, dass es bislang in der EU nur wenige Beispiele für gute Praktiken im Bereich der Berufsberatung für ältere Arbeitnehmer gibt, auch fehle dafür ein systematisches Konzept.

Gegenstand der vorliegenden Untersuchung als Basis eines innovativen Beratungsangebot für Ältere sowie einer altersgerechten Arbeitsmarktpolitik sind die aus unserer Sicht zentralen Aspekte der individuellen Beruflichkeit, unter Einbeziehung des sozialen Umfelds, nämlich berufliche Interessen, selbst eingeschätzte überfachliche Kompetenzen und berufsbezogene Wertungen.

Diese Variablen und ihre Beziehungen sind grundlegende Faktoren für die Entwicklung holistischer Methoden der Beratung. Dazu werden auch Fragen zum gewünschten organisatorischen Rahmen gestellt.

Allgemein gelten die individuellen Interessen als zentrale Orientierung der beruflichen Beratung, doch gibt es kaum Untersuchungen zu ihrer Interdependenz mit den Kompetenzen und den Einstellungen zu Beruf und Arbeit. Daher betrachten wir in der vorliegenden empirischen Studie die Berufsinteressen als unabhängige Variable und die überfachlichen Kompetenzen als abhängige Variable sowie die individuellen Meinungen zur Beruflichkeit als kontrollierende Ko-Faktoren.

Im Rahmen der wissenschaftlichen Kooperation zwischen der Hochschule der Bundesagentur für Arbeit (**HdBA**), Mannheim, der Jan Długosz Universität (**AJD**), Częstochowa, der Hochschule für Versicherung (**WSU**) und dem Institut für Ökonomie, Finanzierung und Management der Jagiellonischen Universität (**JU**), Kraków, wurden seit 2013 vorbereitende Untersuchungen für die Hauptstudie (2015/16) durchgeführt.

2. Vorstudie zur beruflichen Beratung von Menschen im „3. Alter"

Im Frühjahr 2013 begann an der „Universität des 3. Alters" der AJD, eine erweiterte Pilotstudie (Ertelt, Górna & Noworol, 2013). Es konnten 241 Datensätze in die Auswertung einbezogen werden.

Das Erhebungsinstrument enthielt folgende Fragen:

1.	a)	Wie schätzen Ältere ihre berufsbezogenen überfachlichen und fachlichen Kompetenzen ein?
	b)	Lassen sich typische Unterschiede je nach Qualifikation, Berufstätigkeit, Berufserfahrung, Tätigkeitsdauer, Pensionierungszeitpunkt, Religion, etc. feststellen?
	c)	Welche Zusammenhänge bestehen zwischen der Einschätzung überfachlicher und fachlicher Kompetenzen?
2.	a)	Welche Ausprägung haben die berufsbezogenen Interessen bei Älteren?
	b)	Welche Zusammenhänge gibt es zwischen Interessen und Berufsbiografie?
3.	a)	Welche Zusammenhänge bestehen zwischen den Selbsteinschätzungen zu den Kompetenzen und den berufsbezogenen Interessen?
	b)	Wie sehen Ältere ihre „berufliche Identität" bzw. ihr „berufliches Selbstkonzept"?
4.	a)	Wie sehen Ältere die Berufstätigkeit in Relation zu anderen Lebensrollen (Work-Life-Balance)?
	b)	Welche Wünsche bestehen in Bezug auf Arbeit und Beruf?
	c)	Welche Wünsche zur Kompetenzentwicklung haben Ältere?
	d)	Welchen instrumentellen Charakter haben Weiterbildung und Kompetenzentwicklung für Ältere?
	e)	Wie sollten Weiterbildungsangebote finanziert werden?
5.	1.	Welche Wünsche an Bildungs- und Berufsberatung (inkl. Informationssysteme) sowie Arbeitsvermittlung haben Ältere? Inhalte Methoden Organisation/Träger/Angebotsformen Finanzierung Professionalisierung der Beratenden Marketing

Hier interessieren vor allem die Meinungen zur Beruflichkeit, Weiterbildung und zum Beratungsbedarf.

Bei der Cluster-Analyse erwies sich der Bildungsabschluss der Befragten als besonders aussagekräftig. **Cluster 1** besteht aus Befragten mit Berufsbildung (Berufsschule) als höchstem Abschluss. Dem **Cluster 2** sind Menschen mit Universitäts-/Hochschul-Abschluss zugeordnet.

Die Varianzanalyse (ANOVA) ergab für diese beiden Gruppen insgesamt sehr signifikante Meinungsunterschiede hinsichtlich der Mehrzahl der Statements, wie **Abb.** 1 zeigt:

Abb. 1: Vergleich der Gruppen in Bezug auf Meinungen zu Beruf, Weiterbildung, Beratung. Originalfragebogen befindet sich im Anhang dieses Kapitels. (Nach Mittelwerten auf der Skala 0=nein; 1=eher nein; 2=eher ja; 3=ja.) Cluster 1: kleine Kreise; Cluster 2: kleine Quadrate

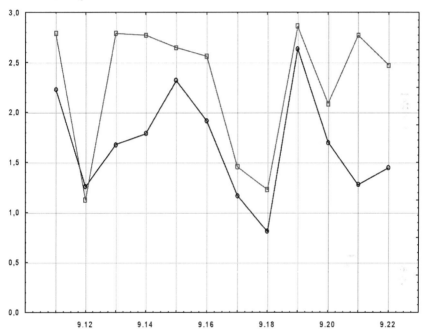

Die größten Unterschiede ergeben sich bei der Meinung über die Notwendigkeit einer speziellen Berufsberatung für das 3. Alter (Frage **9.21**).

Die Befragten mit Universitätsausbildung (Cluster 2) befürworten diese signifikant stärker als diejenigen mit Berufsausbildung (Cluster 1).

Ähnlich große Differenzen bestehen in Bezug auf den Wunsch, im 3. Alter noch berufstätig zu sein (Frage **9.13**).

Dies befürworten Menschen mit Universitätsausbildung (Cluster 2) signifikant häufiger als Menschen mit Berufsausbildung.

Dieser Trend setzt sich auch fort bei der Frage (**9.14**) nach der Bedeutung einer systematischen Weiterbildung im 3. Alter.

Einen wichtigen Hinweis für die Programmgestaltung in der Universität des 3. Alters geben die Antworten auf Frage **9.22**. Cluster 2 spricht sich signifikant stärker dafür aus, berufliche Themen stärker in den Mittelpunkt der Veranstaltungen zu stellen.

Ähnliche Ansichten vertreten beide Cluster in Bezug auf die Ablehnung des Statements, dass es wichtiger sei, eine Arbeit zu finden als einen Beruf zu lernen (Frage **9.12**). Sie betonen damit die Bedeutung der Beruflichkeit im Leben.

Doch sagen beide Gruppen, dass es im Leben wichtig sei, auf „Work-Life-Balance" zu achten (Frage **9.19**). Außerdem solle der Beruf nicht das Privatleben/Familienleben dominieren (Frage **9.18**).

3. Hauptuntersuchung: Berufsinteressen und überfachliche Kompetenzen bei Älteren

Um Doppelungen mit den anderen Beiträgen in diesem Buch zu vermeiden, werden hier nur die für die Einordnung der Ergebnisse wesentlichen Angaben zur Stichprobe und den Erhebungsinstrumenten gemacht. Die Erhebungen erfolgten in Deutschland im Rahmen eines Lehr-Forschungsprojekts an der HdBA (Scharpf/Ertelt) im Frühjahr 2014 (siehe hierzu die Beiträge von Thalhammer, Tittel & Wunderlich in diesem Band).

In **Polen** fanden die Untersuchungen ebenfalls 2014 in Częstochowa (Leitung: Górna) und in Kraków (Leitung: Noworol) statt.

Die Erhebungsinstrumente umfassten den Berufsinteressentest MZZ (Noworol, 2013), den Selbsteinschätzungstest zu den überfachlichen Kompetenzen smk72 (Frey & Balzer, 2011) und den bereits 2013 pilotierten Fragebogen (Ertelt, 2013; Ertelt, Górna & Noworol, 2013).

Tab. 1: Stichprobenverteilung

	Frauen	Männer	o. A.	Gesamt
Deutschland (DE)	171	185	6	362
Polen (PL)	237	83	3	323
	408	268	9	685

Gemäß der Ergebnisse der früheren Untersuchung wird auch hier nach eingehender statistischer Prüfung bezüglich der Berufsinteressen und überfachlichen Kompetenzen die Unterscheidung in Befragte **mit** Hochschulabschluss und **ohne** Hochschulabschluss in **Deutschland** und **Polen** weitergeführt.

3.1 Berufsinteressen bei Älteren

Für die Bestimmung der Berufsinteressen wurde der MZZ-Test von Noworol verwendet. Zur leichteren Interpretation sollen die Interessenrichtungen kurz benannt und mit denen des Explorix (Self-Directed Searc, SDS nach J. Holland) verglichen werden. Einschränkend sind allerdings die grundlegenden Unterschiede zwischen beiden Instrumenten zu bedenken.

Der MZZ basiert ebenfalls auf dem Ansatz von J. Holland mit hexagonaler Anordnung der beruflichen Interessen RIASEC und der ihnen entsprechenden beruflichen Umgebungen.

Interessen und Hobbys bilden für jeden Menschen, der eine Weiterbildung oder einen Karriereschritt plant, gute Orientierungspunkte. Möglicherweise erkennt er daraus die Notwendigkeit einer erneuten Qualifizierung, einer selbstständigen Tätigkeit oder einer veränderten Berufstätigkeit, vor allem wenn die Diagnose durch eine Beratungsfachkraft erfolgt. Menschen über 50 haben in der Regel beruflich weniger zu befürchten, wodurch sie offener für Veränderungen und erweiterte Beschäftigungsmöglichkeiten werden könnten. Doch paradoxerweise sind diese oft nicht in der Lage, ihre beruflichen Interessen und Kompetenzen angemessen einzuschätzen. Der Hauptgrund dürfte darin liegen, dass manche Menschen in Bereichen arbeiten, die nicht unbedingt ihrem Persönlichkeitstypus entsprechen. Für sie besteht die Chance, dass sie durch eine berufliche Beratung auf der Grundlage eines Interessentests, etwa des MZZ, ein vertieftes Verständnis ihrer beruflichen Präferenzen als Grundlage für die nachträgliche Optimierung ihrer Laufbahn entwickeln (Noworol, 2012).

Aber im Unterschied zum SDS misst der MZZ nicht direkt die individuellen Interessen, sondern den Typus der Einstellung, der mit einem bestimmten Arbeitsbereich korrespondiert. Diese Arbeitsbereiche werden jedoch – wie bei Holland – mit einem Code aus drei Buchstaben charakterisiert, die die jeweils angesprochenen Dimensionen repräsentieren.

Der MZZ umfasst folgende sechs Arbeits- bzw. Tätigkeitsbereiche:

MZZ (Noworol)		Entsprechungen beim SDS (Holland)	
Tätigkeitsfeld		Persönlichkeits- bzw. Umwelttypen	
T =	Technisches (sehr breit definiert)	Realistischer Typus	R
N =	Wissenschaftliches	Erforschender Typus	I
S =	Künstlerisches	Künstlerischer Typus	A
K =	Soziales, beraterisches	Sozialorientierter Typus	S
P =	Unternehmerisches	Unternehmerischer Typus	E
I =	Institutionell-administratives	Konventioneller Typus	C

Jedes dieser Tätigkeitsfelder im MZZ ist charakterisiert durch vier Fragenbereiche und durch typische Professionen.

Die vier Fragenbereiche zur Selbsteinordnung enthalten auf das jeweilige Tätigkeitsfeld bezogene Charakterisierungen.

(a)	An welchen Tätigkeiten bin ich interessiert?
(b)	Was möchte ich am liebsten tun?
(c)	Was traue ich mir zu? (Kompetenzen)
(d)	Welche Persönlichkeitseigenschaften erkenne ich an mir?

Die folgende **Abbildung 2** zeigt die Ausprägung der Berufsinteressen der Befragten **ohne** Hochschulabschluss in **Deutschland** und **Polen**. Besonders ausgeprägt und ähnlich sind bei beiden Gruppen die kulturellen (K) und wissenschaftlichen Interessen (N); auch bei der leicht überdurchschnittlichen technischen Orientierung (T) gibt es keine signifikanten Unterschiede.

Hinsichtlich der künstlerischen (S) und der unternehmerischen (P) Interessen weisen die Älteren in **Deutschland** jedoch weit stärkere Ausprägungen auf, während in **Polen** die institutionell-administrativen Interessen (I) höher sind.

Abb. 2: Berufsinteressen: Vergleich DE – PL, ohne Hochschulabschluss (MZZ)

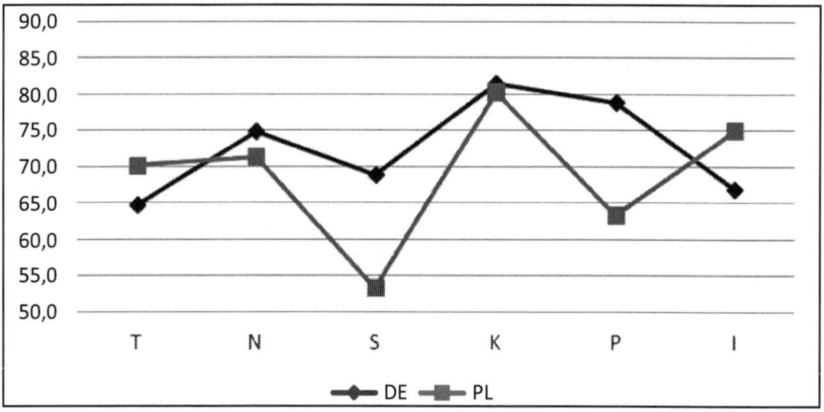

Sehr viel ähnlicher sind die Interessensprofile bei den Befragten **mit** Hochschulabschluss (**Abbildung 3**). Signifikante Unterschiede bestehen beim künstlerischen (S) Interesse (hier liegen die **Deutschen** höher) und beim institutionell-administrativen (I) Interesse (hier liegen die **Polen** höher).

Abb. 3: Berufsinteressen: Vergleich DE – PL mit Hochschulabschluss

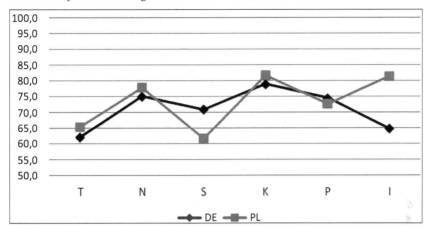

Insgesamt ist festzustellen, dass die akademische Ausbildung – trotz unterschiedlicher Lebensbiografien in **Deutschland** und **Polen** – eine ähnliche Rolle hinsichtlich der Berufsinteressen zu spielen scheint. Bemerkenswert ist jedoch, dass die Älteren in beiden Ländern ein breites und über dem Durchschnitt liegendes Berufsinteresse zeigen, was einen wichtigen Hinweis für die Ausgestaltung einer spezialisierten Berufsberatung für die Zielgruppe darstellt.

3.2 Überfachliche Kompetenzen bei Älteren

Die überfachlichen Kompetenzen wurden mit Hilfe des smk72 gemessen.

Dieses Instrument gliedert sich wie in Tabelle 2 dargestellt in eine Sozialkompetenzklasse, eine Methodenkompetenzklasse und eine Personalkompetenzklasse (vgl. Frey & Balzer, 2011).

Tab. 2: Kompetenzklassen (smk72)

Sozialkompetenzklasse	
S1	Kooperationsfähigkeit
S2	Soziale Verantwortung
S3	Konfliktfähigkeit
S4	Kommunikationsfähigkeit
S5	Führungsfähigkeit
S6	Situationsgerechtes Auftreten

Methodenkompetenzklasse	
M1	Selbstständigkeit
M2	Reflexivität
M3	Analysefähigkeit
M4	Flexibilität
M5	Zielorientiertes Handeln
M6	Arbeitstechniken
Personalkompetenzklasse	
P1	Einfühlsamkeit
P2	Pflichtbewusstsein
P3	Neugierde
P4	Leistungsorientierung

Auch bei der Selbsteinschätzung der überfachlichen Kompetenzen wurde die Differenzierung nach dem Bildungsstand angewandt.

In beiden Länder-Gruppen (**ohne** Hochschulabschluss) liegt die Selbsteinschätzung relativ hoch (>65 auf der Skala 100), jedoch schätzt sich die **deutsche** Gruppe in allen Kompetenzklassen besser ein. Nur bei der Leistungsorientierung (P4) ist der Unterschied nicht statistisch signifikant (**Abbildung 4**).

Abb. 4: Vergleich DE – PL, kein Hochschulabschluss (smk)

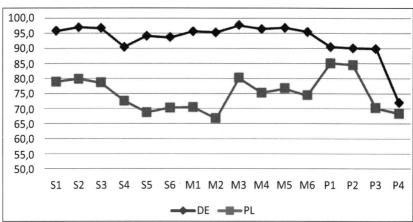

Bei Befragten **mit** Hochschulabschluss ergeben sich ähnliche Profile. Auffallend sind jedoch die etwas geringeren Bewertungsunterschiede zwischen der **deutschen** und der **polnischen** Gruppe, wenngleich sich die **polnischen** Befragten auch hier bei allen Kompetenzen, außer bei Leistungsorientierung (die sogar höher liegt als bei der **deutschen** Gruppe), geringer einschätzen (**Abbildung 5**).

Abb. 5: Vergleich DE – PL mit Hochschulabschluss hinsichtlich der überfachlichen Kompetenzen

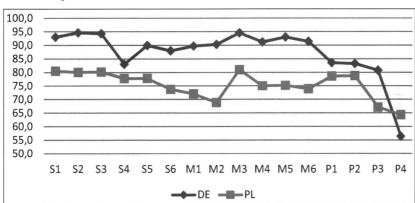

Am nächsten liegen die Werte bei der Kommunikationsfähigkeit (S4) sowie bei der Einfühlsamkeit (P1) und dem Pflichtbewusstsein (P3).

Die größten Abstände zeigen sich bei der Reflexivität (M2) sowie beim zielorientierten Handeln (M5) und bei den Arbeitstechniken (M6).

Die Gründe für die Differenzen zwischen den Befragten-Gruppen in **Polen** und **Deutschland** könnten in der Stärke des Zusammenhangs von Berufslaufbahn und Ausbildung liegen. In **Polen** scheint dieser Zusammenhang schwächer ausgeprägt zu sein als in **Deutschland**, wobei dies besonders für die Menschen **ohne** Hochschulabschluss gilt. In **Polen** kommt der Berufsausbildung (etwa im Dualen System) nicht dieselbe Bedeutung wie in **Deutschland** zu.

So dürften besonders die Älteren zwar die Erfahrung hoher fachlicher Kompetenz im Erwerbsleben gemacht haben, aber es fehlte möglicherweise die Einbettung in eine umfassende Beruflichkeit. Das gilt – mit Einschränkungen – auch für die akademischen Tätigkeiten.

Diese Erklärung wird auch durch die Ergebnisse auf die Frage nach dem Verhältnis von Beruf und Erwerbsarbeit (Statements 9.1a und 9.1b) im Fragebogen) unterstützt. Denn hier zeigen sich statistisch signifikante Differenzen dergestalt, dass die **polnischen** im Gegensatz zu den **deutschen** Befragten das Finden einer

Arbeitsstelle höher bewerten als das Erlernen eines Berufes, während bei den **deutschen** der Beruf an erster Stelle steht.

3.3 Zusammenhänge zwischen Berufsinteressen und überfachlichen Interessen

Bei der multiplen Regressionsanalyse zur Untersuchung der Beziehungen wurden die Berufsinteressen als unabhängige Variable und die überfachlichen Kompetenzen als abhängige Variable sowie der Bildungsstand als Diskriminationsvariable (Ko-Variable) verwendet.

Wir sind uns jedoch bewusst, dass auch ein umgekehrtes Verhältnis eine gewisse Plausibilität besäße. Man könnte nämlich im Sinne der „Social Cognitive Career Theory (SCCT) nach R.W. Lent (2013, S. 115 ff.) die nach einem langen Arbeitsleben selbsteingeschätzten Kompetenzen bis zu einem gewissen Grad als Ausdruck von Selbstwirksamkeitsüberzeugungen („self-efficacy beliefs") und positiven Ergebniserwartungen („outcome expectations") sehen. Beide Persönlichkeitsvariablen sind nach der SCCT wesentliche Bestimmungsgrößen für das Interesse.

Die multiple Regressionsanalyse der Beziehungen von MZZ zu einzelnen Kompetenzen nach (smk72) ergab in Bezug auf die Untergruppe Ältere **ohne Hochschulabschluss** in **Deutschland** folgende Zusammenhänge:

Die Konfliktfähigkeit (S3) wird positiv beeinflusst von drei Interessen, nämlich dem künstlerischen, dem sozialen und dem unternehmerischen Interesse ($p < 0.04$; $R^2 = 0.18$, d.h. 18 % erklärte Varianz von S3 durch die genannten Interessen).

Die Sozialkompetenz Situationsgerechtes Auftreten (S4) wird zu 18 % erklärt durch die beiden Variablen wissenschaftliches und unternehmerisches Interesse ($p < 0.05$).

In Bezug auf die Methodenkompetenzen Reflexivität (**M2**), zielorientiertes Handeln (**M5**) und Arbeitstechniken (**M6**) spielt das wissenschaftliche Interesse eine besondere Rolle und erklärt zwischen 15 und 20 % der Varianz ($p < 0.02$).

Die personalen Kompetenzen Einfühlsamkeit (**P1**), Pflichtbewusstsein (**P2**) und Neugierde (**P3**) werden beeinflusst durch die institutionell-administrative Interessenausrichtung. Die personale Kompetenz Neugierde (**P3**) ist erstaunlicherweise dazu noch negativ verbunden mit unternehmerischer Orientierung ($p < 0.03$). Beide Interessen erklären 13 % der Varianz von **P3**.

Insgesamt geben die Relationen von **MZZ** und **smk72** bereits wichtige Anhaltspunkte für die berufliche Beratung Älterer **ohne** Hochschulausbildung in

Deutschland. Denn wenn man davon ausgeht, dass sich diese Zusammenhänge in einem relativ langen Berufsleben geformt haben, lassen sich die Ergebnisse – ausgehend von den Interessen – als Suchstrategien auch für junge Menschen heranziehen.

Wenn zum Beispiel ein Berufswähler ein stärkeres wissenschaftliches Interesse zeigt, dann sollte er nach Berufen in solchen Bereichen suchen, in denen ganz bestimmte soziale, methodische und personale Kompetenzen eine wichtige Rolle spielen. Das wären nach den hier aufgezeigten Zusammenhängen Berufe, in denen die Kompetenzen Konfliktfähigkeit, situationsgerechtes Auftreten, zielorientiertes Handeln und Arbeitstechniken eine führende Rolle spielen. Der Beratende müsste dazu aber eine differenzierte Kenntnis der Ausprägung dieser Kompetenzen in den spezifischen Berufen haben – eine Herausforderung auch für die berufskundliche Forschung!

Bei der vergleichbaren Gruppe in **Polen** stellen sich die Zusammenhänge etwas anders dar:

Hier sind die sozial-kulturellen Interessen sehr plausibel mit der Kompetenzklasse Soziale Verantwortung ($p < 0.02$; 21 % erklärte Varianz) verbunden.

Bei den Methodenkompetenzen Selbstständigkeit und Reflexivität zeigen sich Einflüsse durch unternehmerisches Interesse ($p < 0.01$; $R^2 = 12$–28 %).

Zielorientiertes Handeln und Arbeitstechniken sind negativ verbunden mit Interessen an institutionell-administrativen Tätigkeiten ($p < 0.03$; $R^2 = 7$–12 %). Dieses überraschende Ergebnis verweist möglicherweise auf eine Diskrepanz zwischen der Art bestimmter im Erwerbsleben erfahrener Kompetenzanforderungen und den eigentlichen persönlichen Vorstellungen bezüglich dieses Berufsbereiches.

Dies gibt für die Beratung junger Menschen den wichtigen Hinweis, dass gerade bei eindeutiger Interessenorientierung und scheinbar dazu passender Berufe sehr kritisch die Ausübungsformen hinterfragt werden sollten. Hieraus ergeben sich auch wichtige Hinweise auf die Abbruchsprävention, gerade auch was eine nicht immer gegebene realistische Darstellung beruflicher Ausübungsformen in den berufskundlichen Medien betrifft.

Die andere inverse Beziehung deutet darauf, dass Menschen mit institutionell-administrativen Interessen nach einem langen Arbeitsleben weniger ausgeprägte personale Kompetenzen in Bezug auf Neugierde und Leistungsorientierung zeigen ($p < 0.03$; $R^2 = 13$–17 %).

Einfühlsamkeit und Pflichtbewusstsein hängen eng zusammen mit sozialen und kulturellen Interessen ($p < 0.02$; $R^2 = 12$–15 %).

Es ist bemerkenswert, dass die Kompetenzen im sozialen und besonders im methodischen Bereich bei Befragten in **Deutschland** ohne Hochschulabschluss relativ stark verbunden sind mit wissenschaftlichen Interessen.

In Bezug auf die Vergleichsgruppe in **Polen** ist keine der berufsbezogenen überfachlichen Kompetenzen mit wissenschaftlichem Interesse verbunden, was möglicherweise mit der höheren Studierendenquote schon in früheren Generationen zu erklären ist. In **Polen** konnten nämlich die meisten Menschen mit wissenschaftlichem Interesse studieren, während in **Deutschland** eine attraktive Alternative durch das Duale System zur Verfügung stand, aber auch die Anzahl der Menschen mit Studienberechtigung in der älteren Generation geringer war.

Bei den Befragten mit Hochschulabschluss fällt auf, dass der Zusammenhang zwischen Interessen und Kompetenzen in **Polen** deutlich mehr statistisch signifikante Verbindungen aufweist als in **Deutschland**.

Man könnte vermuten, dass die akademische Ausbildung in Polen zumindest in früheren Jahren die überfachlichen Kompetenzen besser gefördert hat oder die Studienwahl stärker nach den individuellen Interessen erfolgte.

Bei den eher schwächeren Relationen in **Deutschland** spielt das unternehmerische Interesse eine relativ deutliche Rolle und zwar bei der Sozialkompetenz Situationsgerechtes Auftreten sowie den Methodenkompetenzen Reflexivität und Zielorientiertes Handeln ($p < 0.05$; $R^2 = 4\text{–}7$ %). Künstlerisches Interesse ist positiv verbunden mit den personalen Kompetenzen Einfühlsamkeit und Neugierde ($p < 0.04$; $R^2 = 6$ %).

In der **polnischen** Gruppe zeigen zwei Drittel der überfachlichen Kompetenzen signifikante Beziehung zu den Interessenrichtungen.

Die Sozialkompetenzklasse wird stark beeinflusst von den wissenschaftlichen und sozialen-kulturellen Interessen. Die Methodenkompetenzklasse hat signifikante Verbindungen mit wissenschaftlichen, unternehmerischen und institutionell-administrativen Interessen.

Die personalen Kompetenzen Einfühlsamkeit und Pflichtbewusstsein sind positiv beeinflusst von wissenschaftlichen und sozial-kulturellen und negativ von künstlerischen Interessen ($p < 0.05$; $R^2 = 13\text{–}15$ %).

4. Aspekte des Beratungsangebots und der Laufbahngestaltung

Die zuvor dargestellten Ergebnisse zum Zusammenhang von Berufsinteressen und selbsteingeschätzter überfachlicher Kompetenzen Älterer sollen abschließend ergänzt werden durch ausgewählte Ergebnisse zu Fragen nach den bevorzugten Beratungsfeldern und den Meinungen zu Beruf und Arbeit.

4.1 Erwartungen an eine qualifizierte Beratung (Frage 7)

Ihr Interesse an einer qualifizierten Beratung konnten die Befragten anhand von 12 Themenbereichen (und einer offenen Kategorie) auf einer 3er-Skala (1=wenig Interesse; 2=gelegentliches Interesse; 3=sehr starkes Interesse) einschätzen (**Tabelle 3**).

Tab. 3: Wie stark sind Sie an einer qualifizierten Beratung in Bezug auf folgende Bereiche interessiert?

a)	Möglichkeiten der Erwerbstätigkeit, auch Selbstständigkeit
b)	Weiterbildung (auch Seniorenstudium)
c)	Ehrenamtliche Tätigkeit (z. B. als Senior-Experte)
d)	Gesundheitsvorsorge/gesundes Leben
e)	Finanzielle Fragen, Rentenfragen
f)	Wohnungsfragen, altersgerechtes Wohnen
g)	Behinderung/Pflege
h)	Partnerschaft, Familie, Freundschaft
i)	Aktivitäten in der zweiten Lebenshälfte
j)	Politisches Engagement
k)	Kulturelles Engagement
l)	Konsumfragen

In beiden Stichproben (**Deutschland** und **Polen**) gab es bei der schriftlichen Befragung nur wenige fehlende Antworten (weniger als 3 %). Das deutet auf ein hohes Interesse an der Mitgestaltung künftiger Beratungsangebote hin. Außerdem ist dadurch die statistische Repräsentativität gewährleistet.

Die Datenanalyse der ausgewählten Fragen erfolgte nach den beiden diskriminierenden Variablen, nämlich nach dem Land (DE – PL) und nach dem Bildungsstand (Hochschulabschluss – kein Hochschulabschluss).

Abbildung 6 zeigt die Meinungen zu den 12 möglichen Beratungsbereichen im Profilvergleich nach **Deutschland** und **Polen**. Die multivariate Varianzanalyse (MANOVA) ergab einige interessante, statistisch signifikante Unterschiede. Insgesamt lässt sich sagen, dass die Älteren in beiden Ländern ein relativ hohes Interesse an qualifizierter Beratung haben, denn die Werte für die angebotenen Dienstleistungsbereiche liegen – mit Ausnahme von vier – über dem Durchschnitt.

Unterdurchschnittliche Werte weisen in **Deutschland** Fragen zur Möglichkeit der Erwerbstätigkeit (auch Selbstständigkeit) sowie zum Konsumverhalten auf. In **Polen** sind die Älteren weniger an der Beratung zu Fragen der Behinderung und Pflege sowie eines politischen Engagements interessiert.

An folgenden Bereichen interessieren sich die Befragten in **Deutschland** signifikant stärker als diejenigen in Polen: Weiterbildung (inkl. Seniorenstudium), ehrenamtliche Tätigkeit, Behinderung/Pflege, politisches und kulturelles Engagement.

In **Polen** besteht ein stärkeres Interesse an Möglichkeiten der Erwerbstätigkeit (inkl. Selbstständigkeit), finanziellen Fragen/Renten, Partnerschaft/Familie/ Freundschaft und Konsumverhalten.

Abb. 6: Erwartungen an eine qualifizierte Beratung DE – PL

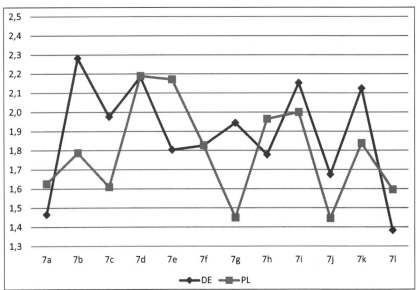

Wie eingangs beschrieben, hatten schon unsere Vorstudien erbracht, dass bei der Bewertung des Beratungsangebots die Variable Bildungsstand (gemessen am Hochschulabschluss) der signifikant wesentliche Diskriminator ist.

Abbildung 7 präsentiert das Beratungsinteresse nach Bildungsstand in **Deutschland**. Insgesamt zeigen die Älteren **ohne** Hochschulabschluss ein stärkeres Interesse bei 75 % der Beratungsangebote (signifikant sind die Bereiche 7d-i und 7l). Beide Gruppen sind hier weniger interessiert an Möglichkeiten der Erwerbstätigkeit und Konsumfragen

Abb. 7: Erwartungen an eine qualifizierte Beratung in Deutschland nach Bildungsstand (schwarz: mit Hochschulabschluss, grau: ohne Hochschulabschluss)

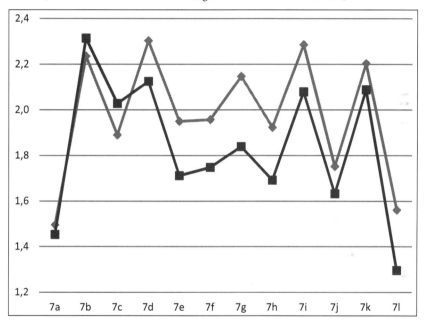

In **Polen** (**Abbildung 8**) stellt sich die Situation nahezu umgekehrt dar. Hier liegen die Interessen der Menschen **mit** Hochschulabschluss in 75 % der Beratungsbereiche höher als bei denjenigen **ohne** Hochschulabschluss. Signifikant sind die Unterschiede bei der Weiterbildung, der ehrenamtlichen Tätigkeit und beim kulturellen Engagement.

Abb. 8: Erwartungen an eine qualifizierte Beratung in Polen nach Bildungsstand (schwarz: mit Hochschulabschluss, grau: ohne Hochschulabschluss)

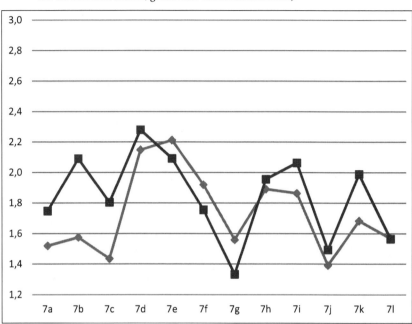

Diese Ergebnisse führen zu der Frage, ob es innerhalb der beiden Gruppen nach Bildungsstand länderspezifische Unterschiede gibt.

Abbildung 9 zeigt, dass in nahezu 60 % der aufgeführten Bereiche das Interesse der deutschen Befragten **ohne** Hochschulabschluss höher ist als bei den polnischen. Letztere sind nur bei finanziellen Fragen signifikant stärker vertreten. Gleiche Interessen bestehen in Bezug auf Fragen der Erwerbstätigkeit, der Gesundheitsvorsorge sowie bei Wohnungsfragen und hinsichtlich Partnerschaft/ Familie und Konsumfragen.

Bei den Befragten **mit** Hochschulabschluss ergaben sich keine wesentlichen länderspezifischen Trends (**Abbildung 10**). Stärkeres Interesse besteht in **Deutschland** allerdings an Fragen der Weiterbildung, der ehrenamtlichen Tätigkeit sowie bezüglich einer Behinderung und Pflege.

In **Polen** überwiegt das Interesse an Erwerbstätigkeit, finanziellen Fragen, Partnerschaft/Familie und Konsumverhalten.

Hinsichtlich aller anderen Bereiche unterscheiden sich die beiden Gruppen nicht.

Abb. 9: Vergleich DE (schwarz) – PL (grau) ohne Hochschulabschluss bezüglich Beratungsinteressen

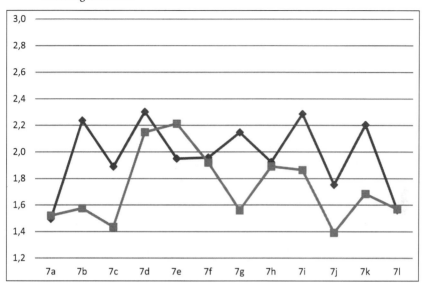

Abb. 10: Vergleich DE (schwarz) – PL (grau) mit Hochschulabschluss bezüglich Beratungsinteressen

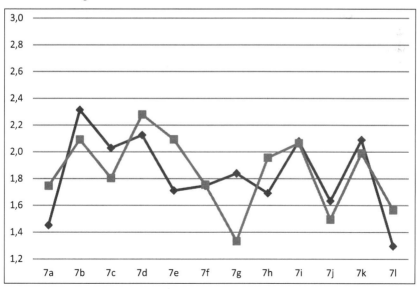

4.2 Empfehlungen, Anregungen, Wünsche und Kritik in Bezug auf das Beratungsangebot (Frage 9)

Abschließend wurden den Befragten 12 Statements zu verschiedenen Lebensbereichen zur Bewertung auf einer Skala (1=keine Meinung bis 5=uneingeschränkte Zustimmung) vorgelegt.

Tab. 4: Was ist Ihre Meinung zu folgenden Aussagen?

a)	Es ist im Leben wichtiger, einen Beruf zu lernen als nur nach einer Arbeit zu schauen
b)	Die Hauptsache ist, eine Arbeit zu finden, einen Beruf zu lernen ist im Leben dagegen nur in zweiter Linie wichtig
c)	Ich halte auch im 3. Alter eine Berufsausübung als wünschenswert
d)	Es ist wichtig, sich auch im 3. Alter systematisch weiterzubilden
e)	Ich glaube, dass es für jeden Menschen den passenden Beruf gibt, den man möglichst auch ergreifen sollte
f)	Ich glaube, der passende Beruf entwickelt sich erst im Laufe des Arbeitslebens
g)	Ich glaube, die Berufswahl und Berufsentwicklung ist eher vom Zufall bestimmt
h)	Der Beruf sollte im Leben gegenüber dem Privatleben oder Familienleben die wichtigste Rolle spielen
i)	Man muss im Leben immer auf Work-Life-Balance achten
j)	Man sollte immer bereit sein, wegen einer Arbeitsstelle mobil zu sein, auch wenn es für immer ins Ausland geht
k)	Ich halte die Einrichtung einer beruflichen Beratung, speziell für das 3. Alter für notwendig
l)	Im Rahmen eines Seniorenstudiums, oder Ähnlichem sollten öfters berufliche Themen des 3. Alters behandelt werden

Abbildung 11 präsentiert die länderspezifischen Bewertungen von Älteren **mit** Hochschulabschluss.

Bei gut 83 % der Statements ergaben sich signifikante Differenzen zwischen der **deutschen** und der **polnischen** Stichprobe.

Besonders bemerkenswert ist, dass die **deutschen** Befragten überwiegend der Meinung sind, im Leben sei es wichtiger, einen Beruf zu erlernen, als nur nach einer Erwerbstätigkeit zu schauen.

Dagegen betonen die Älteren in **Polen** signifikant stärker, dass es die Hauptsache sei, eine Arbeit zu finden, wohingegen einen Beruf zu erlernen nur in zweiter Linie von Bedeutung ist.

Diese Wertschätzung der Erwerbstätigkeit setzt sich auf **polnischer** Seite offensichtlich fort in dem Wunsch nach einer Berufsausübung auch im sogenannten 3. Alter.

Demgegenüber schätzen die **deutschen** Befragten eher eine systematische Weiterbildung.

Abb. 11: Vergleich DE (schwarz) – PL (grau) mit Hochschulabschluss in Bezug auf Lebensbereiche

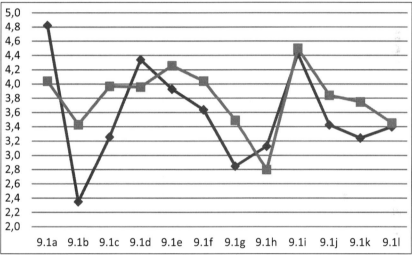

Hinsichtlich der länderspezifischen Auswertung der Statements (**Tabelle 4**) zeigen die beiden Untergruppen ähnliche Profile (**Abbildung 12** und **Abbildung 13**).

In **Deutschland** bestehen nur vier signifikante Unterschiede, nämlich auf Seiten der Befragten **mit** Hochschulabschluss bezüglich der systematischen Weiterbildung, der Bedeutung der Work-Life-Balance, der Arbeitsmobilität und der Behandlung berufsbezogener Themen im Rahmen des Seniorenstudiums.

Die Menschen **ohne** Hochschulabschluss sind dagegen stärker der Meinung, der passende Beruf entwickle sich erst im Laufe des Arbeitslebens.

*Abb. 12: Auffassungen zu den Lebensbereichen in Deutschland nach Bildungsstand
(schwarz: mit Hochschulabschluss, grau: ohne Hochschulabschluss)*

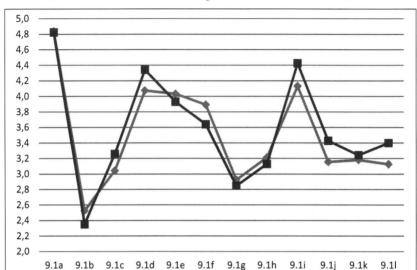

Auch in **Polen** bewerten die akademisch ausgebildeten Befragten eine systematische Weiterbildung im 3. Alter und auch die Work-Life-Balance signifikant höher, analog zu den Ergebnissen in Deutschland.

Sie halten aber auch stärker eine berufliche Beratung speziell für das 3. Alter sowie die Behandlung beruflicher Themen im Seniorenstudium für erforderlich.

Abb. 13: Auffassungen zu den Lebensbereichen in Polen nach Bildungsstand (schwarz: mit Hochschulabschluss, grau: ohne Hochschulabschluss)

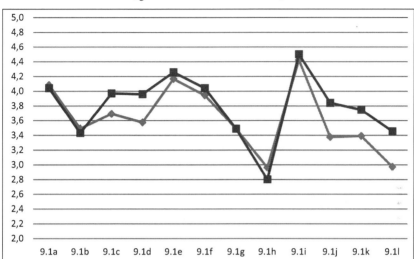

5. Zusammenfassung

Die ausgewählten Ergebnisse unserer empirischen Untersuchung geben differenzierte Hinweise für die Entwicklung einer ganzheitlichen Beratungskonzeption für Ältere, auch mit Hypothesen generierendem Charakter für jüngere Zielgruppen.

Da wäre zuerst der bislang kaum untersuchte Zusammenhang von beruflichen Interessen und selbsteingeschätzten überfachlichen Kompetenzen zu nennen. Er weist darauf hin, dass ein direkter Schluss von individuellen Interessen auf bestimmte Berufe eines vertiefenden Zwischenschrittes der berufskundlichen Analyse bezüglich der in diesem Berufsbereich und den dazugehörigen Ausübungsformen am Arbeitsplatz geforderten überfachlichen Kompetenzen bedarf. Grundlage dafür bildet eine differenzierte berufskundliche Forschung, unter systematischer Einbeziehung der Praxiserfahrungen der Fachkräfte für Berufsberatung und Vermittlung.

Ein anderes bemerkenswertes Ergebnis bezieht sich auf die Bedeutung des individuellen Bildungsstandes zur Erklärung von Unterschieden bei den Berufsinteressen, der Selbsteinschätzung der Kompetenzen, den gewünschten Beratungsangeboten sowie den Vorstellungen zu Beruf, Arbeit und Weiterbildung.

Die für eine interkulturell orientierte berufliche Beratung wichtigen Erkenntnisse betreffen die Unterschiede nach der Nationalität, wobei man beim Vergleich Deutschland – Polen noch von einem sehr ähnlichen sozial-kulturellen

Hintergrund ausgehen kann. Um wie viel größer dürften die Diskrepanzen in der Selbsteinschätzung laufbahnrelevanter Persönlichkeitsvariablen und Meinungen zu Arbeit und Beruf sowie Beratungsdienstleistungen bei Zielgruppen aus Regionen mit starken sozial-kulturellen Unterschieden zu Mitteleuropa ausfallen! Ein besonderes Augenmerk sollte den unterschiedlichen Auffassungen zur Bedeutung des Berufs und der Erwerbsarbeit gelten. Die Stärke der deutschen Wirtschaft hängt wesentlich vom Dualen Ausbildungssystem ab, das sich noch immer stark am Berufskonzept orientiert. Die zunehmende Akademisierung könnte möglicherweise zu einer erhöhten Selbsteinschätzung bezüglich überfachlicher Kompetenzen führen, unter Vernachlässigung ihres Zusammenhangs mit den Fachkompetenzen (vgl. Ertelt & Frey, 2012).

Doch beide Kompetenzfelder gehören eng zusammen und verbinden sich wohl nur in einer qualifizierten Berufsausbildung zu einer in sich geschlossenen Berufspersönlichkeit.

Literatur

Albrecht, G.L. / Bury, M., (2001): The political economy of the disability marketplace. In: Albrecht, G.L. et al. (Hrsg): *Handbook of disability studies*. CA: Sage: Thousand Oaks, S. 585–609.

American Association of Retired Persons (1992): *How to stay employable: a guide for midlife and older workers*. Andrus Foundation: Washington, DC.

Beschluss Nr. 940/2011/EU des Europäischen Parlaments und des Rates vom 14. September 2011 über das Europäische Jahr für aktives Altern und Solidarität zwischen den Generationen (2012). http://eur-lex.europa.eu/legalcontent/DE/ALL/?uri=CELEX%3A 32011D0940.

Börsch-Supan, A.H. / Miegel. M. (2001): *Pension reform in six countries: what can we learn from each other?* Springer: Berlin.

Ertelt, B.-J. (2013): *Fragebogen zur beruflichen Beratung im Dritten Alter*. Mannheim: Hochschule der Bundesagentur für Arbeit (HdBA) (Forschungspapier).

Ertelt, B.-J. / Frey, A. (2012): Theorien der beruflichen Entwicklung und Beratung in Ihrer Bedeutung für HRM. In: Ertelt, B.-J. / Frey, A. / Kugelmeier, C. (Hrsg.): *HR zwischen Anpassung und Emanzipation – Beiträge zur Entwicklung einer eigenständigen Berufspersönlichkeit*. Peter Lang: Frankfurt, S. 99–135.

Ertelt, B.-J. / Górna, J. / Noworol, C. (2013): *Berufliche Beratung im „Dritten Alter" – Vorschläge für Aktivieren der Maßnahmen*. Mannheim/Czestochowa/Kraków: HdBA/AJD/JU (Forschungsbericht). unv.

Feldman, D.C. (2003): Endgame: the design and implementation of early retirement incentive programs. In Adams, G. A. / Beehr, T. A. (Hrsg.).

Retirement: reasons, processes, and results. Springer Publishing Company: NY, S. 83–114.

Frey, A. / Balzer, L. (2011): *Die Reihe smK72+ zur Diagnose von überfachlichen Kompetenzen und Ausbildungsabbruchrisiken in der beruflichen Grundbildung*. Mannheim: HdBA.

Holland, J. L. (1997): *Making Vocational Choices – A Theory of Vocational Personalities and Work Environments*. PAR: Odessa, Florida

Jörin, S., Stoll, F., Bergmann, Chr. & Eder F. (2004): EXPLORIX – das Werkzeug zur Berufswahl und Laufbahnplanung. Huber: Bern/Göttingen/Toronto/Seattle, 2. Auflage.

Kunisch, J. (1992): *Bismarck und seine Zeit*. Duncker & Humblot GMBH: Berlin.

Lent, R. W. (2013): Social Cognitive Career Theory. In: Brown, S. D. / Lent, R. W (Hrsg.): *Career Development and Counseling. Putting Theory and research to Work*. John Wiley & Sons, Inc: Hoboken, New Jersey, S. 115–146.

Minerd, J. (1999): A gray wave of entrepreneurs. *The Futurist*, Vol. 33, No 6.

Noworol, C. (2012): Professional interests and competences as determining factors extending occupational activity. In Roznowski, B., Macik, R., Noworol, C., Roznowska, M.: *Methodology of working longer in people over the age of fifty years*. Europerspektywa Beata Romejko: Lublin.

Noworol, Cz. (2013): *Miasteczko Zainteresowań Zawodowych (MZZ). (Die Verortung der Professionellen Interessen)*. NFDK: Warszawa.

OECD/European Communities (2004): *Career Guidance: A Handbook for Policy Makers*. OECD Publications: Paris Cedex.

Plant, P. / López-Sánchez, M. J. (2011): Guidance for older workers in Denmark and Spain. *International Journal for Education and Vocational Guidance*, 11 (3). DOI 10.1007/s10775-011-9193-4.

Rocco, T.S. / Stein, D. / Lee, C. (2003): An exploratory examination of the literature on age and HRD policy development. *Human Resource Development Review* 2 (2), S. 155–180.

Shultz, K.S., (2003): Bridge employment: work after retirement. In: Adams, G.A. / Beehr, T.A. (Hrsg): *Retirement: reasons, processes, and results*. Springer: NY, S. 214–241.

Stein, D. / Rocco, T. S. / Goldenetz, K. A. (2000): Age and the university workplace: A case study of remaining, retiring, or returning older workers. *Human Resource Development Quarterly*, 11(1), S. 61–80.

Walker, A. (1999): *Managing an ageing workforce: a guide to good practice*. European Foundation for the Improvement of Living and Working Conditions. Publications Office: Luxembourg.

Anlage: Frage 9

9	Was ist Ihre Meinung zu folgenden Aussagen?	Zustimmung			
		3=ja	2=eher ja	1=eher nein	0 = nein
9.11	Es ist im Leben wichtiger, einen Beruf zu lernen als nur nach einer Arbeit zu schauen				
9.12	Die Hauptsache ist, eine Arbeit zu finden, einen Beruf zu lernen ist im Leben dagegen nur in zweiter Linie wichtig				
9.13	Ich halte auch im 3. Alter eine Berufsausübung als wünschenswert				
9.14	Es ist wichtig, sich auch im 3. Alter systematisch weiterzubilden				
9.15	Ich glaube, dass es für jeden Menschen den passenden Beruf gibt, den man möglichst auch ergreifen sollte				
9.16	Ich glaube, der passende Beruf entwickelt sich erst im Laufe des Arbeitslebens				
9.17	Ich glaube, die Berufswahl und Berufsentwicklung ist eher vom Zufall bestimmt				
9.18	Der Beruf sollte im Leben gegenüber dem Privatleben oder Familienleben die wichtigste Rolle spielen				
9.19	Man muss im Leben immer auf Work-Life-Balance achten				
9.20	Man sollte immer bereit sein, wegen einer Arbeitsstelle mobil zu sein, auch wenn es für immer ins Ausland geht				
9.21	Ich halte die Einrichtung einer beruflichen Beratung, speziell für das 3. Alter für notwendig				
9.22	Im Rahmen eines Seniorenstudiums, oder Ähnlichem sollten öfters berufliche Themen des 3. Alters behandelt werden				

Caroline Tittel

Rahmenbedingungen einer beruflichen Beratung für das Dritte Alter

Abstract: *Career guidance for the Third Age needs to be conceptualised and improved. On that account, a survey was conducted, revealing the target group's day-to-day life, desires, and challenges. Moreover, concepts of career counselling and another survey investigating counselling needs, interests, and skills of elderly people are reviewed.*

1. Einleitung und Problemaufriss der Beratung Älterer

Die Personengruppe des Dritten Alters gewinnt angesichts aktueller Entwicklungen immer mehr an Bedeutung. Mit sinkenden Geburtenzahlen und einer höheren Lebenserwartung steht die Gesellschaft einem Altersstrukturwandel gegenüber. Das Erwerbspersonenpotenzial sinkt, der Anteil von Menschen im Rentenalter steigt (vgl. Statistisches Bundesamt, 2015). Diese demografische Entwicklung geht einher mit einer Veränderung der Werte, Normen und Einstellungen der Generationen, die auch massive Veränderungen im dritten Lebensalter mit sich bringen. Der von Pohlmann (2013, S. 17) beschriebene „soziale Strukturwandel" erläutert einen Wandel des Verständnisses vom Altern. Viele Ältere sehen ihren Zustand nicht mehr als festgeschriebene Größe, sondern als Variable, wodurch der Alterungsprozess dem Individuum zur Gestaltung freisteht. Der Ruhestand wird zum „Unruhestand" (vgl. Höpflinger, 2012, S. 2 f.). Um den Bedürfnissen der Personengruppe gerecht zu werden, bedarf es ihrer stärkeren Betrachtung und Beachtung. Gerade im Hinblick auf die Möglichkeiten der Lebensgestaltung Älterer erhebt sich die Frage, wie dies zu erreichen ist. So wird in der EU-Wachstumsstrategie „Europa 2020" die Gewährleistung eines intelligenten, nachhaltigen und integrativen Wachstums sowie eine Beschäftigungsquote von 75 Prozent verlangt. Bewerkstelligt werden könne dieses Vorhaben laut Europäischer Kommission, dem Ausschuss der Regionen und der AGE Platform Europe (2011, S. 8) nur bei einer Förderung des „aktiven Alterns". Die Europäische Kommission (o. J.) definiert aktives Altern als Unterstützung der Menschen zu einer selbstständigen Lebensführung. Daraus soll, wenn möglich, ein Beitrag für Wirtschaft und Gesellschaft resultieren. Teil dessen ist auch das lebenslange Lernen. Älteren soll der Zugang zu Berufs- und Bildungsmöglichkeiten vereinfacht werden. Voraussetzung ist eine kompetente und umfassende berufliche Beratung für diese Zielgruppe. Doch die Etablierung solcher Berufsberatungsdienste hat bislang nicht stattgefunden. EU-Kommission und OECD (2005, S. 36) bemängeln, dass europaweit kaum Dienstleistungen dieser Art für ältere Menschen angeboten werden. Es stehen zudem weder hinreichende empirische Forschungen zu diesem Themengebiet zur Verfügung, noch gibt es Beratungsansätze für diese Personengruppe.

Der Generation 50 Plus macht fast 40 Prozent der deutschen Gesamtbevölkerung aus (vgl. Statistisches Bundesamt, 2011). Sie zu einer Personengruppe zusammenzufassen, wäre zu einfach. In der Wissenschaft hat sich unter der Personengruppe das Bild vom „differenziellen Altern" entwickelt, denn keine andere Altersgruppe weist so viele unterschiedliche psychische und physische Merkmale auf, wie diese (vgl. Filipp & Mayer, 2005, S. 25). Um für eine derart heterogene Zielgruppe eine bedarfsgerechte Beratung zu gewährleisten, wäre es notwendig, ihre Bedürfnisse, Lebensweisen und Umfeldbedingungen zu kennen.

Die vorliegende Arbeit basiert auf Ergebnissen meiner Bachelorarbeit im Rahmen des Lehr-Forschungsprojekts „Berufliche Beratung im Dritten Alter", zur Modellentwicklung einer beruflichen Beratung im Dritten Alter, initiiert durch die Hochschule der Bundesagentur für Arbeit (HdBA), die Jan Długosz University in Częstochowa und die Jagiellonian University in Kraków/Polen. In einer empirischen Untersuchung, die auf drei Instrumenten beruhte, wurden biografische Daten und überfachliche Kompetenzen von Älteren erhoben. Weitere Bachelor-Arbeiten beschäftigten sich mit den beruflichen Interessen (siehe Beitrag von Thalhammer in diesem Band) und dem Beratungsbedarf (siehe Beitrag von Wunderlich in diesem Band). Diese Arbeiten dienten dem Ziel, auf Grundlage empirischer Forschungsergebnisse Qualitätsmerkmale für entsprechende Beratungsangebote zu entwickeln.

1.1 Begriffsbestimmung des Dritten Alters

Aus der biologischen Betrachtung, die einen irreversiblen Abbauprozess des Organismus beschreibt (vgl. Kade, 2007, S. 40), entwickelte sich das „Defizit-Modell" des Alterns. Dabei wird angenommen, dass sich der Gesamtzustand eines Menschen mit steigendem Alter unaufhaltsam verschlechtert. Die Anfang des 20. Jahrhunderts durchgeführten Studien hierzu erwiesen sich im Nachhinein jedoch als fehlerhaft, da für die Ursache der abnehmenden Intelligenz allein das Altern angesehen wurde, ohne Berücksichtigung möglicher anderer Determinanten. Zwischen 1950 und 1970 konnte schließlich mehrmals bestätigt werden, dass bei einem Vergleich von Jüngeren und Älteren mit gleicher Bildung Leistungsunterschiede nicht mehr nachweisbar sind (vgl. Lehr, 2007, S. 46 ff.). Anfang der 1960er Jahre entwickelten Cumming und Henry (1961, S. 14 ff.) auf der Basis des Defizit-Modells die sogenannte „Disengagement-Theorie". Danach bringt der Alterungsprozess den beobachtbaren Rückzug des Individuums aus der Gesellschaft mit sich, der mit dem damit verbundenen Rollenverlust zur Vorbereitung auf den Tod dienen soll. Auch diese pessimistische Grundhaltung stand wegen fehlender Beachtung sozialer und pädagogischer Elemente in der Kritik (vgl. Opitz, 1998, S. 18). Die Aktivitätstheorie versucht diesen dadurch Rechnung zu tragen, dass der Fokus auf den Entwicklungsmöglichkeiten im Alter liegt (vgl. Tartler, 1961, zit. n. Lottmann, 2013). Dabei wird durchaus anerkannt, dass im Alter Funktionen abnehmen, doch lässt sich dies nach dem Prinzip „use it or lose it" durch Aktivitäten verhindern (vgl. Kade, 2007, S. 41). Die Kontinuitätsthese geht davon aus, dass Lebenszufriedenheit im Alter umso besser erreicht wird, je mehr die aktuelle Lebenssituation derjenigen im mittleren Alter gleicht (vgl. Bäcker & Clemens, 2003, S. 132 ff.). Doch auch hier wurde das Fehlen einer sozialstrukturellen Komponente kritisiert (vgl. Lottmann, 2013, S. 59). Die beschriebenen Theorien dürften in ihren extremen Formen in der neueren Gerontologie nicht mehr vertreten werden (vgl. Opitz, 1998, S. 26). Stattdessen geht sie davon aus, dass Menschen selbst bestimmen, wieweit sie sich im Alter zurückziehen oder sich aktiv am Leben der Gesellschaft beteiligen wollen (vgl. Lottmann, 2013, S. 58). Bei heutigem Forschungsstand ist festzustellen, dass keine ausgeprägte Theorie in der Altersforschung vorzufinden ist, die mit der Empirie in Einklang steht (vgl. Lottmann, 2013, S. 60).

Nach der Betrachtung des Alters bzw. des Alterns, stellt sich die Frage, wie der Begriff des „Dritten Alters" einzuordnen ist. Die Klassifikation dieser Personengruppe erfolgt in der Literatur nicht einheitlich (vgl. Lottmann, 2013, S. 60 f.). Wenn in dem vorliegenden Kapitel vom „Dritten Alter" die Rede ist, sind damit grundsätzlich Personen im Alter von 55 bis 80 Jahren, die in drei Kohorten eingeteilt werden können, gemeint. Die ersten beiden Gruppen, die den sogenannten „älteren Arbeitnehmern" angehören, sind diejenigen, die als Arbeitnehmer vor dem Renteneintrittsalter stehen und Personen, die sich im Vorruhestand befinden. Die dritte Gruppe betrifft Personen, die das Renteneintrittsalter bereits erreicht haben und als „Rentner" oder „Senioren" bezeichnet werden.

1.2 Lebensgestaltung der Personen im Dritten Alter

Die Alltagsgestaltung ist eines der wichtigsten Beschreibungsmerkmale der Personen im Ruhestand. Sie haben zum einen die Möglichkeit, sich gemäß der Disengagement-Theorie aus dem aktiven Leben zurückzuziehen, zum anderen wird es aufgrund der nun verfügbaren Zeit möglich, Hobbys zu vertiefen, neue Interessensgebiete zu entdecken oder weiterzuarbeiten.

Es gibt verschiedene Bereiche, durch die sich Menschen in das gesellschaftliche Leben einbringen und sich um ihre geistige und körperliche Fitness bemühen können. So betreibt zum Beispiel fast jeder Dritte im Alter zwischen 40 und 85 Jahren mehrmals in der Woche Sport. Je höher die Bildung, desto höher ist diese Betätigung (vgl. Bundesministerium für Familie, Senioren, Frauen und Jugend (BMFSFJ), 2012, S. 23 f.). Psychische Fitness durch Lernen ist ebenfalls von hoher Bedeutung. Mehr als die Hälfte (54 %) der 55- bis 64-Jährigen und 42 % der 65- bis 80-Jährigen gaben 2007 an, in irgendeiner Art und Weise zu lernen. Eine beliebte Möglichkeit des formalen Lernens ist ein Gasthörerstudium an einer Hochschule. Rund jeder Dritte war hier im Wintersemester 2009/2010 über 64 Jahre alt. Beim nicht-formalen Lernen sind besonders Volkshochschulen beliebt, jeder achte Teilnehmer ist mindestens 65 Jahre. Bezüglich des informellen Lernens weisen die Altersgruppen der 55- bis 64-Jährigen sowie der 65- bis 80-Jährigen die größten Anteile auf (vgl. Haustein und Mischke, 2011, S. 30 f.). Beliebte Weiterbildungsfächer sind vor allem Geisteswissenschaften, wie Geschichte, Sozialwissenschaften, Sprachen, Kunst und Religion (vgl. Krisam, 2002, S. 108).

Eine weitere gängige Form der Alltagsgestaltung ist das Ehrenamt. Innerhalb der letzten zehn Jahre hat diese Aktivität unter den 65- bis 74-Jährigen mit einem Anstieg von 14 Prozent überdurchschnittlich zugenommen (vgl. Grabka, 2013, S. 333). 2009 lag die Beteiligung an Ehrenämtern bei den 50- bis 69-Jährigen bei 37 Prozent, bei den über 70-Jährigen bei 25 Prozent. Der geringere Anteil bei Letzteren ist wahrscheinlich auf die zunehmenden gesundheitlichen Einschränkungen zurückzuführen (vgl. Haustein & Mischke, 2011, S. 40). Vor allem Personen mit hohem Bildungsstand und der daraus resultierenden guten bis sehr guten materiellen Situation üben ehrenamtliche Aktivitäten aus (vgl. Grabka, 2013, S. 334). Motive für das bürgerbezogene Engagement liegen in dem Wunsch, einen gesellschaftlichen Beitrag zu leisten und mit Menschen in Kontakt zu treten.

Außerdem gibt es einige Ältere, die in der Rente weiterhin erwerbstätig sind. So stieg die Erwerbstätigenquote der über 65-Jährigen von 2,6 Prozent im Jahr 2000 auf 4,9 Prozent im Jahr 2012 (vgl. Bäcker & Kistler, 2012). Dies ist bei 40 % dieser Erwerbstätigen materiell begründet (vgl. Haustein & Mischke, 2011, S. 47). Im Zusammenhang mit der Lebensgestaltung ist auch die Lebenszufriedenheit der Älteren hervorzuheben, die auf einer Skala von 0 bis 10 bei einem Durchschnitt von 7,4 relativ hoch ausfällt. Unterschiede innerhalb der Altersgruppe resultieren nicht aus dem Alter, sondern vor allem aus der Bildung, dem Einkommen und Gesundheitszustand. Je höher die Bildung und das Einkommen und je besser der Gesundheitszustand, desto zufriedener sind die Befragten (vgl. Köcher & Bruttel, 2012, S. 53 f.).

So lässt sich zusammenfassend konstatieren, dass je besser die Bildung, die Gesundheit und die materiellen Verhältnisse sind, umso höher fallen die Aktivitäten, die gesellschaftliche Partizipation und auch die Lebenszufriedenheit aus. Im Zusammenhang mit dem Ziel der Förderung des lebenslangen Lernens und der Verbesserung des gesundheitlichen Wohlbefindens kann gesellschaftliche Partizipation als „Ausdruck und Ergebnis eines gesunden, aktiven Alterns" (BMFSFJ, 2012, S. 34) angesehen werden. Die Chancen, daran teilzuhaben, sind jedoch ungleich verteilt: Personen mit niedrigerem Bildungsabschluss sind seltener im Alter erwerbstätig, ehrenamtlich aktiv oder bilden sich weiter (vgl. ebd. S. 34).

1.3 Rechtlich-institutionelle Rahmenbedingungen für eine berufliche Beratung im Dritten Alter

Rechtlich-institutionelle Rahmenbedingungen bilden die Grundlage jedes öffentlichen Handelns. So ist auch hinsichtlich beruflicher Beratung für das Dritte Alter eine Analyse angebracht, inwieweit dieses Themengebiet in Gesetz und Politik verankert ist.

Auf europäischer Ebene wird die Bedeutung lebensbegleitender beruflicher Beratung seit den 1990er Jahren betont: In der Europäischen Sozialcharta ist festgehalten, dass jeder Bürger, unabhängig vom Alter oder anderen sozioökonomischen Merkmalen, ein Recht auf Berufsberatung hat.

„Europäische Sozialcharta Artikel 9 – Das Recht auf Berufsberatung
Um die wirksame Ausübung des Rechts auf Berufsberatung zu gewährleisten, verpflichten
sich die Vertragsparteien, einen Dienst einzurichten oder zu fördern – soweit dies notwendig
ist –, der allen Personen, einschließlich der Behinderten, hilft, die Probleme der Berufswahl
oder des beruflichen Aufstiegs zu lösen, und zwar unter Berücksichtigung ihrer persönlichen
Eigenschaften und deren Beziehung zu den Beschäftigungsmöglichkeiten; diese Hilfe soll
sowohl Jugendlichen einschließlich Kindern schulpflichtigen Alters als auch Erwachsenen
unentgeltlich zur Verfügung stehen." (Europarat, Fassung 1996)

Eine Reihe von europäischen Beschlüssen folgte auf die Fassung des Europarats, die ebendies möglich machen sollte. Erstmalig wurde in dem „Bericht über die konkreten künftigen Ziele der Systeme der allgemeinen und beruflichen Bildung", der 2001 vom Europäischen Rat in Stockholm gebilligt worden war, festgestellt, dass der Zugang zu Beratungsdiensten und die Gewährleistung der Qualität dieser Dienste, vorrangig im Rahmen des Arbeitsprogramms „Allgemeine und berufliche Bildung 2010" zu fördern seien. Es folgten weitere Forschungen, Berichte und Entschließungen auf europäischer Ebene (vgl. Rat der EU, 2004, S. 3 ff.). Darauf aufbauend beschloss der Rat der EU in den Jahren 2004 und 2008 Forderungen und Handlungsfelder zur lebensbegleitenden Beratung. Als notwendig erachtet

wurden die Förderung der Erhaltung von Berufslaufbahnkompetenzen, Zugangs-
erleichterungen zur Beratung für alle Bürger, die Entwicklung von Qualitätssiche-
rung und eine Verbesserung der Koordination und Zusammenarbeit auf lokaler,
regionaler, nationaler und europäischer Ebene (vgl. Rat der EU 2008, S. 8 ff.).
Das Europäische Zentrum für die Förderung der Berufsbildung (CEDEFOP)
entwickelte im Jahr 2004 Strategien zur Bildungs- und Berufsberatung. Betont
wird, dass ältere Arbeitnehmer und auch Ältere im Allgemeinen weiter in den
Fokus der Beratung rücken sollten. Vor allem im Hinblick auf den Altersstrukturwandel müssen Möglichkeiten der Beschäftigungsförderung für diese Zielgruppen entwickelt werden. Hinzu kommt, dass der Eintritt in den Ruhestand
für den Einzelnen in der Regel erhebliche Umstellungen in finanzieller und
persönlicher Hinsicht mit sich bringt, die eine Neuorientierung im Alltag verlangen. Deshalb sei es wichtig, in der Berufsberatung auch eine Freizeitberatung
zu berücksichtigen. CEDEFOP bemängelt in diesem Zusammenhang, dass zwar
Weiterbildungsmöglichkeiten für diese Zielgruppe, etwa Universitäten des Dritten Alters, in großer Breite bestünden, jedoch keine adäquaten Beratungssysteme
vorhanden seien, die den Zugang erleichtern (vgl. Sultana, 2004, S. 83).

Weitere Anstöße für die lebensbegleitende Beratung erfolgten durch die
Strategie „Europa 2020", die Lissabon-Strategie, welche eine Steigerung der Beschäftigungsquote auf 77 Prozent für Deutschland vorsah. In 2007 wurde das
„Europäische Netzwerk für eine Politik lebensbegleitender Beratung" (ELGPN)
ins Leben gerufen. Ihr Ziel ist die europäische Zusammenarbeit bei der Umsetzung der EU-Beschlüsse zur Förderung lebensbegleitender Beratung (Rat der
Europäischen Union, 2004, 2008).

Trotz aller Initiativen erhebt sich Kritik, dass „die Notwendigkeit von lebensbegleitenden Beratungsangeboten im Kontext von Strategien für aktives Altern
sich vorerst noch überwiegend in politischer Rhetorik niederschlägt als in konkreten Maßnahmen" (Schober, 2012, o. S.). Fraglich ist in diesem Zusammenhang, worin dieses begründet liegt. Um eine Antwort darauf zu erhalten, bedarf
es zunächst einer Analyse des rechtlichen Rahmens und dessen Umsetzung in
Deutschland.

Der Anspruch auf berufliche Beratung ist in § 29 SGB III verankert:

*(1) Die Agentur für Arbeit hat jungen Menschen und Erwachsenen, die am Arbeits-
leben teilnehmen oder teilnehmen wollen, Berufsberatung und Arbeitgebern
Arbeitsmarktberatung anzubieten.*
*(2) Art und Umfang der Beratung richten sich nach dem Beratungsbedarf der oder
des Ratsuchenden.*

(3) Die Agentur für Arbeit soll bei der Beratung die Kenntnisse über den Arbeitsmarkt des europäischen Wirtschaftsraumes und die Erfahrungen aus der Zusammenarbeit mit den Arbeitsverwaltungen anderer Staaten nutzen.

Danach haben also sowohl Jugendliche als auch Erwachsene Anspruch auf eine Berufsberatung. Organisatorisch ist die Berufsberatung Jugendlicher von der Berufsberatung Erwachsener getrennt. Während erstere einen eigenen Bereich darstellt, ist letztere Teil der Arbeitslosenvermittlung und fällt unter den Begriff „Arbeitsberatung". Nach Thiel (2004, S. 908 ff.) entspricht diese Arbeitsberatung jedoch eher einer Arbeitslosenberatung und geht kaum über eine Arbeitslosenvermittlung hinaus, was er mit hohem Vermittlungsdruck und Zielvereinbarungen, die vor allem auf die Vermittlung ausgerichtet sind, begründet. Ferner ist der Zugang für Erwerbspersonen beschränkt. So betont das Bundesministerium für Arbeit und Soziales, dass eine Berufsberatung für ältere Arbeitnehmer ab 50 Jahren zwar vorhanden sei, doch gehe diese Möglichkeit mit Erreichung des Rentenalters verloren (BMAS, 2007, S. 16). Denn die Arbeitsberatung erfolgt im Kontext der Agentur für Arbeit, und die Zielsetzung ist dementsprechend eine Beschäftigungsaufnahme. Aspekte, wie Freizeit- oder Übergangsberatung, bleiben unbeachtet (vgl. Weber, 2012, S. 28). So gibt es beispielsweise in Jobcentern Programme für Personen über 50 Jahren, doch auch diese folgen dem erklärten Ziel der Beschäftigungsaufnahme.

2. Entwicklung von Qualitätskriterien für die berufliche Beratung Älterer

Aufgrund der Tatsache, dass bislang kaum Forschungsergebnisse zu dem Themenfeld der beruflichen Beratung im Dritten Alter vorliegen, erschien eine theoriegeleitete empirische Untersuchung möglicher Qualitätsmerkmale für die Beratungspraxis sinnvoll. Gemäß des nachfrageorientierten Beratungsansatzes entschied sich die Arbeitsgruppe, die Merkmale und den Bedarf der Zielgruppe anhand von drei Instrumenten zu erheben. Im Folgenden werden ausgewählte Ergebnisse dargestellt und diskutiert.

Im Vordergrund steht die Frage, wie Personen des Dritten Alters ihr Berufsleben beurteilen, inwiefern sie sich Sorgen machen und welche Ursachen dafür eine Rolle spielen. Wie bereits ausgeführt, besteht bei den Zielpersonen eine hohe Lebenszufriedenheit. Dementsprechend müsste auch die Beurteilung des bisherigen Berufslebens positiv und ihre Sorgen eher gering ausfallen. Darüber hinaus erschien der konkrete Beratungsbedarf interessant. Ausgehend von der These, dass die Beratung holistischer Natur sein sollte, wurde bei der Bedarfsabfrage auf unterschiedliche Lebensbereiche, auf die sich die Beratung beziehen könnte, eingegangen.

Die Pilotierung des bei der Untersuchung verwendeten Fragebogens erfolgte 2013 anhand einer Stichprobe (n=241) an der Universität des Dritten Alters der Jan Długosz Universität, Czestochowa/Polen (vgl. Ertelt & Górna, 2013). In der Hauptuntersuchung in Deutschland und Polen wurde er mit dem Berufsinteressentest „MZZ" von Noworol und dem Testsystem zur Selbsteinschätzung der überfachlichen Kompetenzen „smk72" nach Frey und Balzer (2007) kombiniert. Beide Instrumente genügen den testtheoretischen Gütekriterien, wobei einschränkend gesagt werden muss, dass der Interessentest nur in polnischer Version vorlag und daher ins Deutsche übersetzt, aber nicht adaptiert wurde.

Ausgehend von der Definition des Dritten Alters sind die zu befragenden Personen in Einrichtungen wie beispielsweise Universitäten, Volkshochschulen, Bildungswerken oder Seniorentreffs zu erreichen. Insgesamt wurde Kontakt zu 38 Institutionen aufgenommen, wovon 14 an der Umfrage teilnahmen. Darunter befanden sich vier Universitäten, vier Bildungseinrichtungen sowie sechs Vereine und sonstige Einrichtungen. Die Stichproben ergaben sich bei den persönlich durchgeführten Befragungen durch eine Zufallsauswahl von Kursen/Veranstaltungen (dabei sind wir uns möglicher Fehler durch Gruppeneffekte durchaus bewusst).

Bei der postalischen Umfrage wurden an zufällig ausgewählte Seniorenstudierende Fragebögen versandt. Die Teilnahme erfolgte in allen Fällen auf freiwilliger Basis. Durch die Art des Zugangs zu den Befragten über die genannten Institutionen blieben Personen, die deren Angebote nicht wahrnahmen, unberücksichtigt. Aus unserer Sicht beeinträchtigt dies jedoch kaum die Aussagekraft der Umfrageergebnisse, da anzunehmen ist, dass vor allem Menschen, die aktiv sind, sich für berufliche Beratung interessieren.

2.1 Darstellung ausgewählter Untersuchungsergebnisse

Den hier dargestellten Ergebnissen liegen 123 Datensätze zugrunde. Die überwiegende Mehrheit der Befragten (81,3 %) blickt positiv auf ihr Berufsleben zurück, gut 12 % betrachten es als neutral, weitere 6,5 % schätzen es als negativ ein. Diese positive Sicht auf die eigene Berufsbiografie kann als eine Bestimmungsgröße der hohen Lebenszufriedenheit im Alter gesehen werden. Vielleicht ist auch gerade das Gefühl, etwas Positives im (Berufs-)Leben vollbracht zu haben, ein hoher Einflussfaktor auf das Wohlbefinden im Alter. Die hohe Lebenszufriedenheit wird ferner bei der Frage über die persönlichen Sorgen deutlich: Am wenigsten Sorgen machen sich Menschen des Dritten Alters über Langeweile,

Verlust von Status oder darüber, aus der Gesellschaft ausgeschlossen zu sein. Bei den eher gering ausfallenden Sorgen gibt es jedoch zwei Ausreißer, das Thema der Pflege und der finanzielle Bereich. Grundsätzlich gaben maximal 14 Prozent an, sich „häufig" über das jeweilige Thema Sorgen zu machen. Nicht so beim Thema Pflege, über das sich ein Drittel der Befragten Sorgen macht. Finanzielle Sorgen sind bei 22 Prozent „häufig" gegeben. Jedoch besteht hierbei die Frage, ob die Personen möglicherweise sozial erwünschte Antworten gegeben haben, denn Themen wie Status, Einsamkeit und Verlust von Kontakten sind durchaus als sensible Themen anzusehen. Vermutlich wollen die Befragten hier nicht zugeben, dass diese Bereiche sie beschäftigen. Themen wie Pflege und Altersarmut sind dagegen fester Bestandteil im öffentlichen Diskurs. Sie sind deshalb weniger als sensibel anzusehen, weshalb die Personen hier vielleicht ehrlicher geantwortet haben und höhere Werte dadurch entstanden sein könnten.

Auch bezüglich der beruflichen Interessen der Befragten, die von Thalhammer (2014) näher betrachtet werden, ergaben sich einige bemerkenswerten Ergebnisse: Der soziale Bereich dominiert hier, was womöglich das hohe Interesse an Ehrenämtern begründet. Ferner waren hohe Werte bei den unternehmerischen Interessen vorzufinden, was Thalhammer (2014) als Hinweis auf den Wunsch nach Einbringen von erlerntem Wissen und Erfahrung deutet. Auch im wissenschaftlichen Bereich gab es hohe Ausprägungen. Hierbei spielen Themen, wie die Bereitschaft Neues zu lernen, eine Rolle, was als Indiz für das hohe Interesse an Weiterbildung und Studium bei Älteren gesehen werden kann. Sowohl handwerkliche als auch künstlerische Tätigkeiten liegen bei ihrer Bewertung eher im Mittelfeld; Thalhammer (2014) schreibt dies der Spezifität der Bereiche zu.

Bemerkenswert ist ebenso die Betrachtung der Interessen in Abhängigkeit vom Alter: Bei den 55- bis 60-Jährigen fallen die Interessen auffällig niedrig aus. Bei fast allen Bereichen, außer der „Domain of Technology", hat diese Altersgruppe die niedrigsten Mittelwerte. Im Gegensatz dazu haben die Ältesten der Befragten, die über 75-Jährigen, beinahe in allen Interessensbereichen die höchsten Werte. Besonders hoch fallen hier auch die künstlerischen Interessen aus, die nach den sozialen Interessen den zweithöchsten Wert in dieser Altersgruppe erreichen. Dagegen haben bei den 66- bis 70-Jährigen noch die unternehmerischen Interessen den höchsten Wert. Dies könnte die Annahme bestätigen, dass sich die Interessen mit zunehmendem Alter vom früher ausgeübten Beruf entfernen und völlig neue Bereiche, wie Kreativität und soziales Engagement, an Bedeutung gewinnen. Trotzdem zeigte sich ebenfalls, dass die beruflichen Interessen im Alter durchaus noch Bezug zum früher ausgeübten Beruf haben. Denn betrachtet man die Interessen in Abhängigkeit vom Bildungsstand, ist festzustellen, dass Ältere mit Haupt- oder Volksschulabschluss weitaus stärker ausgeprägte Interessen im handwerklichen Bereich haben. Ältere mit Abitur zeigen dagegen höhere Ausprägungen in den Bereichen Wissenschaft, Unternehmertum und Soziales.

Die Verteilung des Beratungsbedarfs insgesamt ist relativ gleich. So liegt bei rund einem Drittel (34 Prozent) „wenig", bei einem weiteren Drittel (35 Prozent) „bei Gelegenheit" und bei weiteren 25 Prozent „sehr starker" Bedarf vor. Betrachtet man die einzelnen Bereiche getrennt, fallen jedoch starke Unterschiede auf (siehe Abbildung 1).

Abb. 1: Meinung der Befragten zu den Themenbereichen der beruflichen Beratung

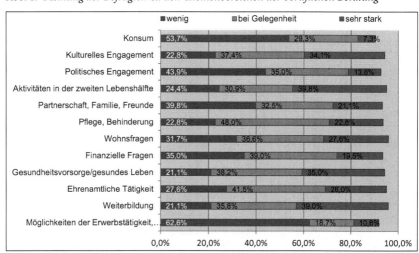

Besonders hohes Interesse besteht bei den Themen „kulturelles Engagement", „Aktivitäten in der zweiten Lebenshälfte", „Gesundheit" und „Weiterbildung". Die geringer ausfallende Prozentzahl bei „Möglichkeiten der Erwerbstätigkeit und Selbstständigkeit" bestätigt, dass im Dritten Alter vergleichsweise wenige Menschen einer Erwerbstätigkeit nachgehen bzw. nachgehen wollen. Nur sechs Prozent der 65- bis 74-Jährigen sind in Deutschland noch erwerbstätig (vgl. Haustein & Mischke, 2011, S. 47). Im Unterschied dazu gaben bei unserer Erhebung ganze 10,6 Prozent der Befragten an, erwerbstätig zu sein. Es erscheint, dass sich weit mehr Personen vorstellen können, im Ruhestand weiterhin erwerbstätig zu sein, als es bislang der Fall ist. Trotzdem ist der Beratungsbedarf für dieses Themengebiet nicht so hoch wie bei anderen Aktivitäten im Ruhestand. Dass insgesamt ein recht hoher und breit gefächerter Beratungsbedarf besteht, bestätigt die These, dass eine holistische Beratung, die mehrere Themengebiete abdeckt, von Nöten ist.

Bei der Frage, ob die Beratung eher spezialisiert oder kombiniert sein soll, stellte sich eine fast gleichgewichtige Verteilung dar: 52 Prozent bevorzugten erstere, 45,5 Prozent dagegen die zweite Beratungsform. Gründe hierfür könnten sein, dass Personen, die bei der Frage zu den Beratungsbedarfen „eher weniger" angekreuzt haben, eine eher spezialisierte Beratung wünschen. Personen mit einem höheren Beratungsbedarf tendieren zu einer kombinierten Beratung. 84,6 Prozent der Befragten ziehen eine breitgefächerte Qualifikation des Beraters einer spezialisierten vor. Auch diese Ergebnisse sprechen für eine holistisch angelegte Beratung.

2.2 Qualitätsmerkmale für eine berufliche Beratung im Dritten Alter

Als Basis zur Entwicklung von Qualitätsmerkmalen dient das Verbundprojekt „Koordinierungsprozess Qualitätsentwicklung in der Beratung für Bildung, Beruf und Beschäftigung", für das die Universität Heidelberg, das Nationale Forum in Beratung, Bildung und Beschäftigung und das Bundesministerium für Bildung und Forschung verantwortlich waren. Dabei wurden 19 Qualitätsmerkmale definiert und folgenden Ebenen zugeordnet (vgl. Paulsen & Schiersmann, 2011, S. 5 ff.):

• Übergreifende Merkmale
• Beratungsprozess
• Beratende
• Organisation
• Gesellschaft

Auf dieser Grundlage wurden in unserer Studie Qualitätsmerkmale, die speziell für die Zielgruppe des Dritten Alters zugeschnitten sind, entwickelt. Die wichtigsten werden im Folgenden erläutert.

Bei den *übergreifenden Merkmalen* ist die Orientierung am Ratsuchenden zu betonen. Für die Zielgruppe des Dritten Alters bedeutet dies, den Klienten ganzheitlich zu betrachten und seine Ressourcen stets in den Fokus zu setzen. Seine individuellen Voraussetzungen, wie beispielsweise seine persönlichen Vorstellungen über das eigene „aktive Altern", gesundheitliche Einschränkungen oder die Pflege von Angehörigen, müssen dazu stets beachtet werden. Auch ethische Aspekte sind hier von Bedeutung. So gilt es, Ältere aufgrund ihrer Prägung oder möglichen gesundheitlichen Einschränkungen nicht zu diskriminieren, indem man sich bei der Beratung von bestimmten Altersbildern, Pauschalisierungen und Klischees, die möglicherweise in der Gesellschaft bestehen, leiten lässt.

Der *Beratungsprozess* definiert sich zum einen über die Beziehungsgestaltung zwischen Berater und Ratsuchenden. Personen des Dritten Alters kommen mit einem großen Erfahrungsschatz, sowohl in beruflicher als auch persönlicher Hinsicht, zur Beratung, weshalb es von großer Wichtigkeit ist, ihnen und ihrer Lebenserfahrung mit Wertschätzung und Respekt zu begegnen. Es könnte die Gefahr bestehen, dass ansonsten der Klient den in der Regel jüngeren Berater in seiner Professionalität nicht mehr akzeptiert. Wächst jedoch eine gute Beziehung zwischen Klient und Berater, kann aus der Kompetenz des Beraters und der Erfahrung des Ratsuchenden eine Kooperation resultieren, die sehr gute Ergebnisse hervorbringt. Ein wesentlicher Bestandteil des Beratungsprozesses ist die Klärung des Anliegens. In der beruflichen Beratung im Dritten Alter muss diese von Anfang an holistisch ausgelegt sein. Diese Forderung wird – wie oben dargelegt – durch den breiten Beratungsbedarf und die unterschiedlichen Beweggründe für die Inanspruchnahme von Beratung, die sich in der Befragung zeigten, begründet. Die Klärung des Anliegens ist entscheidend für die Beratungsrichtung und stellt neben der Beziehungsgestaltung die Basis des Beratungsprozesses dar. Im Anschluss daran folgt die Situationsanalyse. Bezogen auf das Dritte Alter ist diese Phase der Beratung eine der umfassendsten Teile, weil sie biografisch orientiert ist. Deshalb ist es von Bedeutung, sie in offener Form zu gestalten, damit der Klient erweiterte Möglichkeiten erhält, seine Stärken und Probleme aufzuzeigen und sie in den Kontext seiner Lebensgeschichte zu stellen. Die Situationsanalyse der Beratung soll keinesfalls rein defizit- oder problemorientiert sein. Etwaige Hemmungen sind dadurch zu vermindern, dass die Kompetenzen und Fähigkeiten des Klienten herausgestellt werden.

Schließlich folgt die Entwicklung von Lösungen, deren Basis die Ressourcen des Klienten bilden. Ferner vermittelt der Berater dem Klienten bedarfs-, personen- und zielgruppenorientiert Informationen und Informationsquellen, die der Klient selbst nutzen kann. Er soll dazu motiviert werden, sich aktiv an der Lösung zu beteiligen. Eventuell erkennt der Berater weiteren Beratungsbedarf und bietet Folgeberatungen an. Abschließend ziehen Klient und Berater ein Resümee und besprechen die erarbeiteten, zu realisierenden Aktivitäten.

Neben den übergreifenden Merkmalen und dem Beratungsprozess ist schließlich der Berater in seiner Rolle selbst zu betrachten. Die berufliche Beratung im Dritten Alter verlangt von den Beratungsfachkräften neben einer umfassenden professionellen Qualifikation, vor allem spezifisches Wissen über die Zielgruppe. Dies entspricht auch den Erwartungen unserer Befragten, von denen 84,6 Prozent breit angelegtes Wissen verlangen. Holistisch meint hierbei, dass die betroffen

Lebensbereiche in ihren begrenzenden und fördernden Einflüssen herausgearbeitet und harmonisiert werden. Systematische beraterische Netzwerkarbeit ist ein weiteres Petitum, das hier von Bedeutung ist.

Um die angesprochenen Kompetenzen der Beratenden zu erhalten, müssen die entsprechenden organisatorisch-institutionellen Rahmenbedingungen geschaffen werden. Bislang stehen etwa nur sehr begrenzt Möglichkeiten zur Verfügung, sich auf diesem Gebiet fortzubilden.

2.3 Handlungsbedarfe für Politik, Unternehmen und Forschung

Im Rahmen des Forschungsprojekts war es möglich, einen ersten Schritt in Richtung einer qualifizierten beruflichen Beratung im Dritten Alter zu machen. Dabei konnte eine Reihe von Anforderungen herausgearbeitet werden, zu deren Umsetzung zahlreiche weitere Aktivitäten notwendig sind.

Folgende Forderungen werden an die **politischen Akteure** gestellt:

- Die Betonung des Bedarfs an lebensbegleitender Beratung sollte stärker von der europäischen auf die nationale bzw. regionale Ebene übertragen werden. Die politisch Verantwortlichen können so ihr Bewusstsein für die Notwendigkeit der lebensbegleitenden Beratung, speziell in Bezug auf das Dritte Alter, schärfen.
- Die Verstärkung einer solchen Dienstleistung erscheint so auch deutlicher im Zusammenhang übergeordneter Ziele, wie die der Strategie „Europa 2020" oder der Minderung der Folgen des demografischen Wandels.
- Unter den zu gestaltenden Rahmenbedingungen spielt die finanzielle Absicherung sicherlich eine Schlüsselrolle. Doch dies muss in engem Zusammenhang mit dem folgenden Aspekt gesehen werden, nämlich
- der Evidenz-basierten Weiterentwicklung der Qualitätsstandards der Beratungsdienstleistungen für die Zielgruppen des Dritten Alters.
- Alle Älteren, unabhängig von Geschlecht, Bildungsstand oder materieller Situation, müssen die gleichen Zugangschancen zu Maßnahmen des „aktiven Alterns" haben. Des Weiteren sind negative Altersbilder zu erkennen und zu bekämpfen.
- Um dem heuristischen, individuellen Entscheidungsverhalten besser als bisher gerecht zu werden, sind verstärkt nachfrageorientierte Berufsinformationssysteme zu schaffen. Diese Forderung genießt gerade in Anbetracht der zunehmenden Digitalisierung in diesem Bereich hohe Priorität.

Den **Unternehmen** ist zu empfehlen,

- in ihrem Personal-Management die Belange der älteren Arbeitnehmer zu berücksichtigen und stärker dazu bereit sein, hierbei die Beratungsdienste der Bundesagentur für Arbeit und anderer qualifizierter Netzwerkpartner in Anspruch zu nehmen.

Reflexionen über die berufliche **Beratung und Vermittlungsberatung** beziehen sich auf

- die Vermeidung reiner Beschäftigungsberatung zu Gunsten einer Beratung zur Lebensgestaltung: Hauptziel der Beratung wäre dann nicht nur die Aufnahme von typischer Beschäftigung, sondern darüber hinaus die Orientierung an möglichen Aktivitäten beim „aktiven Altern": Ehrenamt, Weiterbildung, Studium, Sport oder kulturelle Aktivitäten.
- ihre holistische Orientierung: angrenzende Lebensbereiche wie Pflege, Gesundheit und finanzielle Fragen finden ebenfalls Beachtung in der Beratung.
- ihre zielgruppenspezifische Betrachtung: der Berater kennt die unterschiedlichen Typen und Lebensstile im Dritten Alter und ist sich der Heterogenität der Personengruppe bewusst; zudem berücksichtigt er die individuellen Anliegen und Problematiken der Ratsuchenden und handelt dementsprechend.
- ihre non-direktive Ausrichtung: das selbstverantwortliche Handeln und die Anpassungsfähigkeit (Adaptability) der Ratsuchenden wird gefördert und ihre Entscheidungsfähigkeit unterstützt; sie werden zu einer heuristischen Entscheidung befähigt.
- die Steigerung der Lebensqualität: die Zielsetzung der Beratung beruht nicht auf instrumentellen oder sozial erwünschten Ansichten, sondern auf den individuellen Wünschen, Interessen und Kompetenzen des Ratsuchenden; die Beratung soll das Selbstwertgefühl stärken.
- ausgeprägte Netzwerkarbeit: um bei Bedarf ohne Schwierigkeiten Dritte einschalten zu können und um die Angebote zur individuellen Lebensgestaltung einzubeziehen, organisieren die Beratenden intensive Netzwerkarbeit.

Ferner sind folgende weiterführende **Forschungsarbeiten** anzuregen:

- Der individuelle Beratungsbedarf der Zielgruppe muss noch detaillierter analysiert werden, wobei unterschiedliche Determinanten Berücksichtigung finden müssen. Dabei richten sich die Forschungsfragen auf den Zusammenhang des Beratungsbedarfs mit unterschiedlichen sozioökonomischen Faktoren wie Geschlecht, Alter, Bildungsstand und (subjektiv empfundenem) Gesundheitszustand.

• Dringend geboten erscheint die wissenschaftsbasierte Entwicklung eines Beratungskonzepts, das den speziellen Anforderungen der Zielgruppen gerecht wird.

In unserem Beitrag wollten wir den aus unserer Sicht immensen Handlungsbedarf im Bereich der beruflichen Beratung Älterer verdeutlichen und Aufgabenstellungen für Wissenschaft und Forschung, Politik, Fachinstitutionen und Unternehmen skizzieren.

Literatur

Backes, G. M. / Clemens, W. (2003): *Lebensphase Alter. Einführung in die sozialwissenschaftliche Alternsforschung*. 2. erw. Auflage, Juventa Verlag: Weinheim/ München (Reihe: Grundlagentexte Soziologie).

Bäcker, G. / Kistler, E. (2012): *Empirische Befunde: Erwerbstätigkeit, versicherungspflichtige Beschäftigung und geringfügige Beschäftigung*, retrieved 10.04.14, from http://www.bpb.de/politik/innenpolitik/rentenpolitik/148269/empirischebefunde.

BMAS (2007): *Aktives Altern. Bericht der Arbeitsgruppe des Beschäftigungsausschusses über aktives Altern*. BMAS: Bonn.

BMFSFJ (2012): *Altern im Wandel. Zentrale Ergebnisse des Deutschen Alterssurveys (DEAS)*. Publikationsversand der Bundesregierung: Meckenheim. Ertelt, B. J. / Górna, J. (2013): Doradztwo zwaodowe dla „Trzeciego Wieku" – Nowe propozycje aktywnego starziena. AJD Częstochowa, 28.09.2013.

Europarat (Fassung 1996): *Europäische Sozialcharta*. Straßburg.

Europäische Kommission (o. J.): *Aktives Altern*, retrieved 29.01.14, from http:// ec.europa.eu/social/main.jsp?catId=1062&kangId=de.

Europäische Kommission, der Ausschuss der Regionen, AGE Platform Europe (2011): *Maßnahmen zur Förderung des aktiven Alterns in Europa*. Amt für Veröffentlichungen der EU: Brüssel.

Filipp, S. / Mayer, A. (2005): Zur Bedeutung von Altersstereotypen. In: *APuZ* 49–50, S. 25–30.

Frey, A. / Balzer, L. (2007): Beurteilungsbogen zu sozialen und methodischen Kompetenzen – smk72. In Erpenbeck, J. / v. Rosenstiel, L. (Hrsg.): *Handbuch Kompetenzmessung. Erkennen, verstehen und bewerten von Kompetenzen in der betrieblichen, pädagogischen und psychologischen Praxis*. Schäffer Poeschel: Stuttgart, S. 348–359.

Grabka, M. (2013): Aktives Altern – Erwerbstätigkeit und bürgerschaftliches Engagement im Rentenalter. In: *WSI-Mitteilungen 05/2013: Altern in der Arbeitsgesellschaft*, S. 329–337.

Haustein, T. / Mischke, J. (2011): Im Blickpunkt: *Ältere Menschen in Deutschland und der EU.* Statistisches Bundesamt: Wiesbaden.

Höpflinger, F. (2012): Aktives Altern – neue Leitbilder für neue Generationen älterer Menschen. In: *Newsletter Demos*, (1): 2–4, Zürich.

Kade, S. (2007): *Altern und Bildung. Eine Einführung.* W. Bertelsmann Verlag: Bielefeld.

Köcher, R. / Bruttel, O. (2012): *Generali Altersstudie 2012. Wie ältere Menschen leben, denken und sich engagieren.* Fischer Taschenbuch Verlag: Bonn.

Krisam, I. (2002): *Zum Studieren ist es nie zu spät. Statistische Daten, Soziokulturelle Basis, Motivationen, Inhalte und Gestaltung eines ordentlichen Studiums im dritten Lebensabschnitt.* Waxmann: Münster, New York.

Lehr, U. (2007): Psychologie des Alterns. Quelle & Meyer Verlag: Wiebelsheim.

Lottmann, R. (2013): *Bildung im Alter – Für Alle? Altersbilder, Ziele und Strukturen in der nachberuflichen Bildung in Deutschland und den USA.* W. Bertelsmann Verlag: Bielefeld.

OECD (2005): Arbeitsdokument der Kommissionsdienststellen. *Berufsberatung: Ein Handbuch für POLITISCH VERANTWORTLICHE.* Brüssel.

Opitz, H. (1998): *Biographie-Arbeit im Alter.* Ergon-Verlag: Würzburg.

Paulsen, B. / Schiersmann, C. (2011): Der Offene Koordinierungsprozess Beratungsqualität in Bildung, Beruf und Beschäftigung: Methode, Zielsetzungen und erste Erfahrungen. In: nfb (Hrg.) (2011): *Qualitätsmerkmale guter Beratung. Erste Ergebnisse aus dem Verbundprojekt: Koordinierungsprozess Qualitätsentwicklung in der Beratung für Bildung, Beruf und Beschäftigung.* W. Bertelsmann Verlag: Berlin/Heidelberg, S. 5–7.

Pohlmann, S. (2013): *Gut beraten.* Springer VS: Wiesbaden.

Rat der Europäischen Union (2004): Entwurf einer Entschließung des Rates und der im Rat vereinigten Vertreter der Regierungen der Mitgliedstaaten über den Ausbau der Politiken, Systeme und Praktiken auf dem Gebiet der lebensbegleitenden Beratung in Europa. Brüssel.

Rat der Europäischen Union (2008): Entwurf einer Entschließung des Rates und der im Rat vereinigten Vertreter der Regierungen der Mitgliedstaaten zu einer besseren Integration lebensumspannender Beratung in die Strategien für lebenslanges Lernen. Brüssel.

Schober, K. (2012): *CEDEFOP Workshop: Rolle lebensbegleitender Beratung in Unternehmensstrategien für aktives Altern*, retrieved 19.04.2014, from: http://www.forum-beratung.de/veroeffentlichungen/dokumentationen/2012/2012-12-10-cedefop-workshop-beratung-aktives-altern.html.

Das Dritte Buch Sozialgesetzbuch – Arbeitsförderung – (Artikel 1 des Gesetzes vom 24. März 1997, BGBl. I S. 594, 595), das zuletzt durch Artikel 3 des Gesetzes vom 3. März 2016 (BGBl. I S. 369) geändert worden ist.

Statistisches Bundesamt (2011): GENESIS-Online-Datenbank: *Bevölkerung (Zensus): Deutschland, Stichtag, Geschlecht, Altersgruppen.* Wiesbaden, Stand: 17.04.2014.

Statistisches Bundesamt (2015): *Bevölkerung Deutschlands bis 2060. 13. koordinierte Bevölkerungsvorausberechnung.* Wiesbaden.

Sultana, R. G. (2004): *Strategien zur Bildungs- und Berufsberatung. Trends, Herausforderungen und Herangehensweisen in Europa. Ein Synthesebericht des Cedefop.* Amt für amtliche Veröffentlichungen der Europäischen Gemeinschaften: Luxemburg.

Tartler, R. (1961): Das Alter in der modernen Gesellschaft. Stuttgart: Ferdinand Enke Verlag. Z. n.: Lottmann, R. (2013): *Bildung im Alter – Für Alle? Altersbilder, Ziele und Strukturen in der nachberuflichen Bildung in Deutschland und den USA.* W. Bertelsmann Verlag: Bielefeld.

Thalhammer, S. (2014): *Berufliche Beratung im Dritten Alter. Eine empirische Untersuchung beruflicher Interessen.* (Bachelor-Thesis) Hochschule der Bundesagentur für Arbeit, Mannheim.

Thiel, R. (2004): Berufs- und Karriereberatung in Deutschland. In: Nestmann, F. / Engel, F. / Sickendiek, U. (2007): *Das Handbuch der Beratung.* Band 2. Ansätze, Methoden und Felder. 2. Auflage. Dgvt: Tübingen, S. 907–918.

Tittel, C. (2014): *Berufliche Beratung im Dritten Alter – Eine Betrachtung der Zielgruppe, des aktuellen Forschungsstands und Entwicklung von Qualitätsmerkmalen.* (Bachelor-Thesis) Hochschule der Bundesagentur für Arbeit, Mannheim.

Weber, D. (2012): *Beruflichkeit im sogenannten „Dritten Alter". Eine empirische Untersuchung am Beispiel von Seniorenstudierenden.* (Bachelor-Thesis) Hochschule der Bundesagentur für Arbeit, Mannheim.

Wunderlich, A. (2014): *Berufliche Beratung im Dritten Alter – Eine empirische Studie des Beratungsbedarfs.* (Bachelor-Thesis) Hochschule der Bundesagentur für Arbeit, Mannheim.

Stephanie Thalhammer

Berufliche Beratung im Dritten Alter – eine empirische Untersuchung beruflicher Interessen

Abstract: *The chapter's main objective is to examine the vocational interests of the elderly generation. Therefore the scientific background is presented focusing on the theories of Holland and Super. The empirical analysis shows this generation's typical interests and reveals differences between social groups and the trends over time.*

1. Einführung

Berufliche Beratung verfolgt im Allgemeinen das Ziel, berufliche Orientierung zu fördern, zu unterstützen und zu ermöglichen. Eine entscheidende Rolle im Orientierungsprozess spielen die beruflichen Interessen. Sie gehören nach Todt et al. (1994, S. 93 f.) zu den allgemeinen Interessen. Ihnen wird ein relativ zeitstabiler Charakter zugeschrieben, da sie nicht an bestimmte Erfahrungen gekoppelt, sondern Teil der persönlichen Entwicklung sind. Den beruflichen Interessen wird in der beruflichen Beratung unter anderem deshalb ein so hoher Stellenwert zugesprochen, weil sie das Arbeitsverhalten des Menschen wesentlich beeinflussen (vgl. Ertelt & Frey, 2013 S. 281). Die Übereinstimmung der ausgeführten Tätigkeit mit den beruflichen Interessen einer Person führt zur Steigerung der Motivation und auch zur positiven Entwicklung der Kompetenzen. Super und Bohn (1970, S. 25 ff.) betonten bereits früher den engen Zusammenhang zwischen Interessen und Werten eines Individuums, wobei die Interessen von den Werten geleitet werden. Im beruflichen Kontext stehen insbesondere Werte, wie Berufsprestige und Status, im Vordergrund. Zahlreiche Studien sind zu dem Ergebnis gekommen, dass besonders bei männlichen Befragten eine signifikante Beziehung zwischen Berufsinteressen und Berufsprestige besteht, während bei weiblichen dieser Zusammenhang nicht bestätigt werden konnte (vgl. Todt, 1978, S. 133 ff.).

Berufliche Interessen können also nicht als isolierte Faktoren in der beruflichen Beratung betrachtet werden, sondern sind Teil einer komplexen Verflechtung verschiedener Größen, die sich in einer Person vereinen und die berufliche Entwicklung einer Person maßgeblich bestimmen.

Für die Konzipierung einer beruflichen Beratung für das Dritte Alter ist es unabdingbar, die beruflichen Interessen dieser Personengruppe zu untersuchen, um Einblicke in ihre Beschaffenheit und Entwicklung im Alter zu erhalten.

In dem vorliegenden Beitrag werden zunächst bisherige Erkenntnisse aus der Literatur zur Beschaffenheit der beruflichen Interessen zusammengefasst. Dazu werden insbesondere die beruflichen Interessen in der dritten Lebensphase im Kontext der Ansätze von Holland und Super betrachtet. Danach wird die eigene empirische Erhebung zu den Fragen, wie sich die Interessen im Dritten Alter gestalten, welche Tendenzen sich abzeichnen und wie sich die Interessen einzelner Personengruppen unterscheiden, dargestellt. Aus den Ergebnissen lassen sich mögliche Beratungsinhalte und Forderungen für weitere Forschungsarbeiten ableiten.

2. Berufliche Interessen im Dritten Alter aus Sicht der Berufswahl- und Berufsentwicklungstheorien nach Holland und Super

Nach Ansicht von Holland (1966, S. 4) ist die Wahl eines Berufes ein Akt, der die Motivation, das Wissen, die Persönlichkeit und die Fähigkeiten einer Person widerspiegelt. „Occupations represent a way of life, an environment rather than a set of isolated work functions or skills"(ebd. S. 4). Demnach dürfen berufliche Interessen nicht als isolierte Merkmale angesehen werden, die lediglich einen Bezug zur Arbeit aufweisen, sondern sie repräsentieren eine Lebensform und reflektieren die Persönlichkeit eines Menschen. Die Annahme liegt nahe, dass berufliche Interessen auch nach der Beendigung der Berufstätigkeit weiter bestehen, da sich hinter ihnen mehr verbirgt als die bloße Ausübung einer Tätigkeit. Dennoch ist nicht auszuschließen, dass Interessen, die im Kontext der Erwerbsarbeit angesiedelt sind, im Rentenalter nicht mehr bewusst als solche wahrgenommen werden.

Dies scheint ein Grund dafür zu sein, dass die beruflichen Interessen in der dritten Lebensphase bisher kaum ermittelt wurden. Vielmehr beschränken sich die Untersuchungen hauptsächlich auf jugendliche Probanden, da bei ihnen Berufsorientierung und Berufswahl eine zentrale Rolle spielen. In Anbetracht der demographischen Entwicklung rückt die Betrachtung der Personen des Dritten Alters zunehmend in den Mittelpunkt, wobei sich Erhebungen und Studien bisher überwiegend auf die Interessen im Freizeitbereich beschränken. Aufgrund fehlender konkreter wissenschaftlicher Aussagen über berufliche Interessen im Dritten Alter werden nachfolgend die Ansätze von Super, Holland und Savickas herangezogen, um Anhaltspunkte dafür zu erhalten.

Die beruflichen Interessen spielen in der Theorie von Super als Teil des Selbstkonzeptes und in der Theorie von Holland als Charakterisierung des eigenen Persönlichkeitstyps eine entscheidende Rolle.

In der Theorie von Super und Bohn (1970, S. 106 ff.) ist das Selbstkonzept ein zentraler Begriff. Im Selbstkonzept vereinigen sich Persönlichkeitsmerkmale, Fähigkeiten, Werte und Interessen des Individuums. Aufgrund der verschiedenen Rollen in den unterschiedlichen Lebensphasen hat eine Person mehrere Selbstkonzepte. Dies bedeutet, dass sich auch die Interessen mit den verschiedenen Rollen und der subjektiven Selbstbetrachtung verändern. Super und Bohn lassen dabei offen, ob sich durch die Wahrnehmung neuer Rollen, neue Interessen bilden, oder ob neue Interessen zur Übernahme neuer Rollen führen.

Im Durchlaufen verschiedener Lebensphasen gewinnt das Individuum Erfahrungen, welche sich ebenso auf die Veränderungen von Interessen, Präferenzen und Fähigkeiten auswirken. Auch mit dem Übergang in den Ruhestand werden bestimmte Rollen abgelegt und neue wahrgenommen (vgl. Super, 1994, S. 232). Die Folge könnte sein, dass sich an dieser Stelle neue Selbstkonzepte und Interessen herausbilden, die den neuen Rollen entsprechen. Unter dieser Annahme wäre es vorstellbar, dass ein ehemaliger Unternehmer im Ruhestand seinen betriebsbezogenen Aufgabenbereich ablegt und nun verstärkt seine Rolle als Großvater lebt. Dies könnte sich in den beruflichen Interessen als ein verstärktes Interesse an sozialen Bereichen zeigen.

Die verschiedenen Rollen verlaufen teilweise parallel und sowohl der Beginn als auch das Ende einer Rolle sind nicht genau bestimmbar. Es liegt die Vermutung nahe, dass sich die beruflichen Interessen mit zunehmender Ruhestandszeit immer mehr von den Interessen des vorherigen Berufes, der vorherigen Rolle, distanzieren könnten.

Wie sich berufliche Interessen entwickeln, legt Super (1949, S. 406) nicht genau dar. Seiner Ansicht nach werden Interessen verfolgt, wenn dies zu persönlicher Zufriedenheit führt oder Tätigkeiten, die aufgrund gewisser Interessen ausgeübt wurden, die Anerkennung und Wertschätzung nahestehender Personen hervorrufen. Berufliche Interessen werden aber auch durch Empfehlungen oder Interessen von Freunden oder Familie geformt.

In der Theorie von Holland (1997, S. 1 ff.) geht es insbesondere um die sechs Persönlichkeitstypen „realistic", „investigative", „artistic", „social", „enterprising", „conventional" und deren Zuordnung zu den entsprechenden Umwelttypen. Der Persönlichkeitstyp ergibt sich aus Selbstkonzepten, Werten, Betrachtungsweisen der Umwelt und Handlungsweisen, welche wiederum das Ergebnis eines Entwicklungsprozesses sind. Teil dieses Entwicklungsprozesses sind die Interessen, doch

verläuft dieser nicht linear und wird von Umweltfaktoren entscheidend beein-
flusst. Eine Rolle spielen hierbei die Familie, Freunde und die alltägliche Umgebung, aber auch kulturelle und gesellschaftliche Werte (vgl. Holland, 1997, S. 19).
Übereinstimmung besteht zwischen Super (1994, S. 239 f.) und Holland (1997,
S. 11) hinsichtlich des Kongruenzgedankens. Beide sind der Ansicht, dass die
Übereinstimmungen der eigenen Persönlichkeit oder auch des Selbstkonzeptes
mit der beruflichen Rolle und der Umgebung zu Zufriedenheit und Erfolg führen.
Divergenzen bestehen dagegen in Bezug auf die Entwicklung von Interessen. Super und Bohn (1970, S. 106 ff.) vertreten die Ansicht, dass sich eine Person durch
die Wahrnehmung verschiedener Rollen ein ganzes Leben lang entwickelt und
in ihren Interessen verändert. Holland (1997, S. 12 f.) hingegen postuliert, dass
die Entwicklung des Persönlichkeitstypus und somit auch der Interessen ein ein-
maliger Vorgang ist und letztere später in der Regel relativ konstant bleiben. Seiner
Ansicht nach ist die Auswahl kongruenter Berufe für eine Person sehr gering und
auch das Einstellungsverhalten von Arbeitgebern begünstigt einen Berufswechsel
kaum. Ebenso drängen Familie, Freunde und Kollegen zur Stabilität im Beruf,
was in Zusammenhang mit einem gesicherten Einkommen oder auch sozialen
Beziehungen am Arbeitsplatz steht. Aus diesen Gründen hält er Entwicklungen
und Veränderungen im Lebenslauf für unwahrscheinlich.

Die Career-Constuction-Theory von Savickas (vgl. 2005, S. 42 ff.) führt den
Grundgedanken von Super und Bohn (1970, S. 106 ff.) weiter und bezieht auch
theoretische Ansätze von Holland mit ein. Zentrale Aspekte sind "Vocational
Personality", "Career Adaptability" und "Life Themes".

„Vocational Personality" orientiert sich an dem Matching-Gedanken von Holland, nämlich dass die Übereinstimmungen von Person und beruflichem Umfeld zu Zufriedenheit und Erfolg führen (ebd. S. 43 f.). Die Theorie von Super
bezieht Savickas durch die Komponente der „Life Themes" ein und postuliert,
dass sich die beruflichen Interessen und Präferenzen im Leben verändern und ein
steter Entwicklungsprozess stattfindet. Somit ist die „Vocational Personality" kein
starres Gebilde, sondern eine flexible Kombination verschiedener Komponenten
(ebd. S. 44). Der dritte zentrale Faktor in Savickas Career Construction Theory
ist die „Career Adaptability". Diese Komponente beschreibt die Einstellungen,
Kompetenzen und Verhaltensweisen, die Individuen nutzen, um sich ihrer Umwelt anzupassen.

Die „Career Construction Theory" stellt im Matching-Prozess weder die Person, noch die Umwelt in den Mittelpunkt. Vielmehr geht es um die verschiedenen
Entscheidungen, die beim Matching getroffen werden. Im Fokus steht die Tatsache, dass der Aufbau einer beruflichen Laufbahn ein psychosozialer Vorgang ist,

der durch eine Synthese des Selbst und der Gesellschaft entsteht. Die eigene Persönlichkeit sowie die Lebenssituationen und beruflichen Umwelten unterliegen ständigen Veränderungen, daher ist der Synthese-Prozess nie abgeschlossen und soll dazu führen, dass die berufliche Rolle mit dem Selbstkonzept übereinstimmt und somit dessen Platz einnehmen kann (vgl. ebd. S. 45).

Um diesen Prozess zu fördern, den persönlichen Sinn im eigenen Schaffen und der täglichen Arbeit zu entdecken sowie Selbstkonzepte neu zu formen, setzt Savickas auf die Methode „Life Designing". In vier verschiedenen Phasen, bei denen das „Story-Telling" im Fokus steht, werden neue Sichtweisen auf den eigenen Werdegang, die eigenen Kompetenzen und Möglichkeiten eröffnet. Dies soll den Blick dafür schärfen, dass Lebensziele und -pläne trotz verschiedener Hindernisse erreicht werden können (vgl. Sharf, 2013, S. 15 f.).

In seiner „Career Construction Theory" hat sich Savickas (1999, S. 52) auch mit den beruflichen Interessen genauer auseinandergesetzt und zieht folgenden Schluss:

> *„In sum, interests expedite person-environment interactions by uniting subject, object, and behavior into a vital relationship. This relation between person and environment is manifested in actions that satisfy needs, fulfill values, fost self-development, enhance contextual adaption, and substantiate identity. Given all that they are and do, interests seem quite interesting."*

3. Ergebnisse der empirischen Erhebung

Der zur Erhebung verwendete Interessenstest (MZZ) wurde von Noworol (2013) konzipiert. Wie eine Reihe von Tests, die berufliche Interessen erfassen, basiert er auf der Theorie von Holland. Die sechs RIASEC-Dimensionen von Holland werden jedoch hier in weiter gefasste „areas" transformiert. Die Holland Dimension „realistic" wird mit der „Domain of Technology" erfasst, die „investigative" wird zur „Domain of Science", „artistic" entspricht der „Domain of Art", „social" wird zur „Domain of Culture", „enterprising" zur „Domain of Entrepreneurship" und „investigative" zur „Domain of Institution".

Mit dieser Einteilung in sechs Arbeitsbereiche erfolgt eine gewisse Distanz von Hollands klarer Zuordnung zu verschiedenen Interessensdimensionen; vielmehr werden die Personen hier nach ihren „type of minds" unterschieden. Die Zuordnung zu konkreten Berufen wird zu Gunsten einer Annäherung an allgemeinere Arbeitsbereiche aufgegeben.

Der Interessenstest von Noworol (2013) besteht aus 36 Items (mit Selbsteinschätzung per Likert-Skalen), wobei je sechs Items einen Berufsbereich repräsentieren. Die Items zu je einer Dimension sind nicht nacheinander aufgelistet, sondern zufällig im Test angeordnet. Dadurch wird vermieden, dass der Proband in ein Antwortschema verfällt und die sechs verschiedenen Tätigkeitsbereiche auf den ersten Blick erkennt.

Der Interessenstest wurde zusammen mit zwei weiteren Erhebungsinstrumenten eingesetzt, einem Fragebogen zu biographischen Daten und Beratungsbedarf von Älteren sowie dem Test zur Selbsteinschätzung überfachlicher Kompetenzen „smk" nach Frey und Balzer (2011).

Die Zufallsstichprobe ergab sich durch eine willkürliche Auswahl von Kursen, Veranstaltungen und Vorlesungen für Personen des Dritten Alters in verschiedenen Institutionen. Unberücksichtigt blieben somit Personen, die Angebote dieser Institutionen nicht wahrnehmen. Es ist daher nicht auszuschließen, dass vor allem Menschen, die aktiv sind, sich auch für berufliche Beratung interessieren.

Gesamtverteilung über die sechs Interessensfelder

Die nachfolgende Abbildung zeigt die Mittelwerte für das Interesse an den einzelnen Tätigkeitsbereichen aus einer Stichprobe von 134 Befragten. Ferner werden die angegebenen Minimal- und die Maximalwerte für die einzelnen Felder angezeigt.

Abb. 1: Verteilung der Interessen

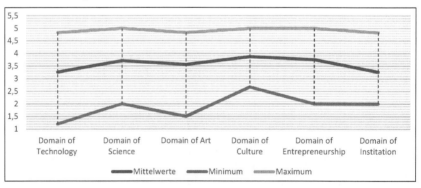

Betrachtet man die Mittelwerte, so lässt sich deutlich erkennen, dass die beruflichen Interessen über die sechs Bereiche insgesamt relativ gleich verteilt sind. Die ‚Spitze' bildet das Interesse an sozialen Tätigkeiten (Domain of Culture), gefolgt von führenden/unternehmerischen Tätigkeiten (Domain of Entrepreneurship) und vom forschenden/wissenschaftlichen Tätigkeitsbereich (Domain of Science). An vierter Stelle stehen berufliche Interessen für künstlerische/publizistische Tätigkeiten (Domain of Art), den Schluss bilden handwerklich-praktische Tätigkeiten (Domain of Technology) sowie verwaltende und Routine-Tätigkeiten (Domain of Institution).

Bei der Mittelwertverteilung ist zu beachten, dass der Abstand zwischen den Werten drei und vier aufgrund der Ordinalskala größer ist, als er im Diagramm dargestellt wird. Demnach werden auch die Abstände zwischen den Bewertungen einzelner Tätigkeitsbereiche größer.

Das hohe Interesse am sozialen Berufsbereich könnte teilweise auch auf die soziale Erwünschtheit einzelner Testitems zurückzuführen sein. Dennoch lässt sich aus unserer Sicht hier ein gesteigertes soziales Engagement und ein verstärktes Interesse an gemeinnützigen Tätigkeiten in der dritten Lebensphase konstatieren. Auswertungen des Fragebogens zu möglichen Beratungsinhalten von Wunderlich (2014) zeigen nämlich, dass das Interesse an ehrenamtlichen Tätigkeiten entscheidend höher ist, als das Interesse an einer regulären Erwerbstätigkeit oder Selbstständigkeit.

Die Items zu führenden und unternehmerischen Tätigkeiten wurden im Mittel eher mit „trifft oft zu" bewertet. Dieses berufliche Interesse könnte unter anderem auf die langjährige Berufs- und Lebenserfahrung zurückzuführen sein und könnte dafür sprechen, dass es sich auch jetzt noch auf Tätigkeiten richtet, die diesen Erfahrungs- und Wissensschatz ansprechen.

Auch die Items zu wissenschaftlichen und forschenden Tätigkeiten wurden im Schnitt ebenfalls eher mit „trifft oft zu" bewertet. Darin könnte sich auch das Interesse an Weiterbildungen ausdrücken, das sich aufgrund der Formulierung einzelner Items wohl allgemein auf Lernen und Fortbilden bezieht und nicht spezifisch auf forschende Tätigkeiten. Doch sprechen die Bewertungen insgesamt für ein relativ hohes Interesse an der „Domain of Science".

Der Mittelwert für künstlerische und publizistische Tätigkeiten macht deutlich, dass das Interesse in diesem Bereich vergleichsweise heterogen und nicht nur auf die oberen Ränge verteilt ist. Dies könnte dafür sprechen, dass künstlerische und kreative Tätigkeiten als sehr spezifisch gelten und sich daher nicht jeder mit diesem Bereich identifizieren kann.

Die Mittelwerte für handwerklich-praktische und für verwaltende Tätigkeiten liegen eher im Bereich „trifft manchmal zu". Hier sehen die Befragten für eine Beschäftigung im Dritten Alter nicht unbedingt den Schwerpunkt.

Differenzierung nach Alter

Die Differenzierung der Stichprobe (n= 122) nach fünf Altersgruppen zeigt, dass die Verteilung der Interessen sehr ähnlich ausfällt. Jedoch waren die beruflichen Interessen der 55–60-Jährigen in allen Interessensbereichen vergleichsweise niedrig. Sehr auffallend ist bei dieser Differenzierung auch, dass die Gruppe der über 75-Jährigen beinahe in allen Interessensfeldern den höchsten Wert hat. Besonders auffällig ist hierbei das hohe Interesse am künstlerisch-publizistischen Bereich, das an zweiter Stelle steht. Betrachtet man die Gruppe der 66 bis 70-Jährigen, fällt auf, dass diese im unternehmerischen Tätigkeitsbereich den höchsten Wert hat, sich jedoch bei den übrigen Dimensionen überwiegend im Mittelfeld bewegt.

Interessante Ergebnisse erbrachte in diesem Zusammenhang auch die Analyse der Korrelationswerte zwischen den einzelnen Interessensbereichen und den Altersgruppen. Signifikante positive Korrelationswerte konnten bei der „Domain of Art" mit einem Wert von 0.241, der „Domain of Culture" mit 0.19 und der „Domain of Science" mit einem Wert von 0.207 festgestellt werden. Dies deutet darauf hin, dass zumindest in diesen drei Bereichen offenbar das Interesse mit zunehmendem Alter steigt, was als Indiz dafür interpretiert werden könnte, dass sich im Ruhestand tatsächlich neue Rollen etablieren und somit auch neue berufliche Interessen bestehen.

Diese Folgerungen sprächen für eine Bestätigung der Auffassungen von Super. Die positive Korrelation mit der „Domain of Science" deutet auf die steigende Lernbereitschaft der älteren Generation hin und könnte ein Hinweis darauf sein, dass die Personen im Dritten Alter den Anschluss zum Zeitgeschehen nicht verlieren wollen und sich durch Weiterbildung und Lernen den Herausforderungen des ständigen Wandels stellen.

Ein Grund für das durchgängig niedrige Interesse der 55 bis 60-Jährigen könnte auf eine gewisse Desorientierung in der Übergangsphase hindeuten, etwa dass man nicht mehr voll die beruflichen Interessen für den noch ausgeübten Beruf entwickelt, aber auch noch keine neuen Tätigkeitsfelder sieht. Es könnte aber auch sein, dass Personen mit zunehmendem Alter einfach ihre Interessen höher einschätzen, als Personen, die gerade am Übergang in die Rente stehen.

Differenzierung nach dem Geschlecht

Nach dieser Auswertung zeigt die „Domain of Culture" bei beiden Geschlechtern die höchste Ausprägung bei der Interessensverteilung, wobei der Wert bei den Frauen noch etwas höher liegt. Interessant ist die Betrachtung der „Domain of Art", denn hier übersteigen die Präferenzen der Frauen die der Männer deutlich. In den anderen vier Interessensbereichen liegen die Männer dagegen etwas höher. Die drei Berufsbereiche mit dem höchsten Interesse sind bei den Frauen der soziale, der künstlerische und der unternehmerische Bereich, bei den Männern zählen dazu die sozialen, unternehmerischen und forschenden Tätigkeiten.

Hier könnte sich ein stereotypisches Bild bei Frauen abzeichnen, nämlich dass sich diese für kreativer halten als Männer und sich mehr mit Mode, Kunst und Ästhetik identifizieren können. Gleiches zeichnet sich hinsichtlich des sozialen Bereichs ab, was ebenfalls mit einem typischen Rollenbild der Frau in Verbindung gebracht werden könnte.

Differenzierung nach dem Bildungsstand

Als Indikator für den Bildungsstand wird der höchste erreichte Schulabschluss herangezogen. Dabei wird nach Volks- bzw. Hauptschulabschluss, Realschulabschluss, Fachabitur und Abitur unterschieden.

Auffällig ist bei der Betrachtung nach dem Bildungsstand die Gruppe der Volks- bzw. Hauptschulabsolventen, denn sie weisen in der „Domain of Technology" einen deutlich höheren Wert auf. Merklich niedriger ist dagegen das Interesse an künstlerischen und publizistischen Tätigkeiten und besonders hoch ist das Interesse bei verwaltenden Tätigkeiten. In der „Domain of Culture" sind die Werte wieder bei allen vier Gruppen ähnlich hoch.

Interessant ist auch die Betrachtung der „Domain of Science". Hier liegen die Werte der Abiturienten und Fachabiturienten deutlich über den Personen mit Haupt- oder Realschulabschluss.

Betrachtet man die Differenzierung nach dem höchsten Schulabschluss, so ist auffällig, dass unter den verschiedenen Gruppen wesentliche Unterschiede im Hinblick auf berufliche Interessen bestehen. Bei den Volks- bzw. Hauptschulabsolventen ist besonders das hohe Interesse an handwerklichen und praktischen Tätigkeiten auffallend; dies trifft auch auf die verwaltenden und Routine-Bereiche zu und spiegelt sicherlich zu einem Großteil die berufliche Realität in der Erwerbsphase wider.

Gleiches lässt sich für die Gruppe der ehemaligen Abiturienten konstatieren, denn ihre stärkere Interessensorientierung an den Bereichen Soziales, Führung und Wissenschaft weist auf zahlreiche Studienberufe und leitende Funktionen hin. Die Personengruppe der Realschulabsolventen ist zumeist zwischen den Hauptschulabsolventen und den Abiturienten angesiedelt.

Der Abgleich der Interessen der Abiturienten und der Personen mit Studienabschluss hat gezeigt, dass diese überwiegend deckungsgleich sind. Dies legt nahe, dass der höchste Schulabschluss als vergleichendes Maß für den Bildungsstand und den etwaigen Stand des vormaligen Berufes gesehen werden kann. Die Unterschiede deuten offensichtlich auf eine Orientierung der Interessen am früheren Beruf hin. Diese Tendenz spricht verstärkt für die Bestätigung der Theorie von Holland, welcher postuliert, dass die beruflichen Interessen ein Leben lang relativ stabil bleiben.

Bedeutung von Status und Prestige im Dritten Alter

Die Wichtigkeit von Status und Prestige wurde im Interessentest in den 36 Items nicht erfasst. Ergebnisse lassen sich jedoch dem allgemeinen Fragebogen zu biographischen Daten und dem Beratungsbedarf der Zielgruppe entnehmen. Dazu wurde erhoben, ob sich die Teilnehmer Sorgen um den Verlust von Status und Prestige machen. Die Auswertung zeigt, dass die Sorgen um den Verlust von Status und Prestige relativ gering sind. Auch eine Differenzierung nach dem höchsten Schulabschluss oder den verschiedenen Altersgruppen, zeigt keine auffälligen Abweichungen von dieser Verteilung. Die Mehrheit von beinahe 70 Prozent der Befragten gibt an, sich nie Sorgen um den Verlust von Status und Prestige zu machen; weniger als zehn Prozent machen sich häufig Sorgen.

Interessant ist es, bei der Thematik Status und Prestige die Frage nach der Beurteilung der Berufstätigkeit hinzuzuziehen: Über 80 Prozent haben hier eine positive Sichtweise. Und betrachtet man hierzu die Begründungen, so finden sich darunter oft Gründe wie Erfolg, Anerkennung oder Wertschätzung, was sich durchaus im Sinne von Prestigebewusstsein deuten lässt.

Doch dass sich die Befragten nur geringe Sorgen um den Verlust von Status und Prestige machen, könnte man auch im Zusammenhang mit möglichen Einflüssen sozialer Erwünschtheit bei der Beantwortung sehen (vgl. Diekmann, 2011, S. 447 f.). Es erscheint aber auch möglich, dass die Sorgen um den Verlust von Status und Prestige deshalb nicht so hoch sind, weil man Anerkennung und Wertschätzung im Alter durch andere Rollen und Tätigkeiten erfährt, wie beispielsweise als Großeltern oder bei der Ausführung eines Ehrenamts. Das erwähnte gesteigerte Interesse an sozialen Tätigkeiten könnte aber auch darauf hindeuten, dass Status und Prestige im Alter an Wichtigkeit verlieren und soziales Engagement und Einsatz für die Gesellschaft an Bedeutung gewinnen. Dabei erscheinen Ansehen und Anerkennung durch Außenstehende nicht mehr so wichtig; vielmehr gilt, Tätigkeiten auszuführen, die persönliche Erfüllung bringen und Lebenssinn stiften.

4. Schlussbemerkung und Empfehlungen

Sowohl die theoretischen Bezüge als auch die Ergebnisse der empirischen Erhebung zeigen eine Reihe wichtiger Aspekte der beruflichen Interessen in der Dritten Lebensphase. Sie bilden eine wesentliche Hilfe bei der Konzipierung der „Beruflichen Beratung im Dritten Alter". Aus den Ergebnissen unserer Untersuchung wird sehr deutlich, dass die entsprechenden Angebote keinesfalls auf eine relativ homogene Zielgruppe treffen. Vielmehr gilt es, nach Bildungsstandard,

Geschlecht, frühere Berufstätigkeit und Alter zu differenzieren, unter genauer Betrachtung der Interessen und selbst eingeschätzten Kompetenzen. Die Quellenstudien im Rahmen unserer Arbeit haben jedoch gezeigt, dass hinsichtlich der bisherigen beruflichen Beratungsdienstleistungen für die untersuchten Zielgruppen – gerade auch aus europäischer Perspektive – noch starker Entwicklungsbedarf besteht.

Die Erkenntnisse unseres Beitrages wollen und können jedoch keine Aufschlüsse über die beruflichen Interessen, die Werte oder Selbstkonzepte einer einzelnen Person geben oder die individuelle Betrachtung einer Person ersetzen. Dies widerspräche auch der beratungsethisch gebotenen Orientierung der Berufsberatung an der einzelnen Person.

Literatur

Diekmann, A. (2011): *Empirische Sozialforschung – Grundlagen, Methoden, Anwendungen*, 5. Auflage. Rowohlt Verlag: Reinbek bei Hamburg.

Ertelt, B.J. / Frey, A. (2013): Interessensdiagnostik. In: Frey, A. / Lissmann, U. / Schwarz, B. (Hrsg.): *Handbuch Berufspädagogische Diagnostik*. Beltz Verlag: Weinheim, Basel, S. 276–297.

Frey, A. / Balzer, L. (2011): *Die Reihe smk72+ zur Diagnose von überfachlichen Kompetenzen und Ausbildungsabbruchrisiken in der beruflichen Grundbildung*. HdBA: Mannheim.

Holland, J. L. (1966): *The Psychology of Vocational Choice*, Blaisdell Publishing Company: Waltham, Massachusetts.

Holland, J. L. (1997): *Making Vocational Choices – A Theory of Vocational Personalitiers and Work Environments*, 3. Auflage, PAR: Florida.Noworol, Cz. (2013): *Miasteczko Zainteresowań Zawodowych (MZZ)*. Die Verortung der Professionellen Interessen. Warszawa: NFDK.

Savickas, M. L. (1999): The Psychology of Interests. In: Savickas, M. L. / Spokane, A. R. (Hrsg.): *Vocational Interests: Meaning, measurement, and counseling use*. US: Davies-Black Publishing: Palto Alto, CA, S. 19–56.

Savickas, M. L. (2005): The Theory and Practice of Career Construction. In Brown, S. D. / Lent, R. W. (Hrsg.): *Career Development and Counseling – Putting Theory and Research to Work*, John Wiley & Sons, Inc: New Jersey.

Sharf, R. S. (2013): Advances in Theories of Career Development. In: Walsh, W. B. / Savickas, M. L. / Hartung, P, J. (Hrsg.): *Handbook of Vocational Psychology – Theory, Research, and Practice*, 4. Auflage, Routledge: New York, S. 3–32.

Super, D. E. (1949): *Appraising vocational fitness by means of psychological tests*, 1. Auflage, Harper: New York.

Super, D. E.; Bohn, M.J. (1970): *Occupational Psychology*, Wadsworth Publishing Company, Inc.: Tavistock Publications, Ltd: Belmont, London.

Super D. E. (1994): Der Lebenszeit-Lebensraumansatz der Laufbahnentwicklung. In Brown, D. / Brooks, L. (Hrsg.): *Karriere-Entwicklung*. Klett-Cotta: Stuttgart, S. 211–280.

Todt, E. (1978): *Das Interesse – Empirische Untersuchungen zu einem Motivationskonzept*, Verlag Hans Huber: Bern, Stuttgart, Wien.

Todt, E. / Drewes, R. / Heils, S. (1994): The development of interests during adolescence: social context, individual differences and individual significance. In: Silbereisen, R. K. / Todt, E. (Hrsg.): *Adolescence in context: the interplay of family, school, peers and work in adjustment*; Springer-Verlag: New York, S. 82–95.

Wunderlich, A. (2014): *Berufliche Beratung im Dritten Alter – Eine empirische Studie des Beratungsbedarfs*. (Bachelor-Thesis) Hochschule der Bundesagentur für Arbeit, Mannheim.

Andrea Wunderlich

Berufliche Beratung im Dritten Alter – eine empirische Studie zum Beratungsbedarf

Abstract: *This chapter gives answers to the questions of the needs and attitudes of elderly people towards vocation, the transition to retirement and the requirements of career guidance. Thereby it shows the specific demand regarding life situations of the target groups for a guidance conception for the third age.*

1. Einführung

Altern hat viele Facetten und Dimensionen – unterschiedliche Lebenssituationen rufen verschiedene Bedürfnisse und Einstellungen hervor. Der Übergang in den Ruhestand kann eine neue Herausforderung darstellen, wie zum Beispiel sich nach einer langen Phase der Erwerbstätigkeit neuen Rahmenbedingungen und neuen Strukturen des Alltags anzupassen. Zum sogenannten „aktiven Altern" zählen etwa die Weiterführung der Erwerbstätigkeit, die Übernahme eines Ehrenamts, kulturelles Engagement oder Weiterbildungen, die jedoch mit unterschiedlichen individuellen Rahmenbedingungen und Lebenssituationen in Einklang zu bringen sind. An dieser Stelle sollte die berufliche Beratung im Dritten Alter ansetzen, denn es ist festzustellen, dass bislang umfassende Informationen und Beratungsangebote für die Personen im Dritten Alter fehlen. Die „Organization for Economic Cooperation and Development" (OECD) kritisierte, dass es, anders als für viele weitere Personengruppen, wie beispielsweise Jugendliche, keine Berufs- und Bildungsberatung für den Übergang vom Erwerbsleben in den Ruhestand gibt (vgl. Plant & Watts, 2002, S. 2690 f.). Ziel einer solchen Beratung soll sein, einen Beitrag zu einer guten Lebensqualität und aktiven Lebensgestaltung im Dritten Alter zu leisten.

Dazu werden im Folgenden Aspekte für die Konzeption einer solchen Beratung herausgearbeitet. Dazu dient ein Überblick aus bereits untersuchten, angrenzenden Themenbereichen, die Aufschluss zu möglichen Beratungsbedarfen dieses Personenkreises geben. Mittels einer empirischen Erhebung bei der definierten Zielgruppe wurden Einstellungen zum Beruf und zum Übergang in den Ruhestand, zu Sorgen sowie zur Gestaltung einer entsprechenden Beratung erhoben. Die Ergebnisse bilden den Rahmen für Empfehlungen. Bei dem folgenden Beitrag handelt es sich um Auszüge der Bachelorarbeit „Berufliche Beratung im Dritten

Alter. Eine empirische Studie des Beratungsbedarfs" an der Hochschule der Bundesagentur für Arbeit (Wunderlich, 2014).

2. Ausgewählte Ansätze der beruflichen Entwicklung und Beratung

Berufliche Beratung im Dritten Alter geht zunächst davon aus, Informationen zum Thema „Beruflichkeit" zu vermitteln. Die Überlegung dabei ist, dass die Berufsrolle sowohl aus der Perspektive vor dem Ruhestand als auch im Ruhestand einen wichtigen Lebensbereich abdeckt. Zur Bedeutung des Berufs und der Berufsentwicklung im Leben eines Menschen liegen verschiedene Ansätze vor, die bei einer beruflichen Beratung bedacht werden sollten. Dazu zählen neben den Objekttheorien von Holland (vgl. Ertelt, Schulz, 1997, S. 29 ff.), Super (1994, S. 213 ff.) und Savickas (2009, S. 242 ff.) auch die operativen Ansätze von Herr et al. (2004, S. 535 f.) und Schlossberg (1981, S. 4 ff.).

Holland (in Ertelt & Schulz, 1997, S. 29 ff.) geht davon aus, dass sich sowohl Menschen als auch deren berufliches Umfeld nach bestimmten Persönlichkeitstypen bzw. Anforderungen einordnen lassen. Er kategorisiert diese Typen nach gewissen Interessensausprägungen, welche ein Leben lang Bestand haben. Bei einer beruflichen Beratung im Dritten Alter nach Holland müsste – vorausgesetzt der ausgeübte Beruf war der passende – angenommen werden, dass Ältere zufrieden auf ihre berufliche Laufbahn zurückblicken. Bei entsprechenden Aktivitäten im Dritten Alter sollte sich dann die Beratung folgerichtig innerhalb dieses Erfahrungsfeldes bewegen.

Im Gegensatz dazu entwickeln sich nach Super (vgl. 1994, S. 213 f.) Menschen und ihr berufliches Selbstkonzept im Laufe des Lebens weiter. Der sogenannte „Regenbogen der Laufbahn" zeigt, dass der Mensch verschiedene Rollensets wahrnehmen muss, die sein Berufsleben und folglich auch seinen Ruhestand beeinflussen. Sich verändernde Einstellungen, Erwartungen von außen und Lebenssituationen prägen und verändern den Menschen (vgl. Super, 1994, S. 229 f.). Das bedeutet auch, dass der Beruf einen lebenslangen Anpassungsprozess erfordert, der sich im Ruhestand unter neuen Rahmenbedingungen fortsetzt. Auch im Ruhestand kann man seine Berufserfahrung, seine Kompetenzen und Fähigkeiten nutzen und in (neue) Interessen einbringen. Beruflichkeit ist also aus dieser Perspektive an keine Altersgrenze gebunden.

Savickas Ansatz des Life-Designing verbindet die Theorien der Selbstkonstruktion und der Laufbahnkonstruktion und ist eine Fortführung von Supers Ansatz (vgl. Ertelt & Frey, 2014, S. 309 ff.). Der Mensch entwickelt sich durch ständige Anpassung und Wechselwirkung mit seiner Umwelt weiter. Von Gesellschaft und Institutionen werden bestimmte Anforderungen an seine Rolle gestellt, durch die sich der Mensch immer wieder neu anpasst und sein Selbstkonzept weiter konstruiert (siehe Beitrag von Imsande & Walther in diesem Band). Erfolg, Bildung, Begabung, Arbeitsbedingungen und sozialer Rückhalt beeinflussen die „Ausführung" der Rollen und das (berufliche) Selbstkonzept (vgl. Savickas et al., 2009, S. 241; Ertelt, 2016, S. 16 f.). Die aufgeführten Determinanten bestimmen auch die Lebensweise im Ruhestand. Sie geben hier in Verbindung mit Lebenserfahrungen und dem Selbstbild eine Richtung für seine Gestaltung vor. Die Rollenanforderungen, die Entwicklung und Konstruktion des Selbstkonzepts ist im Dritten Alter noch nicht abgeschlossen, sondern wird weiter von bisherigen und aktuellen inneren und äußeren Rahmenbedingungen geprägt.

In einer Beratung im Sinne des Life-Designings sollten der Wandel eines Individuums und die Weiterentwicklung der Umwelt und Gesellschaft berücksichtigt werden (vgl. Savickas, 2009, S. 242). Savickas (2009, S. 245 f.; Ertelt & Frey, 2014, S. 311 f.) benennt folgende Ziele für eine Beratung: *Adaptability, Narrability, Activity, Intentionality.* Jeder Übergang verlangt nach einer Anpassung von Umwelt und Persönlichkeit. Der Anpassungsprozess wird beeinflusst durch die Wechselwirkung aus vergangener Persönlichkeitsentwicklung, aktuellen Rollenanforderungen und neu eröffneten Perspektiven. Deshalb werden Entscheidungen aufgrund der aktuellen Lebenssituation getroffen. Der Berater soll dem Klienten dazu verhelfen, sich den Veränderungen im Leben und in der Karriere zu stellen, sodass dieser selbst aktiv wird. Dazu gehört die Unterstützung bei der Anpassung an die Erwartungen und Anforderungen, die an die Person des Dritten Alters durch seine Umwelt gestellt werden und die dieser an die Umwelt stellt (vgl. Niles & Harris-Bowlsbey, 2013, S. 107).

Herr et al. (2004, S. 532 ff.) setzen sich mit der Beratung älterer Menschen auseinander und betonen, dass der Eintritt in den Ruhestand eine große Umstellung für viele Menschen darstellt. Für eine entsprechende Beratung ist beispielsweise von Bedeutung, ob der Ruhestand freiwillig oder unfreiwillig angetreten wurde. Hier spielt die Selbstwahrnehmung des Ruhestands eine wichtige Rolle, denn sie wirkt sich auf die Gestaltung der neuen Lebensphase grundlegend aus. Neben den bereits genannten Aspekten führen Herr et al. (2004; vgl. ebd. S. 232) weitere Indikatoren auf, welche die Gestaltung des Ruhestands beeinflussen. Dazu gehören die Bedeutung des Berufs für den Einzelnen, die Art wie die Laufbahn in der Vergangenheit geordnet war und wie die Zukunftsplanung aussieht sowie die Erwartungen bezüglich des Einkommens oder der Gesundheit.

Bei einer Beratung nach Herr et al. (2004; S. 535 f.) handelt es sich um eine „Bewertung und Neubewertung" der Lebenssituation, woraus sich folgende Ziele für die Beratung ableiten lassen: Erstens sollte der Berater unterstützend bei der Planung der Zukunft sein und holistisch beraten können. Zweitens sollten die Reaktionen, Erfahrungen und Definitionen des Ruhestands individuell geklärt werden, da diese von jeder Person unterschiedlich erlebt werden. Drittens sollten Kontakte zu fachlich geeigneten Personen bestehen, die bei speziellen Themen konsultiert werden können.

Bereits Schlossberg (1981, S. 4 ff.) unterschied zwischen Übergängen in Lebensphasen und deren Einflussfaktoren. Sie entwarf einen Gestaltungsrahmen für Beratungen, der verschiedene Facetten des Übergangs in den Ruhestand kombiniert (siehe Beitrag von Imsande & Walther in diesem Band).

3. Das Ende des Erwerbslebens – sozialpolitische und gerontologische Aspekte

Im Folgenden werden verschiedene Aspekte beim Übergang vom Erwerbsleben in den Ruhestand beleuchtet. Dazu gehören die Gestaltung des Erwerbslebens kurz vor Erwerbsaustritt sowie Sorgen und Gewinne, die mit dem Eintritt in den Ruhestand verbunden sind. Dies ist für eine berufliche Beratung wichtig, um Probleme und Zusammenhänge im Lebensabschnitt kurz vor der Rente zu verstehen und entsprechend helfen zu können. So haben etwa die verschiedenen Formen von Erwerbsverläufen Auswirkungen auf das Renteneinkommen, was für manchen existenzielle Fragen aufwirft.

In der Sozialpolitik fand in den letzten Jahren ein Umdenken statt, wie zum Beispiel in Bezug auf die Frühverrentung, da das Rentensystem die steigende Zahl an Rentnern bzw. Frührentnern nicht mehr ausreichend tragen konnte. Außerdem wird aufgrund des demographischen Wandels und des ansteigenden Fachkräftemangels das Erfahrungswissen der älteren Generation benötigt. In diesem Zusammenhang erfolgt eine weitere größere Veränderung im Rentensystem, nämlich die schrittweise Anhebung des gesetzlichen Renteneintrittsalters auf 67 Jahre. Der spätere Renteneintritt soll das Rentensystem entlasten, indem ältere Arbeitnehmer länger in der Erwerbstätigkeit verbleiben, Beiträge leisten und weniger Rentenauszahlungen erfolgen müssen (vgl. Statistisches Bundesamt (Destatis), 2011, S. 43 ff.).

Es ist bereits festzustellen, dass die Anhebung des Renteneintrittsalters das Erwerbsverhalten der älteren Arbeitnehmer im Sinne der Renten- und Arbeitsmarktpolitik positiv beeinflusst hat (vgl. BDA, 2013. S. 13). Dennoch ist die Rentendiskussion noch nicht abgeschlossen und bezieht sich etwa auch auf den Vorschlag der Rente mit 70. Was für die einen als positiver Schritt in die Zukunft erscheint, ist für die anderen eine Idee fern aller Realität (vgl. Handelsblatt,

2014; Frankfurter Allgemeine, 2014). Der Vorstand der Bundesagentur für Arbeit schlug dagegen vor, eine Möglichkeit für befristete Arbeitsverträgen auch in der Rente zu schaffen (vgl. RP online, 2014).

Naegele und Sporket (2010, S. 451 ff.) kritisieren, dass aus verschiedensten Gründen nicht jeder Arbeitnehmer bis zu diesem Alter erwerbstätig sein könne. Tatsächlich findet ein Übergang in den Ruhestand oft schon viel früher statt. Das durchschnittliche Eintrittsalter in Rente lag 2009 bei 63 Jahren. Diese Tatsache hat verschiedene Auswirkungen auf das Altern. Die Zeitspanne zwischen Erwerbsaustritt und Renteneintritt ist in den letzten Jahren gestiegen (vgl. BMFSFJ, 2013, S. 12). Gründe für den Austritt aus der Erwerbstätigkeit vor Renteneintritt sind nach Angaben des Statistischen Bundesamtes häufig Entlassung, gesundheitliche Gründe, Auslaufen eines befristeten Vertrages oder Betreuung und Pflegetätigkeit (Statistisches Bundesamt (Destatis), 2011, S. 46).

Es stellt sich die Frage, wie ein guter Übergang in den Ruhestand aussieht, damit keine negativen Auswirkungen auf das Renteneinkommen durch früheren Erwerbsaustritt entstehen und auch die älteren Arbeitnehmer, die Vollzeit oder Teilzeit arbeiten, zufrieden ihrer Tätigkeit bis zum Schluss nachgehen können. In einer Befragung der Bertelsmann-Stiftung (vgl. in Naegele & Sporket, 2010, S. 451) wurden ältere Arbeitnehmer gefragt, welche Voraussetzungen erfüllt werden müssten, um bis zum 65. Lebensjahr erwerbstätig zu sein:

- 75 Prozent der Befragten ist eine bessere Vereinbarkeit von Privatem und Beruf wichtig
- 72 Prozent nennen als Voraussetzung für eine längere Erwerbstätigkeit, dass die Belastung durch Arbeitsbedingungen hinsichtlich der Gesundheit abnehmen müsste
- 70 Prozent wünschen sich mehr Anerkennung der Arbeitsleistung durch ihre Vorgesetzten sowie eine Arbeitszeitverkürzung ab einem bestimmten Lebensalter

Dies zeigt sehr deutlich, an welchen Punkten anzusetzen ist, um ältere Arbeitnehmer möglichst lange in Beschäftigung zu halten.

Die vorangegangene Darstellung von Herausforderungen beim Übergang in den Ruhestand betrifft eine Seite der Erwerbstätigkeit im Alter. Es gibt viele Menschen, die sehr gerne länger erwerbstätig sein wollen und können (vgl. Statistisches Bundesamt (Destatis), 2011, S. 47). Der Europäische Wirtschafts- und Sozialausschuss (2013, S. 15) schlägt vor, auf freiwilliger Basis eine längere Erwerbstätigkeit zu ermöglichen. Zwei Themenschwerpunkte werden angesprochen: Der Zeitpunkt des Eintritts in den Ruhestand und die Form und Gestaltung des Übergangs. Zu berücksichtigen sind dabei auch die psychologischen Aspekte in der Zeit des Übergangs.

Atchely (in Kaftalli, o. J., 02/2014; Mayring, 2000, S. 130) spricht in seiner Theorie vom sogenannten „Pensionsschock". Dieser trifft vor allem Männer, denn Frauen haben offenbar durch ihre aktive Rolle im familiären Umfeld eine andere Rollenwahrnehmung. Es handelt sich um den (plötzlichen) Verlust einer (sinngebenden) Tätigkeit und damit den Wegfall eines wichtigen Lebensbereichs neben Freizeit und Familie, einschließlich der sozialen Kontakte des Berufs. Es stellt sich nun die Herausforderung, jeden Tag neu zu strukturieren, ihm durch Interessen Sinn zu verleihen und neue Kontakte aufzubauen.

Nach Atchley könnte ein Übergang in den Ruhestand folgendermaßen ablaufen:

• Indifferente, positive Einstellung zum Ruhestand im mittleren Erwachsenenalter
• Ängste und Befürchtungen kurz vor der Pensionierung
• Euphorie und Geschäftigkeit in der ersten Phase nach dem Berufsaustritt
• Ernüchterung und Niedergeschlagenheit (Pensionsschock)
• Neuorientierung

Mayring (2000, S. 132) stellte in seiner Studie fest, dass der Übergang in den Ruhestand von Generation zu Generation unterschiedlich erlebt wird. Gründe dafür sah er in gesellschaftlichen und historischen Rahmenbedingungen.

4. Ergebnisse der empirischen Erhebung

In den vorherigen Kapiteln wurden Ansätze beruflicher Beratung und wissenschaftliche Erkenntnisse zur Personengruppe des Dritten Alters dargestellt. Da die gängigen Objekttheorien zur Berufswahl und -entwicklung hauptsächlich auf Jugendliche und junge Erwachsene abzielen, sind direkte Ableitungen für unsere Zielgruppe bezüglich einer beruflichen Beratung nur bedingt möglich. Lediglich bei Schlossberg (1981) und Herr et al. (2004) finden sich stärkere Bezüge dazu.

Um fundierter und spezifischer Erkenntnisse für die Konzipierung einer beruflichen Beratung im Dritten Alter unter den gegebenen Umfeldbedingungen zu gewinnen, wurde eine empirische Studie mit hypothesengenerierendem Charakter im Rahmen einer Bachelorarbeit an der HdBA (Wunderlich, 2014) durchgeführt. Die Dimensionen der schriftlichen Befragung bezogen sich auf die Rolle des Berufs aus Sicht der Befragten, Sorgen beim Übergang in den Ruhestand, Einstellung zum Übergang in den Ruhestand, den Beratungsbedarf und die Gestaltung des Beratungsangebots.

Rolle des Berufs aus Sicht der Befragten

In Bezug auf die Theorien von Holland und Super zeigen sich die Ansichten der Befragten zweigeteilt: Rund eine Hälfte vertritt die Meinung (sensu Holland), es gäbe für jeden Menschen den passenden Beruf, während die andere Gruppe (47 %) der Auffassung (sensu Super) zuneigt, die Passung entwickele sich erst im Laufe des Lebens. Interessant ist, dass bei der hypothetischen Möglichkeit, noch einmal einen Beruf zu wählen, 74 Prozent der Befragten einen anderen als den bislang ausgeübten, ergreifen würden. Gründe dafür könnten unterschiedlicher Natur sein, etwa dass aufgrund familiärer Verpflichtungen, von Fremdbestimmung oder eines nicht vorhandenen Abschlusses der passende Beruf nicht zu realisieren war. Auch haben sich möglicherweise die Lebenssituationen, Prioritäten und Vorstellungen hinsichtlich eines Berufes im Leben verändert.

Im Lichte dieser Ergebnisse erscheinen beide Theorien bestätigt. In diesem Zusammenhang ist hervorzuheben, dass 81,3 Prozent der Befragten ihre Berufstätigkeit positiv bewerten. Anhand der von den Teilnehmern angeführten Gründe, wie beispielsweise die Freude an der Arbeit, Sinngebung und Anerkennung durch den Beruf, Erfolg, Sicherheit und Struktur, wird deutlich, welche zentrale Rolle der Beruf im Erwerbsleben und in Bezug auf den Eintritt in den Ruhestand einnimmt.

Im Rahmen der Studie wurde auch erhoben, wie wichtig andere Rollen im Leben neben der des Berufs waren bzw. sind. Hier zeigt sich, dass für etwa die Hälfte der Befragten eine Balance zwischen Beruf und anderen Lebensbereichen erstrebenswert ist. Bei den übrigen spielt wiederum je zur Hälfte entweder der Beruf die größte Rolle oder andere Bereiche, wie Familie, Freunde, Politik. Bei Männern nimmt im Vergleich zu den Frauen die Berufstätigkeit ein deutlich höheres Gewicht ein, wohingegen die Mehrheit der Frauen im Bereich „Gewichtung liegt bei Familie, Freizeit oder anderen Rollen" vertreten ist und auch höhere Werte im Bereich Work-Life-Balance aufweist. Diese Unterschiede könnten zum Teil in der traditionellen Rollenverteilung von Mann und Frau begründet sein, denn tendenziell übernehmen Frauen, auch wenn sie berufstätig sind, stärker Aufgaben im Haushalt und einen Großteil der Kinderbetreuung.

Sorgen beim Übergang in den Ruhestand

Sorgen und Ängste könnten Teil des Übergangs in den Ruhestand sein und damit möglicherweise Relevanz für eine berufliche Beratung haben. Doch zeigen unsere Ergebnisse, dass die Befragten insgesamt eher weniger Sorgen vor dem Ausscheiden aus dem Erwerbsleben zum Ausdruck bringen. Dies betrifft vor allem die Bereiche „Ausgeschlossen sein von der Gesellschaft", „Einsamkeit", „Langeweile" und „Verlust von Prestige". Es ist deutlich zu erkennen, dass die

häufiger auftretenden Sorgen in den existenziellen Bereichen, wie Pflege, finanzielle Situation oder Verlust von Kontakten, liegen. Insbesondere die materielle
Absicherung, Gesundheit oder Pflege rücken in den Vordergrund. Diese Themen
stellen elementare Rahmenbedingungen für die Lebensführung dar und sind nur
zum Teil beeinflussbar, was Existenzängste hervorrufen kann.

Bei den Antworten ist zu berücksichtigen, dass es sich hier um sehr sensible
Themen handelt, zu denen die eigenen Gefühle nicht gerne preisgegeben werden. Auch ist die Tendenz zu gesellschaftlich erwünschten Antworten nicht auszuschließen. Dennoch ist es eine wichtige Erkenntnis, dass die Sorgen vor dem
Übergang in den Ruhestand bei der Zielgruppe nicht überdurchschnittlich hoch
sind. Es könnte vermutet werden, dass genau diejenigen, die weniger Sorgen
haben, aktiv sind oder aktiv sein wollen und damit eine Beratung in Anspruch
nehmen würden.

Einstellung zur rechtlich-organisatorischen Gestaltung des Übergangs in den Ruhestand

Den Übergang in den Ruhestand stellen sich die Befragten zu großen Teilen
flexibler und individueller vor als möglicherweise selbst erfahren (Abbildung 1).

Abb. 1: Gewünschter Zeitpunkt des Renteneintritts.

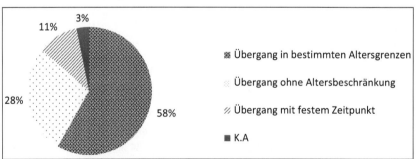

Unter der Prämisse einer flexiblen Renteneintrittsgrenze wurden im Durchschnitt
für Frauen 62,9 Jahre und für Männer 64,3 Jahre angegeben. Arbeitsbedingungen,
Anforderungen und die spezifischen Lebenssituationen unterscheiden sich und
fordern entsprechend individuellere Zeitpunkte des Übergangs. Möglicherweise
ist die empfundene Starre beim Übergang auch ein Grund dafür, dass Personen
nicht länger arbeiten wollen (61 Prozent). Das bedeutet, unter anderen Arbeitsbedingungen und anderen Übergangsmöglichkeiten wären die Antworten hierzu
möglicherweise anders ausgefallen.

Beratungsbedarf der Befragten

Das größte Interesse an Beratung besteht hinsichtlich Aktivitäten in der zweiten Lebenshälfte, etwa allgemeine Weiterbildung, kulturelles Engagement und Gesundheitsvorsorge. Damit stehen vorwiegend Bereiche im Mittelpunkt, die eine aktive Gestaltung des Lebens betreffen. Im Hinblick auf eine mögliche Erwerbstätigkeit oder Selbstständigkeit zeigen knapp zwei Drittel wenig Interesse. Kontrastiert wird dieses Ergebnis durch die Meinung der Teilnehmer zum Thema Weiterbildung und Erwerbstätigkeit im Dritten Alter (Abbildung 2).

Abb. 2: Halten Sie Berufsausübung oder Weiterbildung im Dritten Alter für wünschenswert?

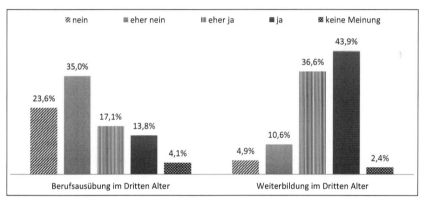

Auffällig ist gleichzeitig, dass das Interesse der Teilnehmer an allen Bereichen (außer der Erwerbstätigkeit) „bei Gelegenheit" relativ hoch ausfällt. Besonders treten dabei das Interesse an Pflege, finanziellen Fragen, gesundem Leben und ehrenamtlichen Tätigkeiten hervor. Durch diese Ergebnisse wird das Konzept einer holistisch ausgerichteten Beratung bestätigt und zeigt, dass angrenzende Lebensbereiche quasi als Ergänzung zu den stärker gewichteten Beratungsbedarfen hinsichtlich Bildung, Ehrenamt und sozialem Engagement nachgefragt werden.

Gestaltung des Beratungsangebots

Die Wünsche der Befragten zur Gestaltung des Beratungsangebots erscheinen eher „traditionell". Die Mehrheit der Befragten möchte von einem Berater mit breiter Qualifikation beraten werden; besondere Betonung liegt dabei auf umfassendem Wissen sowie einem breiten Verständnis für die Lebenssituation der Ratsuchenden und weniger auf einem „eingeschränkten Blick" auf ihr Anliegen. Nahezu 90 Prozent der Teilnehmer bevorzugen eine persönliche Beratung und dies in Form einer Einzelberatung (61,8 Prozent). Eine Gruppenberatung (30,1 Prozent) könnte eher in Richtung von Vorträgen oder einer Beratung für Personen mit sehr ähnlichen Anliegen gehen. Mehr als die Hälfte der Befragten wünscht sich eine Beratung an einem neutralen Ort, in einer städtischen Einrichtung oder Bildungsorganisation. Hier wird deutlich, dass Teilnehmer möglicherweise Beratungsorte wünschen, die unabhängig von ihrer Lebenssituation sind. Der Großteil der Befragten gibt an, dass die Finanzierung der Beratung über die Kommune, staatliche Stellen oder die Agentur für Arbeit erfolgen soll.

5. Vorschläge für die Gestaltung einer Beratungskonzeption für Ältere

In diesem Kapitel werden auf Basis der bisher erarbeiteten Erkenntnisse Empfehlungen für eine berufliche Beratung abgeleitet.

Grundlagen und Inhalte einer beruflichen Beratung

Die Meinung der Befragten darüber, ob es für den Menschen einen passenden Beruf gibt oder ob es sich eher um eine lebenslange Entwicklung handelt, ist zweigeteilt. Und auch die Prüfung, ob der gewünschte Beruf und der tatsächlich ausgeübte Beruf übereinstimmen, zeigt, dass es weder zu Hollands noch zu Supers Ansatz eine eindeutige Tendenz gibt. Deshalb sollten beide in einer beruflichen Beratung ihre Berücksichtigung finden, jedoch mit Einschränkungen. So wäre die Empfehlung, eine berufliche Beratung im Dritten Alter auf dem Interessensprofil des vorher ausgeübten Berufs aufzubauen, nicht unbedingt zielführend. Jedoch haben viele Ältere ihr Leben lang an einem Arbeitsplatz verbracht, woraus sich eine gewisse Konstanz der Interessen ableiten ließ. Gleichzeitig ist in Betracht zu ziehen, dass auch eine Weiterentwicklung der Interessen gegeben sein kann, die sich auch auf die Rollenerwartungen der Person beim Eintritt in den Ruhestand richtungsweisend auswirkt. Der Berater sollte sich deshalb beider Ansätze bewusst sein.

Bei den freien Angaben zur Beurteilung der Berufstätigkeit werden häufig charakteristische Begriffe des Berufs bzw. der Beruflichkeit genannt, beispielsweise ein sicheres Arbeitsverhältnis, klare Entwicklungsmöglichkeiten, soziale Orientierung und Integration (vgl. auch Baethge & Baethge-Kisnky, 1998, S. 461 f.). Das bedeutet in Bezug auf aktives Altern, dass es den Befragten wichtig erscheint, eine sinn- und identitätsstiftende Aktivität oder Arbeit zu übernehmen, die ihren Fähigkeiten und Interessen entspricht und sie in die Gesellschaft integriert bzw. integriert hält.

Die Erwartungen an eine berufliche Beratung im Dritten Alter beziehen sich dementsprechend vor allem auf die Bereiche Weiterbildung, Ehrenamt und soziales/politisches Engagement. Ein etwas geringerer Teil interessiert sich für Erwerbstätigkeit. Möglicherweise befinden sich unter diesen Interessenten diejenigen, die gerne länger gearbeitet hätten. Manche lassen sich hinsichtlich einer Erwerbstätigkeit im Alter vermutlich abschrecken durch den hohen Wettbewerb- und Erwartungsdruck, wie aus den Anmerkungen der Teilnehmer hervorgeht. Es besteht nicht mehr die Motivation sich der Beschäftigungsfähigkeit (*Employability*) zu stellen und der scheinbar geforderten Flexibilität und Mobilität in vollem Umfang nachzukommen (vgl. auch Greinert, 2008, S. 9 ff.). Möglicherweise gäbe es unter anderen Umständen noch mehr Personen, die sich für eine Beschäftigung interessieren, doch sind sich manche nicht im Klaren darüber, welche Möglichkeiten es gibt auch im Alter erwerbstätig zu sein. Es bleibt anzumerken, dass trotz der veränderten Arbeitswelt, das Bewusstsein von Beruflichkeit auch bei Menschen im Ruhestand erhalten bleibt.

Einschlägige Studien betonen, dass Lebensqualität maßgeblich von der Gesundheit, dem Bildungsstand, dem Einkommen und auch den Aktivitäten im Leben geprägt werden und diese in Wechselwirkung miteinander stehen. Daher ist für die Beratung die individuelle Ausgangssituation einer Person im Dritten Alter in Bezug auf Gesundheit, finanzielle Situation, Bildungsstand, gesellschaftliche Integration etc. zu ermitteln, die jeweils eine unterschiedliche Gestaltung des Ruhestands zur Folge hat (vgl. Bundesministeriums für Familie, Senioren, Frauen und Jugend (BMFSFJ) 2013; Bertermann, 2010, S. 622 ff.; BMFSFJ 2012; Statistisches Bundesamt (Destatis), 2011, S. 54 ff.).

Wie bereits erwähnt, sind die Sorgen vor dem Übergang in den Ruhestand bei unseren Befragten nicht besonders groß. Es besteht deshalb die Vermutung, dass eine Beratung nicht vorwiegend wegen Sorgen oder Ängsten in Anspruch genommen wird, sondern eher wenn aus einem positiven Gefühl heraus nach Aktivitäten und neuen Herausforderungen gesucht wird, die in Einklang mit den empfundenen neuen Rahmenbedingungen stehen müssen. Daraus ergeben sich Hinweise für ein Beratungsmarketing.

Nach Savickas et al. (2009) konstruieren Menschen ihre Laufbahn und ihr Selbstkonzept in Wechselwirkung mit der Umwelt. Dies impliziert, dass angemessene Rahmenbedingungen für ein aktives Altern geschaffen oder zumindest positiv beeinflusst werden sollten. So können durch entsprechende Arbeitsbedin-

gungen, Angebote, Dienstleistungen sowie gesellschaftliche Wertschätzung recht-
zeitig förderliche Voraussetzungen zu einer hohen Lebensqualität und Anreize zur
aktiven Lebensgestaltung auch durch Arbeit im Dritten Alter geschaffen werden.
Herr et al. (2004) und Schlossberg (1981) verweisen hier darüber hinaus auf
eine weitere wesentliche Voraussetzung, nämlich die Freiwilligkeit des Übergangs
in den Ruhestand.

So ist es interessant, die Meinung der befragten Personen im Dritten Alter
näher zu betrachten. Insgesamt besteht der Wunsch nach mehr Flexibilität und
individueller Bestimmung des Übergangs, sowohl in der Form als auch dem
Zeitpunkt. Nach der Bertelsmann Studie (vgl. Naegele & Sporket, 2010, S. 451)
nehmen die Ressourcen, gesundheitliche Möglichkeiten und Motivation Einfluss
auf die Art des gewünschten Übergangs. Entgegen des Vorschlags des zuständigen
EU-Kommissars, das Rentenalter auf 70 Jahre heraufzusetzen (vgl. Handelsblatt,
2014; Frankfurter Allgemeine, 2014), zeigt sich in unserer Erhebung der Wunsch
nach einem niedrigerem Eintrittsalter, nämlich für Frauen 62,9 Jahre und für
Männer 64,3 Jahre. Möglicherweise hängt dieser deutlich niedrigere Mittelwert
nicht zuletzt mit den eingeschränkten Möglichkeiten eines flexiblen Übergangs
zusammen.

Die Umsetzung einer beruflichen Beratung

Die erfolgreiche Umsetzung des beruflichen Beratungsangebots bedarf eines
Marketing-Mix aus Gegenleistungspolitik (Preispolitik), Produktpolitik (An-
gebotspolitik), Promotion (Kommunikationspolitik) und Distributionspolitik.
Im Dienstleistungsbereich können diese um Personalpolitik (People), Prozess-
management (Prozess) und Ausstattung (Physical Facilities) erweitert werden
(vgl. Bieberstein, 2006, S. 188 ff.; Ertelt, 2004, S. 15 ff.). Insgesamt zeigt sich bei
den Vorstellungen zur Gestaltung der Angebote, dass die Teilnehmer eher eine
Beratung wünschen, die neutral und mit breitem Erfahrungsschatz durchgeführt
wird. Der Berater sollte bestimmte beraterische Qualifikationen vorweisen, aber
vor allem Erfahrung und umfassende Kenntnisse in den inhaltlichen Bereichen
der Beratung besitzen. Ein Berater, der sich bereits selbst mit ähnlichen Fragen wie
sein Klientel befasst und vom Alter her einen größeren Erfahrungsschatz besitzt,
kann eher eine angemessene Beziehungsebene zu dem Ratsuchenden herstellen.

In Bezug auf die Angebotsform (Distributionspolitik) zeigt sich, dass diese sehr
traditionell gewünscht wird, nämlich als persönliche Einzel- oder auch Gruppenberatung (vgl. Ertelt, 2004, S. 20; Bieberstein, 2006, S. 278). Beide Formen könnten
sich gut ergänzen, etwa wenn durch Gruppenberatungen oder auch interaktive
Vorträge ein vertiefender Austausch zwischen den Ratsuchenden ermöglicht wird.

Dazu könnten auch Experten aus bestimmten Bereichen herangezogen werden. Weitere Angebotsformen der Beratung wären Internet und Telefon, doch bleibt die persönliche Beratung an bevorzugter Stelle. In Anbetracht des möglicherweise missverstandenen Begriffes der „beruflichen Beratung" für Ältere sollte vor allem ihr holistischer Charakter herausgestellt werden.

Folgerungen

Die Idee einer beruflichen Beratung wird von Befragten positiv aufgenommen. Dabei ist zu bedenken, dass an unserer Untersuchung überwiegend Personen teilnahmen, die in einer Bildungsorganisation aktiv eingebunden sind. Bei einer Erweiterung der Stichprobe um Ältere, die sich im Übergang befinden, arbeitslos oder nicht erwerbstätig sind (z. B. Hausfrauen) und keine solchen Angebote in Anspruch nehmen, könnten sich weitere Beratungsbedarfe herauskristallisieren. Auch erhielte man Aufschluss darüber, inwiefern diese Personengruppen überhaupt an einer für sie zugeschnittenen beruflichen Beratung interessiert wären.

Literatur

Baethge, M. & Baethge-Kinsky, V. (1998): Jenseits von Beruf und Beruflichkeit? Neue Formen von Arbeitsorganisation und Beschäftigung und ihre Bedeutung für eine zentrale Kategorie gesellschaftlicher Integration. *Mitteilungen aus der Arbeitsmarkt-und Berufsforschung, 31*(3), S. 461–472.

Bertermann, B. (2010): Aktives Altern und Bildung. *In: Naegele, G. (2010): Soziale Lebenslaufpolitik.* VS Verlag für Sozialwissenschaften: Wiesbaden, S. 619–636.

Bieberstein, I. (2006): Dienstleistungs-Marketing. Modernes Marketing für Studium und Praxis. Friedrich Kiehl Verlag GmbH: Ludwigshafen (Rhein).

Bundesministerium für Familie, Senioren, Frauen und Jugend (BMFSFJ) (2012): Altern im Wandel; *Zentrale Ergebnisse des Deutschen Alterssurveys.* 3. Auflage, Berlin.

BMFSFJ (2013): Der deutsche Alterssurvey – eine Langzeitstudie über die zweite Lebenshälfte in Deutschland. Kurzfassung. Berlin.

Ertelt, B.-J. (2016): Theorien der berufsbezogenen Entwicklung – mit Beispielen aus dem Anwendungsfeld HR und Prävention gegen Ausbildungsabbrüche. 13. Auflage, Hochschule der Bundesagentur für Arbeit Mannheim.

Ertelt, B.-J. (2004): Informationsmanagement und Hinweise zum Beratungsmarketing. *In: Ertelt, B.-J. & Muswieck, W. (Hrsg.): Methodik für die berufliche Fernberatung – Distance counselling,* AuF-Print Nr. 12. FH-Bund Fachbereich Arbeitsverwaltung. S. 303–320.

Ertelt, B.-J., Frey, A. (2014): Berufsentwicklung und Lebensqualität. *In Wudarski, A (ed): Quaestiones de Qualitate Vitae (Auf der Suche nach Lebensqualität).* Frankfurt/Oder, Osnabrück, AJD Częstochowa. S. 303–320.

Ertelt, B.-J. & Schulz, W.E. (1997): Beratung in Bildung und Beruf. Rosenberger: Leonberg.

Europäischer Wirtschafts- und Sozialausschuss (2013): Europäisches Jahr für Aktives Altern und Solidarität zwischen den Generationen 2012, Schlussfolgerungen der EWSA-Koordinierungsgruppe. Europäische Union, Brüssel.

Frankfurter Allgemeine (2014): *EU-Kommissar Oettinger fordert Rente mit 70.* Retrieved 25.04.2014 from http://www.faz.net/aktuell/wirtschaft/wirtschaftspolitik/eu-kommissar-oettinger-fordert-rente-mit-70-12903605.html.

Goodman, J. & Anderson, M. L. (2012): Applying Schlossberg's 4-S Transition Model to Retirement. *Career Planning and Adult Development Journal,* S. 10–20.

Greinert, W. G. (2008): Beschäftigungsfähigkeit und Beruflichkeit – zwei konkurrierende Modelle der Erwerbsqualifizierung? Im Blickpunkt Berufsprinzip Stärken – Flexibilisierung vorantreiben. BiBB, BWP 4/2008.

Handelsblatt (2014): *Lebensfremd CDU-Widerstand gegen Rente mit 70,* retrieved 24.04.14 from http://www.handelsblatt.com/politik/deutschland/lebensfremd-cdu-widerstand-gegen-rente-mit-70/9787058.html.

Herr, E. L., Cramer, S. H. & Niles, S. G. (2004): Career Guidance and Counseling. Through the lifespan, New York: Pearson: Boston.

Kaftalli, K.: *ERF Medien Österreich: Wer will mich noch? Pensionsschock,* retrieved 08.03.14, from http://www.erf.at/themen/lebenshilfe/einzelansicht/article/wer-will-mich noch.html ?type=98&cHash=9a5fc0968c45c2b67176b1ccaa47d200 no_cache%3D1.

Mayring, P. (2000): Pensionierung als Krise oder Glücksgewinn? – Ergebnisse aus einer quantitativ-qualitativ Längsschnittuntersuchung. *Zeitschrift für Gerontologie und Geriatrie,* 33, 2. Ausgabe, Steinkopff Verlag, S. 124–133.

Naegele. G. & Sporket, M. (2010): Perspektiven einer lebenslauforientierten Ältere-Arbeitnehmer-Politik. *In: Naegele, G.: Soziale Lebenslaufpolitik.* VS Verlag für Sozialwissenschaften: Wiesbaden, S. 449–473.

Niles, S. G. & Harris-Bowlsbey, J. A. (2013): Career Development Interventions in the 21st Century. 4. Auflage, Pearson: New Jersey.

Plant, P. & Watts, T. (2002): OECD-Gutachten zur Berufsberatung – Deutschland, in ibv Nr. 38, 2002.

Savickas, M. L. et al. (2009): Life designing: A paradigm for career construction in the 21st century. *Journal of Vocational Behavior* 75/2009, doi: 10.1016/j.jvb.2009.04.004.

Schlossberg, N. K. (1981): A Model for Analyzing Human Adaptation to Transition, *The Counseling Psychologist* 9 (2), Sage-Publications.

Statistisches Bundesamt (Destatis) (2011): *Im Blickpunkt: Ältere Menschen in Deutschland und der EU*. Wiesbaden.

Super, D. (1994): Der Lebenszeit-, Lebensraumansatz der Laufbahnentwicklung. In: Brown, D./ Brooks, L. et al.: *Karriere-Entwicklung*. Klett-Cotta: Stuttgart, S. 211–280.

Weirach, S. G. & Srebalus, D. J. (1994): Die Berufswahltheorie von Holland. *In: Brown, D. & Brooks, L. et al.: Karriere-Entwicklung*, Klett-Cotta: Stuttgart, S. 43–74. Wunderlich, A. (2014): Berufliche Beratung im Dritten Alter – Eine empirische Studie des Beratungsbedarfs. (Bachelor-Thesis) Hochschule der Bundesagentur für Arbeit, Mannheim.

Ramona Höft

Einflussfaktoren auf die Entwicklung der Arbeitsleistung älterer Arbeitnehmer: Mögliche Einflussfaktoren, Ergebnisse und Interpretation, Folgerungen und Handlungsempfehlungen

Abstract: *Based on a casuistic study this chapter analyses determinants influencing the work performance of elderly employees in small and medium sized companies. Recommendations for human resource development and hypotheses for further research are derived from the results of the interviews with executive staff.*

1. Einleitung

Anstiege des Rentenalters und demografischer Wandel beeinflussen zunehmend die Altersstruktur der Arbeitnehmer. Die Problematik eines (branchenabhängigen) Fachkräftemangels kann zum einen auf einen Mangel an Nachwuchskräften zurückgeführt werden. Zum anderen werden ältere Mitarbeiter und deren Arbeitsleistung immer relevanter für die einzelnen Betriebe. Eine Erhöhung der Beschäftigungsquote älterer Mitarbeiter ist zwar erforderlich, jedoch haben nur die wenigsten Betriebe bereits eine Strategie zum Umgang mit älteren Arbeitnehmern ausgearbeitet (Engstler & Brussig, 2006).

Der folgende Beitrag basiert auf der Untersuchung im Rahmen meiner Masterarbeit an der Universität Mannheim (Höft, 2015). Dargestellt werden mögliche Einflussfaktoren auf die Arbeitsleistung. Die Untersuchungsergebnisse einer Befragung von Führungskräften aus unterschiedlichen mittelständischen Unternehmen gewähren einen Einblick über die in der Praxis vorzufindenden Ansichten und Problematiken bezüglich der Arbeitsleistung von älteren Mitarbeitern. Im Anschluss werden Handlungsempfehlungen dafür gegeben, welche Maßnahmen tatsächlich in der Praxis erfolgreich angewendet werden könnten.

2. Theoretischer Hintergrund

Die Arbeitsleistung eines Arbeitnehmers kann durch unterschiedliche Faktoren beeinflusst und in zwei Dimensionen gegliedert werden. Zum einen in *focal performance* oder *core task performance*, die den Grad bezeichnet, zu welchem ein Mitarbeiter die an ihn gestellten Erwartungen bezüglich seiner beruflichen Kernaufgabe erfüllt oder übertrifft. Zum anderen in *contexual performance*, die die Gesamtheit aller arbeitsplatzbezogenen Tätigkeiten abseits der Kernaufgabe beinhaltet. Nachfolgend werden sieben Faktoren, die in der Literatur benannt sind, erläutert.

Barrick und Mount (1991) bestätigten den Zusammenhang zwischen Arbeitsleistung und fünf Persönlichkeitsmerkmalen (*Big Five*). Diese sind Neurotizismus, Extraversion, Offenheit für Erfahrungen, Pflichtbewusstsein und Verträglichkeit. Neurotizismus beschreibt die emotionale Stabilität eines Individuums. Unter Extraversion verstehen die Autoren den Grad, zu welchem ein Individuum offen ist im Umgang mit anderen Personen. Die höchsten Korrelationen konnten für die Merkmale Extraversion und Pflichtbewusstsein nachgewiesen werden.

Ein anderer Einflussfaktor auf die Arbeitsleistung ist die Berufserfahrung eines Mitarbeiters. Die Ergebnisse von McDaniel, Schmidt und Hunter (1988) zeigen, dass ein Zusammenhang zwischen Berufserfahrung und Arbeitsleistung existiert, welcher von der Dauer der Berufserfahrung und der Komplexität des Berufes moderiert wird.

Ein weiterer Einflussfaktor betrifft kognitive Fähigkeiten. Kuncel, Hezlett und Ones (2004) beschäftigten sich mit der Frage, ob die Messung kognitiver Fähigkeiten zur Vorhersage akademischer Leistungen auch dazu in der Lage ist, schulische Leistungen sowie Arbeitsleistungen vorherzubestimmen. Sie weisen dabei einen Zusammenhang zwischen kognitiven Fähigkeiten und Arbeitsleistung nach.

Einer der meist diskutierten Einflussfaktoren auf die Arbeitsleistung ist die Arbeitszufriedenheit. Auf diesem Gebiet existieren sowohl qualitative als auch quantitative Studien, die jeweils unterschiedliche Modelle zur Erklärung dieser Beziehung verwenden. Diese Modelle bauen teilweise aufeinander auf, verwenden aber unterschiedliche Mediatoren und Moderatoren. Schlussendlich weisen alle Ergebnisse auf einen positiven Zusammenhang der beiden Variablen hin (Judge, Thoresen, Bono & Patton, 2001; Gerstner & Day, 1997; Den Hartog, Boon, Verburg & Croon, 2013).

In einer anderen Studie untersuchte Van Knippenberg (2000) den Zusammenhang zwischen der Identifikation mit dem Unternehmen und Arbeitsmotivation sowie Arbeitsleistung. Dazu betrachtete er den *social identity* Ansatz, welcher besagt, dass die Mitgliedschaft in sozialen Gruppen das Selbstkonzept beeinflusst. Im Zentrum dieses Ansatzes steht die Annahme, dass sich Individuen durch soziale Identifikation, also die Wahrnehmung der Zugehörigkeit zu einer Gruppe, definieren und die Merkmale annehmen, die typisch für diese Gruppe sind.

Van Knippenberg (2000) fand bei seiner theoretischen Analyse und durch sein Review heraus, dass die Identifikation mit dem Unternehmen in einem positiven Zusammenhang mit der Motivation am Arbeitsplatz sowie *task performance* und *contextual performance* steht.

Ein weiterer Einflussfaktor auf die Arbeitsleistung ist die Motivation. In der Literatur wird die Wichtigkeit von Motivation und ihr Zusammenhang mit der Arbeitsleistung oftmals betont (Pouliakas, 2010; Davis & Wilson, 2000; Judge & Ilies, 2002). Eine zusätzliche Erkenntnis ist, dass jüngere und ältere Mitarbeiter unterschiedliche Motive und Bedürfnisse haben, was wiederum Auswirkungen auf die Arbeitsleistung haben kann (Becker, 2011).

In Bezug auf das „gesundheitsbedingte Fehlen" zeigten Van den Berg et al. (2008), dass die Arbeitsfähigkeit sowohl mit der physischen als auch mit der psychischen Gesundheit zusammenhängt, wobei psychische Gesundheit und Leistungsfähigkeit dieselben Einflussfaktoren haben. Physische Gesundheit wird negativ durch Fettleibigkeit und fehlende physische Aktivität beeinflusst, was zu einer verminderten Arbeitsleistung führt.

Nachdem die unterschiedlichen Einflussfaktoren auf die Arbeitsleistung erläutert wurden, ist fraglich, ob sich diese im Verlauf des Arbeitslebens verändert, sodass ein Unterschied zwischen der Leistung von älteren und jüngeren Mitarbeitern besteht. McEvoy und Cascio (1989) kamen in ihrer Metaanalyse zu denselben Ergebnissen, wie auch schon Waldmann und Avolio (1986). Beide Metaanalysen decken sich wiederum mit den früheren Erkenntnissen von Hunter & Hunter (1984), welche besagen, dass kein nennenswerter Zusammenhang zwischen Arbeitsleistung und Alter besteht.

Es gibt sogar Belege dafür, dass der Zusammenhang zwischen Arbeitsleistung und Alter sowohl positiv, negativ als auch neutral sein kann. Die Korrelation ist hierbei von der Art und Komplexität der Arbeitsaufgabe sowie von den damit verbundenen Anforderungen an spezielle Fähigkeiten abhängig.

3. Anlage und Interpretation der Untersuchung

Die erste Forschungsfrage konzentriert sich auf den Stellenwert, den die älteren Mitarbeiter in den Unternehmen haben und der damit verbundenen Relevanz des demografischen Wandels.

Da alle sieben befragten Betriebe flache Hierarchiestufen aufweisen, ist der Stellenwert, den ein einzelner Mitarbeiter in diesen Unternehmen hat, grundsätzlich höher einzuschätzen als bei einer vergleichsweise steilen Hierarchie. Aufgrund der in den meisten Fällen ausgeglichenen Altersstruktur der Mitarbeiter, ist davon auszugehen, dass ältere Mitarbeiter grundsätzlich den gleichen Stellenwert haben wie ihre jüngeren Kollegen. Eine Ausnahme war bei einem Betrieb zu erkennen, der die vorgegebene Größe von 50 Mitarbeitern übersteigt. Dieser Betrieb beschäftigt durchschnittlich mehr jüngere als ältere Mitarbeiter. Bezüglich der Teilnahmebereitschaft von Mitarbeitern an Weiterbildungsmaßnahmen ist die Tendenz zu erkennen, dass diese Bereitschaft bei jüngeren Mitarbeitern größer ist als bei den Älteren. Allerdings wurde auch angegeben, dass versucht wird, ältere und jüngere Mitarbeiter zu gleichen Teilen in Weiterbildungen zu integrieren – was ebenso für die Annahme einer Gleichstellung spricht. Die Tatsache, dass bei der Vergabe von offenen Stellen ältere und jüngere Mitarbeiter dieselben Chancen erhalten oder für ältere sogar eine größere Chance besteht, zeigt, dass die Arbeitsleistung der älteren Mitarbeiter durch die Betriebe zumindest gleich wertvoll eingeschätzt wird.

Auf die direkte Frage nach der Bedeutung des demografischen Wandels gaben nur drei Betriebe an, dass dieser keine Rolle für sie spiele – wobei einer davon weniger als 50 Mitarbeiter beschäftigt. Zusätzlich gaben vier von sieben HR-Experten spezifische Empfehlungen zur Verbesserung der Arbeitsleistung von älteren Mitarbeitern. Dies lässt den Rückschluss zu, dass sich die Führungskräfte schon zuvor mit dieser Thematik auseinandergesetzt haben. Auch die Tatsache, dass ältere Mitarbeiter über eine hohe Berufserfahrung innerhalb des Betriebes verfügen, gibt Grund zur Annahme, dass diese essentiell für die Unternehmen sind. Dies zeigt sich unter anderem darin, dass ältere Mitarbeiter trotz ihrer voraussichtlich kürzeren zukünftigen Betriebszugehörigkeit dieselben Weiterbildungsmöglichkeiten bekommen wie ihre jüngeren Kollegen. Weiterhin besetzen die Älteren oftmals höherrangige Stellen oder zumindest jene, die eine äquivalente Qualifikation erfordern. Zwar macht sich der in der Literatur (Engstler & Brussig, 2006) beschriebene Fachkräftemangel noch nicht bemerkbar, jedoch existieren Anzeichen dafür, dass dies in Zukunft der Fall sein wird. Beispielsweise zeigen die Untersuchungsergebnisse, dass für die befragten Betriebe die Suche nach qualifizierten Nachwuchskräften immer schwieriger wird und das Interesse von ausreichend qualifiziertem Personal für die ausgeschriebenen Stellen nicht den Bedarf deckt. Die Tatsache, dass ältere Mitarbeiter aufgrund ihrer höheren Berufserfahrung keine bessere Arbeitsleistung im Vergleich zu Jüngeren bringen, deckt sich hingegen mit den Aussagen der Literatur. Anzuführen sind die Ergebnisse von McDaniel et al. (1988), welche besagen, dass die Berufserfahrung eher bei niedriger qualifizierten Jobs eine hohe Korrelation mit der Arbeitsleistung aufweist. Trafen diese Faktoren jedoch nicht zu, konnten McDaniel et al. (1988) keinen aussagekräftigen Zusammenhang zwischen Berufserfahrung und Arbeitsleistung nachweisen, was auch nach den vorliegenden Ergebnissen dieser Arbeit der Fall ist. Es kann jedoch ein Zusammenhang zwischen hoher Berufserfahrung und dem Innehaben von höher qualifizierten Stellen oder gar Führungspositionen konstatiert werden. Eine mögliche Erklärung hierfür ist die Humankapitaltheorie, die besagt, dass ein Mitarbeiter mit steigender Dauer der Betriebszugehörigkeit unternehmensspezifisches Humankapital aufbaut, mit der Folge, dass er immer schwerer zu ersetzen ist. Die Kosten, einen adäquaten Ersatz zu finden, nehmen mit wachsender Betriebszugehörigkeit des Angestellten zu (Chan, 1996). Die Untersuchungsergebnisse zeigen, dass ältere Mitarbeiter eine hohe Berufserfahrung aufweisen, wobei diese mit einer langjährigen Betriebszugehörigkeit einhergeht. So kann der Einsatz von älteren Mitarbeitern in Führungspositionen, hoch qualifizierten Stellen sowie Stellen mit hoher Verantwortung erklärt werden. Da eine bestimmte Qualifikation die notwendige Voraussetzung für eine Beförderung darstellt (Bidwell, 2011), ist von einem Zusammenhang dieser Variablen auszugehen.

Es ist anzunehmen, dass die Bedeutung des demografischen Wandels dann bewusst wird, wenn die älteren Mitarbeiter, die momentan noch wichtige Rollen in deren Unternehmen spielen, aus dem Betrieb ausscheiden. Somit liefern die Ergebnisse aus den Interviews wichtige Ansätze zur Beantwortung der ersten Forschungsfrage. Hieraus lassen sich die nachfolgenden Hypothesen generieren.

H1: Der demografische Wandel wird eine immer wichtigere Rolle für mittelständige Unternehmen spielen.

Diese Hypothese deckt sich auch mit den aus der Literatur abgeleiteten und erwarteten Ergebnissen.

In den Ergebnissen dieser Arbeit zeigt sich, dass ältere Arbeitnehmer in den untersuchten Betrieben eher höher qualifizierte Stellen einnehmen. Dies ist in Verbindung mit der *Turniertheorie* relevant. Sie besagt, dass derjenige Mitarbeiter befördert wird, der das Turnier gewinnt. Der Verlierer wird nicht befördert und bleibt auf der Stelle (Lazear & Oyer, 2004). Daraus lässt sich die zweite Hypothese ableiten:

H2: Durch den Anstieg der Zahl der älteren Mitarbeiter aufgrund des demografischen Wandels wird ein erhöhter Konkurrenzkampf unter den älteren Mitarbeitern um Führungspositionen und hoch qualifizierte Stellen aufkommen.

Die zweite Forschungsfrage bezüglich der Vorurteile von Seiten der Vorgesetzten gegenüber älteren Mitarbeitern und einer möglicherweise schlechteren Bewertung ihrer Arbeitsleistung kann folgendermaßen beantwortet werden.

Grundsätzlich wird die Arbeitsleistung der jüngeren Mitarbeiter durch ihre Vorgesetzten gleich gut oder schlechter bewertet als die der älteren Mitarbeiter. Es können keine Hinweise dafür gefunden werden, dass ein Zusammenhang

zwischen Alter und Arbeitsleistung besteht. Somit kann der in der Literatur beschriebene neutrale Zusammenhang (Allen et al., 2002) bestätigt werden.

Ein positiver (Artistico, Cervone & Pezzuti, 2003) oder negativer (Avolio & Waldman, 1994; Rhodes, 2004) Zusammenhang kann also nicht festgestellt
werden. Aufgrund der Tatsache, dass unter den befragten Betrieben bei der Vergabe offener Stellen keine Bevorzugung einer Altersklasse stattfindet – und wenn,
dann eher zugunsten der Älteren – kann abgeleitet werden, dass die Arbeitsleistung der Älteren durch ihre Vorgesetzten vergleichsweise hoch eingeschätzt wird.
Trotzdem zeigen die Untersuchungsergebnisse, dass physische oder psychische
Veränderungen seitens der Mitarbeiter höheren Alters durch ihre Vorgesetzten
durchaus gesehen werden. Hingegen ist eine diesbezügliche Veränderung bei
jüngeren Arbeitnehmern den Führungskräften nicht in diesem Maße aufgefallen.
Jedoch gibt es Hinweise darauf, dass auch bei Jüngeren sowohl physische als auch
psychische Veränderungen bemerkt werden und diese höhere Fehlzeiten, beispielsweise durch Krankheiten, zur Folge haben können. Die befragten Experten
waren durchweg der Meinung, dass durch diese Veränderungen allerdings keine
gravierende Auswirkung auf die Arbeitsleistung entsteht. Einzelne Eigenschaften und Fähigkeiten der älteren Mitarbeiter wurden in der Summe durch die
befragten Experten sogar besser bewertet als die der jüngeren Kollegen. Die von
Gininger, Dispenzieri und Eisenberg (1983), Erber und Danker (1995) sowie
Sturman (2003) beschriebenen Beurteilungen sind also auch in der Betriebspraxis
zu finden. Somit können die nachfolgenden Hypothesen abgeleitet werden:

H3a: Vorgesetzte schätzen die Arbeitsleistung von älteren Mitarbeitern grundsätzlich als
gut ein.

H3b: Vorgesetzte unterschätzen die Arbeitsleistung von älteren Mitarbeitern oft.

Entgegen der Erwartungen, die besagen, dass Vorgesetzte die Leistung ihrer älteren Mitarbeiter schlechter bewerten, als die der Jüngeren, zeigen die Ergebnisse,
dass dies nicht der Fall ist. Jedoch ist nicht auszuschließen, dass ihre Leistung
teilweise unterschätzt wird.

Zur Beantwortung der dritten Forschungsfrage wurde untersucht, wie sich
ältere Mitarbeiter, die eine gute Arbeitsleistung aufweisen, von ihren gleichaltrigen Kollegen unterscheiden.

Da die untersuchten Betriebe im Allgemeinen eher über höher qualifizierte
Mitarbeiter verfügen, ist anzunehmen, dass die berufliche Qualifikation diesbezüglich keine größere Rolle spielt – was sich auch in den Untersuchungsergebnissen widerspiegelt. Lediglich ein Betrieb gab an, dass ältere Mitarbeiter,
die eine gute Arbeitsleistung erbringen, keine spezifischen Qualifikationen auf-

weisen. Ansonsten bekräftigten alle Interviewpartner, dass diese Mitarbeiter zumindest über eine Ausbildung für ihren Beruf oder sogar über entsprechende Weiterbildungen verfügen. Ebenso wurden gesundheitliche Einflussfaktoren von allen befragten HR-Experten ausgeschlossen. Da die älteren Mitarbeiter in allen befragten Betrieben über eine hohe Betriebszugehörigkeit sowie Berufserfahrung im selben Betrieb verfügen, kann nicht gesagt werden, ob die Berufserfahrung eines älteren Mitarbeiters dazu beiträgt, eine im Vergleich zu anderen bessere Arbeitsleistung zu erbringen. Zu erkennen ist jedoch, dass bei älteren Mitarbeitern mit guter Arbeitsleistung laut den Angaben ihrer Vorgesetzten die Merkmale Pflichtbewusstsein und Extraversion stärker ausgeprägt sind. Belege dafür, dass eher Softskills verbesserungsbedürftig sind, zeigen auch die Antworten der befragten Experten, die sich auf die Verbesserung der Arbeitsleistung von älteren Mitarbeitern beziehen. Drei von sieben legen Wert auf die Verbesserung der kommunikativen Fähigkeiten der Mitarbeiter.

Eine schlechtere gesundheitliche Situation der älteren Mitarbeiter, von welcher in der Literatur berichtet wird (Böhne, 2008; Badura, 2003; Naegele, 1988; Friedmann & Weimer, 1982; Künemund & Voges, 1989), ist aus den vorliegenden Ergebnissen nicht ersichtlich. Dies könnte der Tatsache geschuldet sein, dass die befragten Betriebe vorwiegend höher qualifizierte Mitarbeiter beschäftigen, welche in der Regel geringeren körperlichen Belastungen ausgesetzt sind.

Doch ist ein Zusammenhang zwischen den Persönlichkeitsmerkmalen und der Arbeitsleistung von älteren Mitarbeitern – wie etwa von Barrick und Mount (1991) beschrieben – gegeben. Insgesamt sind somit folgende Hypothesen aufzustellen:

H4: Gesundheitliche Einschränkungen haben in Berufen, für die eine höhere Qualifikation notwendig ist, keine Auswirkungen auf die Arbeitsleistung älterer Mitarbeiter.

H5: In Betrieben, in denen im Durschnitt eine hohe Qualifikation der Mitarbeiter vorliegt, unterscheiden sich leistungsstarke ältere Mitarbeiter nicht auf Grund ihrer beruflichen Qualifikation von ihren leistungsschwächeren, gleichaltrigen Kollegen.

H6a: Softskills wirken sich stark auf die Arbeitsleistung von älteren Mitarbeitern aus.

H6b: Persönlichkeitsmerkmale wirken sich stark auf die Arbeitsleistung von älteren Mitarbeitern aus.

Diese Hypothesen decken sich mit den erwarteten Ergebnissen, die aufgrund der in der Literatur verbreiteten Meinungen formuliert wurden. Sie besagen, wie bereits oben erwähnt, dass ältere Mitarbeiter bestimmte Persönlichkeitsmerkmale oder zumindest mehr Berufserfahrung aufweisen, welche eine bessere Leistung zur Folge haben.

Um die letzte Forschungsfrage beantworten zu können, wurde die Arbeitszufriedenheit der älteren Mitarbeiter untersucht.

Die Ergebnisse zeigen, dass weder bei der Einteilung für Weiterbildungsmaßnahmen noch bei der Vergabe von offenen Stellen jüngere Mitarbeiter bevor-
zugt werden. Ebenso haben Ältere in den befragten Betrieben durchschnittlich
dieselben Entwicklungsmöglichkeiten wie Jüngere. Deswegen ist anzunehmen,
dass diese Faktoren die Arbeitszufriedenheit der Älteren nicht negativ, sondern
tendenziell eher positiv beeinflussen.

Die Tatsache, dass Beschwerden von Seiten älterer Mitarbeiter im Vergleich
zu Jüngeren nicht häufiger auftreten und dass ein regelmäßiger Austausch der
Experten mit den älteren Mitarbeitern stattfindet, lässt ebenfalls keine Rückschlüsse auf eine bestehende Unzufriedenheit von Älteren zu. Lediglich ein Experte wies auf eine aufkommende Unzufriedenheit der Älteren hin. Diese bezieht
sich allerdings auf die tarifliche Lohnstagnation und ist bei einem anderen Betrieb
derselben Branche nicht gegeben. Auch die Kommunikation zwischen älteren und
jüngeren Mitarbeitern ist laut den Befragungen in allen Betrieben gut. Ergänzend
lässt eine hohe beziehungsweise höhere Identifikation der älteren Mitarbeiter mit
ihren Unternehmen den Rückschluss zu, dass dadurch ihre Arbeitszufriedenheit
tendenziell positiv beeinflusst wird. Weiterhin bestehen keine Anhaltspunkte für
negative Einflüsse der Arbeitszufriedenheit bei älteren Mitarbeitern im Vergleich
zu jüngeren.

In Bezug auf die in der Literatur untersuchte Beziehung zwischen Arbeitsleistung und Arbeitszufriedenheit (Iaffaldano & Muchinsky, 1985; Judge et al., 2001)
in Verbindung mit den vorliegenden Untersuchungsergebnissen ist anzunehmen,
dass eine bessere Arbeitsleistung der älteren Mitarbeiter durch eine höhere Arbeitszufriedenheit hervorgerufen wird. Daraus lässt sich die folgende Hypothese
ableiten:

*H7: Die Arbeitszufriedenheit von älteren Mitarbeitern ist im Durchschnitt höher als die
der jüngeren Kollegen.*

Diese Hypothese steht nicht in Einklang mit den erwarteten Ergebnissen, welche
auf der Literatur gründen. Entgegen der Vermutung beklagen sich ältere Mitarbeiter nämlich nicht häufiger, sondern sind zufriedener. Aus dem Vergleich der
Darstellung in der Literatur mit den Ergebnissen der Interviews unserer Untersuchung lässt sich die Erkenntnis ableiten, dass es für einen Betrieb wichtig ist, die
Arbeitszufriedenheit auch der älteren Mitarbeiter zu schätzen. Dies wird deshalb
immer wichtiger, da die Älteren aufgrund des demografischen Wandels einen
zunehmend hohen Stellenwert in der Betriebspraxis bekommen, trotz möglicher
Vorurteile über eine schlechter werdende Arbeitsleistung im Alter.

4. Folgerungen und Handlungsempfehlungen

Die Untersuchungsergebnisse geben Grund zur Annahme, dass die Altersstruktur in Unternehmen momentan noch ausgeglichen ist, sich in Zukunft jedoch größere Probleme aufgrund des demografischen Wandels anbahnen. Deshalb müssen für die Praxis auch in kleinen und mittelständischen Betrieben Maßnahmen für die Aufrechterhaltung der Arbeitsleistung vorgenommen werden. Als erster Schritt ist eine Thematisierung der Problematik notwendig, denn die Ergebnisse zeigen, dass die Mehrheit der befragten Betriebe noch keine konkreten Maßnahmen unternommen hat.

Im weiteren Vorgehen muss beachtet werden, dass nicht nur ältere Mitarbeiter ein mögliches Problem für die zukünftige Betriebspraxis darstellen, sondern auch jüngere, welche nicht in der Lage sind, die von ihnen erwartete Leistung zu erbringen. Konkret muss eine demografieorientierte Nachfolgeplanung entwickelt werden. Eine Umsetzung wäre in Form einer längeren betrieblichen Ausbildung oder anhand eines Mentorenprogramms durch ältere Mitarbeiter denkbar.

Die Ergebnisse geben auch Grund zur Annahme, dass die älteren Mitarbeiter eher eine Bereicherung für den Betrieb darstellen, als dass sie Probleme verursachen. Sie arbeiten teilweise bis kurz vor der Rente in führenden und anspruchsvollen Positionen. Umso wichtiger erscheint der Abbau von diesbezüglichen Vorurteilen, die auch in der vorliegenden Literatur (Gininger, Dispenzieri & Eisenberg, 1983; Erber & Danker, 1995; Sturman, 2003) thematisiert werden. Somit sollte der Stellenwert älterer Mitarbeiter im Unternehmen neu definiert und ein respektvoller Umgang gewährleistet werden. Ebenso ist es notwendig, ihre Arbeitseinstellungen zu schätzen und junge Mitarbeiter auf die Wichtigkeit dieser Arbeitsorientierung aufmerksam zu machen. Durch Mentorenprogramme kann es durchaus zu einem Abbau von Vorurteilen kommen, da die jüngeren Mitarbeiter einerseits die Expertise ihrer älteren Mentoren zu schätzen lernen. Andererseits wird einer möglichen konfrontativen Gruppenbildung zwischen Jung und Alt im Unternehmen vorgebeugt.

Weiterhin sollte den Führungskräften und Mitarbeitern bewusst sein, dass ältere Mitarbeiter momentan keine größeren Risiken darstellen, was ihre Gesundheit betrifft. Dennoch ist es wichtig, vor allem wegen des demografischen Wandels, einer möglichen Erhöhung des Rentenalters und dem sich verschärfenden Fachkräftemangel, frühzeitig Maßnahmen für gesundes Altern zu ergreifen. Dies wäre beispielsweise durch Investitionen in betriebliche Gesundheitsvorsorge und -fürsorge denkbar.

Zur Vermeidung von Konkurrenzsituationen unter den älteren Mitarbeitern gilt es, diesen Mitarbeitern die Möglichkeit zu geben, durch das Ausschöpfen ihres Potentials in spezifischen Bereichen den Betrieb zu unterstützen. Um eine solche Umsetzung zu ermöglichen, wären unterschiedliche Ansätze der Laufbahnentwicklung zu betrachten. In der Literatur wird diesbezüglich seit ca. 1990 ein stetiger Betriebswechsel der Mitarbeiter als Grundlage diskutiert (Gasteiger, 2013).

Doch die vorliegenden Untersuchungsergebnisse zeigen, dass die Mehrheit der Laufbahnen der Arbeitnehmer von mittelständigen Unternehmen innerhalb eines Betriebes verläuft. Dadurch werden bewusst Ansätze zur beruflichen Entwicklung im postorganisationalen Umfeld, welche sich auf den Betriebswechsel beziehen, ausgeklammert.

Aufgrund der Veränderungen beruflicher Anforderungen sowie des Selbstkonzepts über die Lebensspanne hinweg, sind die folgenden zwei Ansätze der Laufbahnentwicklung in Betracht zu ziehen.

Zum einen ist der Ansatz von Super (1957) relevant, welcher besagt, dass das Selbstkonzept eines Menschen mit der subjektiv erwarteten Repräsentation eines Berufes abgeglichen werden muss. In der Praxis würde das bedeuten, dass der Betrieb auf Kompatibilität zwischen dem Selbstkonzept eines Mitarbeiters und den Anforderungen seiner Arbeitsstelle zu achten hat. Optimal wäre eine regelmäßige Anpassung, was durchaus einen Wechsel der Stelle zur Folge haben könnte. Zum anderen ist der Ansatz von Super, Savickas und Super (1996) beachtenswert, der besagt, dass die berufliche Entwicklung in Abhängigkeit von Lebensphasen verläuft. Entsprechende Modelle werden in den letzten Jahren im HR immer stärker eingeführt.

Die vorliegenden Ergebnisse zur Beurteilung der Arbeitsleistung legen erneut nahe, dass berufliche Qualifikationen sowie Persönlichkeitsmerkmale und Softskills Einfluss auf die Arbeitsleistung der älteren (und auch jüngeren) Mitarbeiter haben. Die Fähigkeiten, die bei älteren Mitarbeitern im Vergleich zu jüngeren im Durchschnitt eher gering ausgeprägt sind, sollten aufgebaut und gefördert werden. Hingegen sollten die stärker ausgeprägten Fähigkeiten genutzt werden, um die Arbeitsleistung der älteren Mitarbeiter weiter zu verbessern. Konkret bedeutet das, dass ältere Mitarbeiter Stellen besetzen sollten, die ihren Fähigkeiten optimal entsprechen. Diese Ergebnisse sprechen wiederum für den Ansatz des Selbstkonzeptes nach Super (1957). Darum sind spezifische Diagnostikmethoden zu verstärken.

Die gewonnenen Erkenntnisse zeigen, dass ältere Mitarbeiter dazu neigen, sich stärker mit ihrem Betrieb zu identifizieren – was Rückschlüsse auf eine höhere Arbeitszufriedenheit zulässt. Beobachtungen über das Zusammenspiel von Selbstkonzept und Gestaltung des Arbeitsplatzes bei diesem Prozess lassen sich möglicherweise auf die Förderung der Arbeitszufriedenheit bei jüngeren Mitarbeitern übertragen.

Unsere Interviews zeigen, dass die Mitarbeiter im Normalfall eine Laufbahn innerhalb des eigenen Betriebs anstreben. Diesbezüglich führt Gasteiger (2013) drei organisationale Laufbahnansätze auf. Der erste betrifft die vertikale Bewegung innerhalb eines Betriebes. Mitarbeiter können sich also aufwärts oder abwärts entlang der Hierarchieebenen bewegen. Die Mehrheit der untersuchten Betriebe – fünf von sieben – hatten eine mittlere Größe und eine eher flache Hierarchieebene, weswegen hier vertikale Mobilität innerhalb des Betriebes als Ausnahme anzusehen ist. Die zweite Möglichkeit besteht in einer radialen Bewegung: Mitarbeiter können innerhalb einer Organisation zwischen zentralen und dezentralen Stellen wechseln. Von den befragten HR-Experten wird diese Möglichkeit nur im Falle einer Nichterfüllung der Arbeitsleistung in Betracht gezogen. Dies ist ebenso auf die geringere Größe der Betriebe zurückzuführen, denn bei kleineren Unternehmen sind die meisten Stellen von Haus aus zentral verknüpft (Gasteiger, 2013). Die dritte Möglichkeit für eine organisationale Laufbahn besteht in einer funktionalen Änderung der Stelle. Die Mehrheit der Experten gab an, dass funktionale Bewegungen sowohl für jüngere als auch für ältere Mitarbeiter möglich sind. Allerdings werden diese von den Jüngeren häufiger gewünscht.

Literatur

Allen, P. A. / Mei-Ching, L. / Murphy, M. D. / Sanders, R. E. / Judge, K. S. / McCann, R. S. (2002): Age differences in overlapping-task performance: Evidence for efficient parallel processing in older adults. *Psychology and aging* 17(3), S. 505.

Artistico, D. / Cervone, D. / Pezzuti, L. (2003). Perceived self-efficacy and everyday problem solving among young and older adults. *Psychology and aging*, *18*(1), S. 68.

Avolio, B. J. / Waldman, D. A. (1994): Variations in cognitive, perceptual, and psychomotor abilities across the working life span: examining the effects of race, sex, experience, education, and occupational type. *Psychology and aging* 9(3), S. 430.

Barrick, M. R. / Mount, M. K. (1991): The big five personality dimensions and job performance: a meta-analysis. *Personnel psychology* 44(1), S. 1–26.

Becker, M. (2011): Optimistisch altern! In Ritz, A. / Thom, N. (Hrsg.): *Talent Management*. Gabler: Wiesbaden, S. 39–56.

Bidwell, M. J. (2011): Paying more to get less: Specific skills, incomplete information and the effects of external hiring versus internal mobility. *Administrative Science Quarterly* 56(3), S. 369–407.

Böhne, A. (2008): *Generierung von Identifikations- und Motivationspotentialen älterer Arbeitnehmer im Kontext eines professionellen Human Resource Management*. Rainer Hampp Verlag: Mering.

Chan, W. (1996): External recruitment versus internal promotion. *Journal of Labor Economics*, 14(4), S. 555–570.

Davis, J. / Wilson, S. M. (2000): Principals' efforts to empower teachers: Effects on teacher motivation and job satisfaction and stress. *The Clearing House* 73(6), S. 349–353.

Den Hartog, D. N. / Boon, C. / Verburg, R. M. / Croon, M. A. (2013): HRM, Communication, Satisfaction, and Perceived Performance A Cross-Level Test. *Journal of Management* 39(6), S. 1637–1665.

Engstler, H. / Brussig, M. (2006): Arbeitslosigkeit am Ende des Erwerbslebens. *informationsdienst altersfragen* 33(6), S. 2–6.

Erber, J. T. / Danker, D. C. (1995): Forgetting in the workplace: Attributions and recommendations for young and older employees. *Psychology and aging* 10(4), S. 565.

Friedmann, P. / Weimer, St. (1982): *Arbeitnehmer zwischen Erwerbstätigkeit und Ruhestand – zu den Auswirkungen der flexiblen Altersgrenze auf die Arbeits- und Lebensbedingungen älterer Arbeitnehmer*, Campus: Frankfurt am Main/ New York.

Gasteiger, R. M. (2013): *Laufbahnentwicklung und-beratung: Berufliche Entwicklung begleiten und fördern*. Hogrefe Verlag: Göttingen.

Gerstner, C. R. / Day, D. V. (1997): Meta-Analytic review of leader–member exchange theory: Correlates and construct issues. *Journal of applied psychology* 82(6), S. 827.

Giniger, S. / Dispenzieri, A. / Eisenberg, J. (1983): Age, experience, and performance on speed and skill jobs in an applied setting. *Journal of Applied Psychology* 68(3), S. 469.

Höft, R. (2015): *Einflussfaktoren auf die Entwicklung der Arbeitsleistung älterer Arbeitnehmer – eine Kasuistik*. (Masterarbeit) Universität Mannheim.

Hunter, J. E. / Hunter, R. F. (1984): Validity and utility of alternative predictors of job performance. *Psychological bulletin* 96(1), S. 72.

Iaffaldano, M. T. / Muchinsky, P. M. (1985): Job satisfaction and job performance: A meta-analysis. *Psychological bulletin* 97(2), S. 251.

Judge, T. A. / Ilies, R. (2002): Relationship of personality to performance motivation: a meta-analytic review. *Journal of applied psychology* 87(4), S. 797.

Judge, T. A. / Thoresen, C. J. / Bono, J. E. / Patton, G. K. (2001): The job satisfaction–job performance relationship: A qualitative and quantitative review. *Psychological bulletin*, 127(3), S. 376.

Kuncel, N. R. / Hezlett, S. A. / Ones, D. S. (2004): Academic performance, career potential, creativity, and job performance: Can one construct predict them all?. *Journal of personality and social psychology* 86(1), S. 148.

Künemund, H. / Voges, W. (1989): Lebenslage und Interesse am Vorruhestand: Ergebnisse der Repräsentativbefragung. In Kohli, M. / Gather, C. / Künemund, H. / Mücke, B. / Schürkmann, M. / Voges, W. / & Wolf, J. (Hrsg.), *Je früher – desto besser? Die Verkürzung des Erwerbslebens am Beispiel des Vorruhestandes in der chemischen Industrie*. Sigma: Berlin. S. 111–148.

Lazear, E. P. / Oyer, P. (2004): Internal and external labor markets: a personnel economics approach. *Labour economics* 11(5), S. 527–554.

McDaniel, M. A. / Schmidt, F. L. / Hunter, J. E. (1988): Job experience correlates of job performance. *Journal of Applied Psychology* 73(2), S. 327.

McEvoy, G. M. / Cascio, W. F. (1989): Cumulative evidence of the relationship between employee age and job performance. *Journal of applied psychology* 74(1), S. 11.

Naegele, G. (1988): Frühverrentung in der BRD – Fluch oder Segen – eine falsche Alternative. In Rosenmayer, L. / Kolland, F. (Hrsg.), *Arbeit – Freizeit – Lebenszeit – Grundlagen zu Übergängen im Lebenszyklus*. VS Verlag für Sozialwissenschaften: Wiesbaden, S. 207–232.

Pouliakas, K. (2010): Pay enough, don't pay too much or don't pay at all? The impact of bonus intensity on job satisfaction. *Kyklos* 63(4), S. 597–626.

Sturman, M. C. (2003): Searching for the inverted U-shaped relationship between time and performance: Metaanalyses of the experience/performance, tenure/performance, and age/performance relationships. *Journal of Management* 29(5), S. 609–640.

Super, D. E. (1957): *The psychology of careers. An introduction to vocational development*. Harper: New York.

Super, D. E. / Savickas, M. L. / Super, C. M. (1996): The life-span, life-space approach to careers. In Brown, D. / Brooks, D. & Associates (Hrsg.), *Career choice and development*. Jossey-Bass: San Francisco, S. 121–178.

Van den Berg, T. I. / Alavinia, S. M. / Bredt, F. J. / Lindeboom, D. / Elders, L. A. / Burdorf, A. (2008): The influence of psychosocial factors at work and life style on health and work ability among professional workers. *International Archives of Occupational and Environmental Health* 81(8), S. 1029–1036.

Van Knippenberg, D. (2000): Work motivation and performance: A social identity perspective. *Applied psychology* 49(3), S. 357–371.

Waldman, D. A., & Avolio, B. J. (1986): A meta-analysis of age differences in job performance. *Journal of Applied Psychology* 71(1), S. 33.

III
Programme und Professionalisierung

Michael Scharpf

Curriculare Anforderungen an die akademische Qualifizierung von Beratungsfachkräften der BA unter besonderer Berücksichtigung der Zielgruppe 55+

Abstract: *This chapter analyses the current curriculum of the University of Applied Labour Studies regarding the counselling of senior citizens. Using the competence profile based on the systemic context model, the analysis shows that even though there are some starting points, the curriculum needs to expand its focus on lifelong guidance.*

Die Bundesagentur für Arbeit (BA) verfolgt mit der Strategie 2020 unter anderem das Ziel, die Erwerbsbeteiligung von Menschen über 55 Jahren zu erhöhen (vgl. BA 2020, 2016). Dieses Ziel erfordert Maßnahmen, mit denen das vorzeitige Ausscheiden älterer Fachkräfte aus den Betrieben verringert und der Zugang für Ältere in den Arbeitsmarkt erleichtert wird. Aus diesem Grund müssen sich die BA und die Betriebe künftig auf eine alterssensible Beratung einstellen. So müssen Beratungsaktivitäten künftig verstärkt auf einem holistischen Ansatz basieren, der das soziale Umfeld, Lebensvollzüge sowie Rollenanforderungen der Zielgruppe 55+ berücksichtigt. Hier stellt sich zwangsläufig die Frage nach der passenden akademischen Qualifizierung von Beratungsfachkräften der BA und dem Anpassungsbedarf in bestehenden Curriula der Hochschule der Bundesagentur für Arbeit (HdBA).

Die HdBA qualifiziert seit über vier Jahrzehnte die Nachwuchskräfte der BA in der beruflichen Beratung. Der praxisintegrierende Bachelor-Studiengang „Berufliche Beratung für Bildung, Beruf und Beschäftigung (BBB)" ist im September 2016 reakkreditiert worden und durch die Abfolge von fünf Präsenz- und vier Praktikumstrimestern gekennzeichnet.

Im Folgenden soll der Studienschwerpunkt „Berufliche Beratung" berücksichtigt werden. **Abb. 1** zeigt die Module des Basisstudiums (1. bis 3. Präsenztrimester) sowie die Module des Hauptstudiums (4. und 5. Präsenztrimester). Die Studierenden lernen, die Kundinnen und Kunden der BA beschäftigungsorientiert zu beraten und deren Integration in Bildung und Erwerbsarbeit zu unterstützen. Ihnen wird ein differenziertes Verständnis grundlegender sozialstruktureller, politischer und individueller Faktoren sowie von deren Einfluss auf die Entwicklung und Gestaltung beruflicher Übergänge vermittelt. Hierzu zählen Übergänge von der Schule in Ausbildung und Beruf, Berufswechsel und berufliche Anpassungen im Laufe der Erwerbsbiografie. Die Beratung soll sich jedoch nicht ausschließlich mit der Begleitung in Transitionen befassen, sie ist im weiteren Sinne als lebensbegleitende Bildungs-, Laufbahn- und Karriereberatung zu verstehen.

Zugleich werden die Studierenden in die Lage versetzt, theoretische Inhalte auf konkrete Anwendungsfragen im Bereich der Sozial- und Arbeitsmarktpolitik zu übertragen. Den inhaltlichen Fokus des Studienschwerpunkts bilden insbesondere die Themen „Konzepte der beruflichen Beratung", „Berufliche Qualifizierungsmaßnahmen" und „Rechtliche Aspekte der Beratung" (Metzler & Scharpf 2017).

Abb. 1: Module des Bachelor-Studienganges Beratung für Bildung, Beruf und Beschäftigung

1. Präsenztrimester:	2. Präsenztrimester:	3. Präsenztrimester:
– Orientierung und Propädeutik	– Arbeitsmarktprozesse I	– Public Management I
– Grundlagen der Statistik	– Beratungsprozesse I	– Personalmanagement
– Betriebswirtschaftliche Grundlagen	– Berufliche Aus- und Weiterbildung	– Berufliche Eignungsdiagnostik
– Volkswirtschaftliche Grundlagen	– Integration in Erwerbsarbeit I	– Beratungsprozesse II
– Sozialwissenschaftliche Grundlagen der Beratung	– Grundlagen des Sozialrechts	– Berufs- und Arbeitswissenschaft
– Grundlagen der Integration	– Arbeitsrecht	– Recht der sozialen Sicherung
– Rechtswissenschaftliche Grundlagen		

4. Präsenztrimester:	5. Präsenztrimester:
– Arbeitgeberberatung I	– Berufliche Qualifizierungsmaßnahmen
– Berufsbiografie und berufliche Mobilität	– Netzwerke und Netzwerkarbeit
– Konzepte beruflicher Beratung	– Rechtliche Aspekte der Beratung
– Arbeiten mit Gruppen	– Wahlpflichtmodul II
– Forschungsseminar	– Wahlpflichtmodul III
– Wahlpflichtmodul I	

Der vorliegende Beitrag wird nun exemplarisch die Relevanz von Beratungskompetenzen für die Zielgruppe 55+ im Curriculum des Studienganges vorstellen. Die Ergebnisse resultieren aus einer Analyse eines – auf der Basis des aus dem systemischen Kontextmodell abgeleiteten – Kompetenzprofils (nfb, 2012), das u. a. in folgende Gruppen unterteilt ist:

P: Kompetenzen für das Gestalten von Beratungsprozessen
R: Kompetenzen mit Bezug auf Ratsuchende

B: Kompetenzen zur professionellen (Selbst-)Reflexion
O: Kompetenzen für das Mitgestalten der Organisation
G: Gesellschaftsbezogene Kompetenzen

Des Weiteren beinhaltet das Kompetenzprofil übergreifende Kompetenzen (Ü) wie die Orientierung an den Ratsuchenden, das Herstellen von Transparenz des Beratungsangebotes und -prozesses, das Handeln nach ethischen Prinzipien sowie das Mitwirken an Qualitätsentwicklung, die für jede professionelle Beratung elementar sind. Der Fokus soll im Folgenden auf die Kategorien P, R, B, O und G gelegt werden. Die 31 Module in dem Studiengang BBB sind den Fachdisziplinen Wirtschafts-, Rechts- und Sozialwissenschaften zugeordnet. Die Module sind bewusst offen gestaltet, damit sie sich den Aufgaben- und Arbeitsfeldern der Bundesagentur für Arbeit (BA) – die keinesfalls konstant sind – anpassen können, ohne den wissenschaftlichen Kernbestand des Studienganges aufgeben zu müssen. Das gilt auch für die zunehmende Bedeutung der Zielgruppe 55+. In der laufenden Weiterentwicklung des Curriculums in Richtung einer lebensbegleitenden beruflichen Beratung muss dieser Aspekt berücksichtigt werden. Bei der Analyse des Curriculums des Studienganges BBB werden unter Einbeziehung des systemischen Kontextmodells die curricularen Inhalte einzelner Pflicht- und Wahlpflichtmodule der Präsenztrimester den definierten Kompetenzgruppen zugeordnet. In diesem Zusammenhang soll die Relevanz, die inhaltliche Ausprägung sowie die Plausibilität der Modulinhalte – mit Blick auf die berufliche Beratung der Zielgruppe 55+ – untersucht werden. Dabei handelt es sich um eine exemplarische Auswahl an Modulen.

Die inhaltliche Ausgestaltung der Modulinhalte für diese Zielgruppe wird anhand der Metriken stark (3), mittel (2) und schwach (1) ausgedrückt. Die so entstehende Matrix (vgl. **Tab. 1a** und **Tab. 1b**) ermöglicht die Identifizierung des Entwicklungsbedarfs. Im Überblick fällt auf, dass die Kompetenzgruppen G, O, R und P im Curriculum etwa gleich stark vertreten sind.

Zu P: Kompetenz zur Gestaltung von Beratungsprozessen

Die im Curriculum aufgeführten Beratungskompetenzen orientieren sich an internationalen Standards. Diese weisen jedoch eine starke Interdependenz mit den Persönlichkeitsmerkmalen und Lebenserfahrungen der Beratungsfachkraft auf. Daher gilt ein besonderes Augenmerk der Sensibilisierung der Studierenden für eine zielgruppenadäquate Beratung trotz starker Altersunterschiede. Die Module bieten hierzu durch ihren Bezug zu Lebensphasenmodellen in Verbindung mit entsprechenden Praxiserfahrungen eine gute Ausgangsposition. In der Beratung Älterer spielen vor allem solche Ansätze eine Rolle, die schon bei der Anliegensklärung die Bedeutung biografiebezogener Betrachtungsweisen hervorheben (z. B. Life Designing). Gleichzeitig müssen jedoch die limitierenden Rahmenbedingungen für ein solches beraterisches Vorgehen beachtet werden, etwa das Zeitbudget, die rechtlichen Restriktionen und die fachlichen Zuständigkeiten. Bei der Erarbeitung von Lösungsstrategien ist die besondere Verantwortung des Beraters für ältere Ratsuchende zu betonen. Diese müssen sich auf die Realisierbarkeit der Lösungsstrategien aus individueller und arbeitsmarktlicher Sicht beziehen. Gerade weil das Informationsmaterial der Berufsberatung nur sehr begrenzt auf die Spezifika der Zielgruppe 55+ ausgelegt ist, stellt dies besondere berufskundliche, arbeitsmarkt- und betriebsbezogene Anforderungen an die Beratungsfachkraft. Hieraus ergibt sich für die HdBA ein weites Forschungs- und Entwicklungsfeld.

Zu R: Kompetenzen mit Bezug auf Ratsuchende

Ausgehend von den gängigen Konzepten beruflicher Beratung sollen die Studierenden die für die Zielgruppe 55+ charakteristischen sozialen und individuellen Einflussfaktoren auf die berufliche Entwicklung in der Spätphase der Erwerbsarbeit kennenlernen und sie beraterisch umsetzen. In diesem Zusammenhang sind die berufs- und erwerbsbiografischen Daten dieser Zielgruppe zu analysieren und mit berufsfeldbezogenen Gegebenheiten zu verknüpfen. Doch gerade in der Spätphase des Erwerbslebens bzw. in der Übergangsphase in den Ruhestand sind – stärker als bei den anderen Kundengruppen – die übrigen Lebensbereiche und Rollenanforderungen zu berücksichtigen. Eine Schwäche der bisherigen beruflichen Beratungskonzeptionen – auch auf internationaler Ebene – liegt in der Vernachlässigung der Anwendung im Human Resource Management, etwa in Bezug auf die Qualifizierungsberatung, besonders in kleinen und mittelständischen Betrieben. Hier bedarf es einer adäquaten Beratung der Zielgruppe 55+ in der Personalentwicklung und -erhaltung sowie der Sicherung des Erfahrungswissens Älterer (Wissensmanagement), wie es im Curriculum der HdBA in Teilen bereits berücksichtigt wird, jedoch insgesamt noch ausbaufähig erscheint. Ein bislang noch nicht ausreichend untersuchter Bereich ist ferner die Diversität bei Älteren. Die im Studienplan vorhandenen Ansätze gilt es daher auszubauen.

Zu B: Kompetenzen zur professionellen (Selbst-)Reflexion

Die Studierenden werden in die Lage versetzt, den Beratungserfolg auf der Grundlage gängiger Qualitätsmerkmale zu reflektieren bzw. diese Indikatoren für die Zielgruppe 55+ zu adaptieren. Hier gibt es eindeutige Anknüpfungspunkte im Studienplan.

Zu O: Kompetenzen für das Mitgestalten der Organisation

Im Mittelpunkt steht hier die Strategie- und Leitbildentwicklung sowie die Konzipierung, Implementierung und Evaluierung von Beratungsangeboten für die Zielgruppe 55+. Dazu bedarf es der Kenntnis formaler und informeller Organisationsstrukturen sowie deren Kommunikations-, Koordinations- und Entscheidungsprozesse. In diesem Kontext müssen die Studierenden lernen und motiviert sein, sich angemessen einzubringen. Eine besondere Herausforderung bei der Gestaltung beraterischer Dienstleistungen, auch für Ältere, stellt die zunehmende Digitalisierung in den Beratungsangeboten dar.

Im Hinblick auf die Zielgruppe 55+ sind – gerade wenn ein holistischer Beratungsansatz verfolgt wird – gegebenenfalls weitere Anforderungen an die Beratung zu stellen, wie Beratungsdauer und -intensität sowie Biografie-Orientierung. Das deutet auf einen höheren Ressourcenbedarf hin und erfordert eine funktionierende Netzwerkarbeit (z. B. die Zusammenarbeit mit regionalen und überregionalen Institutionen) sowie Beschäftigungsangebote und komplementäre Dienstleistungen für die Zielgruppe 55+ (z. B. Seniorenuniversität, Ehrenamtsbörsen, Wirtschaftssenioren).

Zu G: Gesellschafsbezogene Kompetenzen

Hier geht es um die Reaktion auf den demografischen Wandel, den Fachkräftebedarf sowie arbeitsmarktpolitische Maßnahmen in Bezug auf die alternde Gesellschaft. Dabei wird direkt auf die Fachaufgaben der BA Bezug genommen. Für die Beratungsfachkräfte kommt es darauf an, sich ihrer Rolle bei der Beratung der Zielgruppe 55+ bewusst zu sein, insbesondere ihre soziale Verantwortung neu zu überdenken.

Dies erscheint deshalb wichtig, weil das Alter der Studierenden mit durchschnittlich unter 25 Jahren sehr weit von der Zielgruppe 55+ entfernt ist. In der didaktischen Umsetzung bieten hier die im Studium integrierten Praxisphasen in den Agenturen für Arbeit und gemeinsamen Einrichtungen eine gute Gelegenheit, die Studieninhalte in die Praxis zu transferieren (z. B. Integrationsberatung, Arbeitsförderung, Grundsicherung und Teilhabe am Arbeitsleben).

Die Modulinhalte bieten zudem die Möglichkeit, die Ziele der 2020 Strategie der BA im Hinblick auf eine lebensbegleitende berufliche Beratung zu internalisieren. Die rechtlichen Vorgaben bilden dabei den notwendigen Handlungsrahmen, vor allem die Rechtskreise SGB II, SGB III und SGB IX.

Tab. 1a: Zuordnung der Module zu den Kompetenzen

Kompetenzen	3 (stark)	2 (mittel)	1 (schwach)
P: Kompetenzen für das Gestalten von Beratungsprozessen (12 Module)			
P1: Schaffen einer tragfähigen Beziehung	• Beratungsprozesse I • Beratungsprozesse II • Konzepte beruflicher Beratung • Berufsbiografie und berufliche Mobilität	• Sozialwissenschaftliche Grundlagen der Beratung • Arbeiten mit Gruppen	
P2: Klärung der Anliegen und Vereinbaren eines Kontraktes	• Fallmanagement I • Beratungsprozesse II • Berufsbiografie und berufliche Mobilität	• Beratungsprozesse I • Konzepte beruflicher Beratung • Rechtliche Aspekte der Beratung	
P3: Situationsanalyse und Klären von Ressourcen	• Fallmanagement I • Beratungsprozesse II • Berufsbiografie und berufliche Mobilität • Berufliche Eignungsdiagnostik	• Beratungsprozesse I • Konzepte beruflicher Beratung • Public Management • Berufs- und Arbeitswissenschaft • Rechtliche Aspekte der Beratung	
P4: Erarbeiten von Lösungsperspektiven	• Berufliche Aus- und Weiterbildung • Fallmanagement I • Berufs- und Arbeitswissenschaft	• Rechtliche Aspekte der Beratung	
R: Kompetenzen mit Bezug auf Ratsuchende (10 Module)			
R1: Einbeziehen von lebenslauf- und berufsbezogenen Kenntnissen	• Berufsbiografie und berufliche Mobilität	• Konzepte beruflicher Beratung	

Kompetenzen	3 (stark)	2 (mittel)	1 (schwach)
R2: Einbeziehen von Wissen und Persönlichkeitsentwicklung		• Berufliche Eignungsdiagnostik • Beratungsprozesse I • Beratungsprozesse II	• Berufliche Qualifizierungsmaßnahmen
R3: Berücksichtigen des sozialen Umfeldes von Ratsuchenden	• Integration in Erwerbsarbeit I	• Arbeitgeberberatung I	
R4: Umgang mit Diversität	• Beratungsprozesse II • Integration in Erwerbsarbeit III	• Grundlagen der Integration • Integration in Erwerbsarbeit I • Beratungsprozesse I	
B: Kompetenzen zur professionellen (Selbst-)Reflexion (2 Module)			
B: Kompetenzen zur professionellen (Selbst-)Reflexion		• Beratungsprozesse I • Konzepte beruflicher Beratung	

Tab. 1b: *Zuordnung der Module zu den Kompetenzen*

Kompetenzen	3 (stark)	2 (mittel)	1 (schwach)
O: Kompetenzen für das Mitgestalten der Organisation (10 Module)			
O1: Initiieren der Leitbild- und Strategieentwicklung		• Public Management • Dienstleistungsmarketing und -management	
O2: Gestalten der formalen Organisation und Prozesse		• Projekt- und Changemanagement	• eGovernment

Kompetenzen	3 (stark)	2 (mittel)	1 (schwach)
O3: (Weiter-)Entwickeln der Organisationskultur		• Projekt- und Changemanagement • Dienstleistungsmarketing und -management • Personalcontrolling und Führung	
O4: Berücksichtigen der Ressourcen			• Betriebswirtschaftliche Grundlagen • Public Management
O5: Kooperieren und Interagieren mit dem gesellschaftlichen Umfeld (Netzwerkkompetenz)	• Netzwerke und Netzwerkarbeit • Teilhabe am Arbeitsleben II • Beratungsprozesse II		• Fallmanagement II
G: Gesellschaftliche Kompetenzen (11 Module)			
G1: Einbeziehen von Wissen zu gesellschaftlichen Rahmenbedingungen	• Grundlagen der Integration • Integration in Erwerbsarbeit I • Integration in Erwerbsarbeit II • Integration in Erwerbsarbeit III	• Sozialwissenschaftliche Grundlagen der Beratung	• Arbeitsmarktprozesse II
G2: Berücksichtigen der gesellschaftlichen Ziele		• Public Management • Grundsicherung für Arbeitsuchende • Rechtliche Aspekte der Teilhabe am Arbeitsleben • Fallmanagement I • Teilhabe am Arbeitsleben I	

Zusammenfassung

Die strategische Relevanz der Zielgruppe 55+ für die berufliche Beratung ist evident. Aus diesem Grund müssen die Studierenden bzw. Nachwuchskräfte der BA künftig stärker für diese Zielgruppe sensibilisiert werden. Die exemplarische Analyse des Curriculums des Studienganges BBB hat verdeutlicht, dass – gemessen am Kompetenzprofil des systemischen Kontextmodells – in den bisherigen Modulen wesentliche Anknüpfungspunkte für eine berufliche Beratung Älterer bestehen. Diese sind jedoch weiter an die spezifischen Gegebenheiten dieser Zielgruppe zu adaptieren. Zugleich muss ein holistischer Beratungsansatz entwickelt werden, der ausgehend vom konkreten Beratungsbedarf dem Individuum, der BA und den Betrieben in der Beratungspraxis gerecht wird. Die HdBA hat das Thema „Beratung Älterer" aufgegriffen und auf nationaler und internationaler Ebene Forschungs- und Entwicklungsprojekte initiiert. So wird z. B. im Rahmen des BMBF-Projektes INBeratung (Innovative Beratung zur Teilhabe älterer Menschen am Arbeits- und gesellschaftlichen Leben) derzeit ein Weiterbildungsprogramm für Beratungsfachkräfte entwickelt (vgl. Imsande & Walther in diesem Band), das einer den einzelnen Lebensphasen angemessene Beratung gerecht wird. Hiervon können die Berufs-, Personal- und Bildungsberater von Betrieben, Organisationen der Wohlfahrtspflege, Bildungseinrichtungen, aber auch öffentliche Arbeitsmarktservices profitieren. Es ist davon auszugehen, dass die Projektergebnisse wertvolle Impulse für die curriculare Weiterentwicklung bzw. Anpassung des Studiengangs BBB liefern werden.

Literatur

Bundesagentur für Arbeit (2016): *BA 2020 – Fachkräfte für Deutschland: Zwischenbilanz und Fortschreibung.* Nürnberg.

Hochschule der BA (HdBA) (2016): *Modulkatalog Bachelor-Studiengänge.* Mannheim.

Metzler, L.; Scharpf, M. (2017): Akademische Qualifizierung von Beratungsfachkräften an der Hochschule der Bundesagentur für Arbeit – Der Studiengang Beratung für Bildung, Beruf und Beschäftigung (BBB). *dvb Forum* 56 (1), S. 15–20.

Nationales Forum Beratung in Bildung, Beruf und Beschäftigung e. V. (nfb) & Forschungsgruppe Beratungsqualität am Institut für Bildungswissenschaft der Ruprecht-Karls-Universität Heidelberg (Hrsg.) (2012): *Kompetenzprofil für Beratende – Kurzdarstellung der Ergebnisse aus dem Verbundprojekt: Offener Koordinierungsprozess Qualitätsentwicklung in der Beratung für Bildung, Beruf und Beschäftigung,* Berlin/Heidelberg. Bielefeld: W. Bertelsmann Verlag.

Annika Imsande und Thorsten Walther

Innovative Beratung der Personen 55+: Ansätze zur Entwicklung eines Trainingscurriculums für Beratungsfachkräfte in der Metropolregion Rhein-Neckar

Abstract: *What are the special challenges in counselling elderly people? What should be trained according to counsellors? This chapter shows the results of an analysis of counsellors' needs conducted by the project "INBeratung" and dissect relevant (counselling) theories concerning the needs of senior citizens.*

1. Einleitung

Die Rolle Älterer hat sich in den letzten Jahrzehnten stark verändert. Während diese Gruppe unter ökonomischem Gesichtspunkt nicht selten als Belastung gesehen wurde, charakterisiert durch mangelnde Fähigkeit, Neues zu lernen, haben die Forschung zum lebenslangen Lernen und der demographische Wandel in den letzten Jahren zu einem Umdenken geführt. Zunehmend wird versucht, ältere Personen weiter im Arbeitsmarkt zu halten bzw. zu integrieren. Dabei liegt Deutschland mit 77 Prozent Erwerbstätigkeit von Personen 55+ im europäischen Vergleich auf dem zweiten Platz hinter Schweden (Eurostat, 2015). Dennoch ist es auch weiterhin besonders schwierig für Ältere, die einmal arbeitslos sind, wieder in den Arbeitsmarkt zu finden (Bundesagentur für Arbeit, 2015). Dies gilt es in Zukunft zu verbessern. Daher darf man sich bei der Diskussion zur Förderung der gesellschaftlichen Teilhabe nicht nur auf jene konzentrieren, die erwerbstätig sind. Auch Personen im Übergang oder Ruhestand befinden sich keinesfalls im beruflichen „Stillstand" und sollten eine angemessene Beratung erfahren.

Bereits vor gut zehn Jahren machten OECD und Europäische Kommission auf die Notwendigkeit spezialisierter Informations- und Beratungsangebote für ein aktives Älterwerden aufmerksam (vgl. OECD/EU-Kommission, 2004). Dennoch gibt es auch heute nur wenige Beispiele erfolgreicher Lösungen für Bildungs- und Berufsberatung für ältere Menschen und offenbar hat kein Land ein systematisches Konzept entsprechend der Bedürfnisse („Was brauchen sie?") und Besonderheiten („Wie brauchen sie es?") in der Beratung entwickelt.

Angesichts der gesellschaftlichen, volkswirtschaftlichen und demografischen Relevanz der Zielgruppe 55+ ist es von zentraler Bedeutung, die Beratungsangebote künftig so zu gestalten, dass die Ziele des „aktiven Alterns" und die Vermeidung von Exklusion erreicht werden. Dazu sollte eine qualifizierte Beratung Perspektiven aufzeigen, unter Berücksichtigung der individuellen Interessen und Kompetenzen, damit eine aktive Einbringung in die Arbeitswelt und Gesellschaft selbst im fortgeschrittenen Alter erfolgen kann.

Im Folgenden werden Ansätze für die Entwicklung eines Trainingscurriculums für die ganzheitliche Beratung älterer Menschen dargestellt, welches Gegenstand des Projekts „Innovative Beratung zur Verbesserung der Teilhabe Älterer am Arbeits- und gesellschaftlichen Leben (INBeratung)" ist. Nach einer kurzen Skizzierung des Vorhabens zur Erprobung bedarfsorientierter Trainingsmodule werden ausgewählte Theorien der Berufs- und Beratungswissenschaften hinsichtlich ihrer Nutzbarkeit für die Gestaltung ganzheitlicher Beratungsdienstleistungen für Ältere diskutiert.

2. Entwicklungsprojekt „Innovative Beratung zur Verbesserung der Teilhabe Älterer am Arbeits- und gesellschaftlichen Leben (INBeratung)"

Im März 2016 begann an der Hochschule der Bundesagentur für Arbeit (HdBA) das Entwicklungsprojekt „Innovative Beratung zur Verbesserung der Teilhabe Älterer am Arbeits- und gesellschaftlichen Leben (INBeratung)". Es wird durch das Bundesministerium für Bildung und Forschung (BMBF) im Rahmen der Richtlinie „Soziale Innovationen für Lebensqualität im Alter (SILQUA-FH)" gefördert. Unter Federführung der HdBA beteiligen sich sechs Kooperationspartner aus der Metropolregion Rhein-Neckar: Die Industrie- und Handelskammer Rhein-Neckar, die Handwerkskammer Mannheim Rhein-Neckar-Odenwald, das Diakonische Werk Mannheim, der Caritasverband Mannheim, die Universität Mannheim mit ihrem Gasthörer- und Seniorenstudium sowie das Regionalbüro der Netzwerke berufliche Fortbildung Heidelberg, Mannheim, Neckar-Odenwald und Sinsheim.

Das zweijährige Projekt zielt darauf ab, mithilfe der Implementierung ganzheitlicher Beratungsansätze die Qualität (beruflicher) Beratungsangebote für Ältere zu erhöhen. Hierzu wird ein bedarfsorientiertes Trainingscurriculum für Beratungsfachkräfte in der Region entwickelt, dessen Lernmodule gemeinsam mit den Praxispartnern im Laufe der Projektphase pilotiert und evaluiert werden. Grundlage für die Konzeption der Trainingsmodule ist die Formulierung von Empfehlungen für eine holistische Beratung älterer Personen. Um dem ganzheitlichen Anspruch gerecht zu werden, sollen dabei die gesamten Lebensvollzüge, das soziale Umfeld sowie die Rollenanforderungen der ratsuchenden Personen

Berücksichtigung finden. Im Sinne eines partizipativen Projektmanagements fließen die vorhandenen Beratungskonzeptionen der beteiligten Institutionen – entsprechend der erarbeiteten Spezifika der Zielgruppe – in diese Konzeption mit ein.

Zur bedarfsgerechten Ausgestaltung der Beratungsangebote werden im Rahmen des Projekts drei Subgruppen innerhalb der Zielgruppe unterschieden: a) Erwerbstätige Personen ab 55 Jahren, b) Beschäftigte im Übergang von der Erwerbstätigkeit in den Ruhestand und c) Menschen im Ruhestand. Wie Vorstudien gezeigt haben (siehe Beiträge von Thalhammer, Tittel und Wunderlich in diesem Band), unterscheiden sich Personen in den drei Lebensphasen deutlich in ihren Anliegen und Erwartungen an die Beratung.

In der ersten Projektphase wurden der aktuelle und zukünftige Beratungsbedarf in Form von halbstandardisierten Interviews mit Beratenden sowie Personen der verschiedenen Altersgruppen in der Metropolregion erfasst. Insgesamt konnten rund 30 Interviews ausgewertet werden. Aus der Inanspruchnahme eines frei zugänglichen Online-Fragebogens ergaben sich weitere Erkenntnisse zu den Erwartungen von Älteren an (berufliche) Beratungsangebote.

Zunächst bleibt festzuhalten, dass die Anliegen der älteren Ratsuchenden bei den befragten Institutionen stark von der jeweiligen Lebenssituation und -phase geprägt sind. Während in der letzten Erwerbsphase Fragen des Arbeitsmarktzugangs, der beruflichen Weiterbildung und -entwicklung überwiegen, beziehen sich wenige Jahre später bei Beginn der Ruhestandsphase die Anliegen in der Regel auf freizeitliche Gestaltungsmöglichkeiten und Formen des bürgerschaftlichen Engagements. Der Anteil der reinen Informationsweitergabe überwiegt aus Sicht der Beratenden deutlich, wobei viele Ratsuchende hierbei auch elektronische und telefonische Kommunikationsmöglichkeiten nutzen. Alle beteiligten Institutionen und Gesprächspartner gehen von einer kontinuierlichen Zunahme intensiverer Beratungsformen aus, bei denen es stärker als bisher um die aktive Gestaltung der Übergangs- und Ruhestandsphase geht.

Es wurde zudem deutlich, dass ein großer Teil der befragten Beratenden über keine professionelle Beratungsausbildung verfügt, sondern vielmehr als Fachexpertin oder Fachexperte für ein Themenfeld (z. B. Ehrenamt, Weiterbildung und Existenzgründung) zuständig ist. Die Beratungstätigkeit ist in diesen Fällen nur ein Teil des Aufgabenspektrums, sodass auch der zeitliche Umfang der Beratungstätigkeit je nach Institution und Einsatzgebiet stark variiert.

Basierend auf den Ergebnissen der Bedarfsanalyse werden derzeit die Lerninhalte für ein modulares Trainingscurriculum entwickelt. Die Konzeption der Module orientiert sich an ausgewählten Objekttheorien und operativen Ansätzen, unter Berücksichtigung der bestehenden Beratungspraxis. In diesen Entwicklungsprozess sind die Praxispartner aktiv eingebunden. Für die vorgesehenen Beratungsübungen (im Micro-Counseling-Format) wurden bereits eine Reihe typischer Beratungssituationen herausgearbeitet, die aus Sicht der befragten Beratungsfachkräfte als komplex und herausfordernd gelten. In Form von Rollenspielen und Simulationstrainings fließen diese in das Curriculum ein.

Im Folgenden werden beispielhaft vier aus den Experteninterviews abgeleitete Beratungssituationen dargestellt:

Beratungsfall 1: Ein langjährig im Baugewerbe beschäftigter 56-Jähriger Zimmerer wird aus gesundheitlichen Gründen absehbar nicht mehr die beruflichen Tätigkeiten wie bisher ausüben können. Aus finanziellen Gründen möchte er aber unbedingt bis zum gesetzlichen Renteneintrittsalter erwerbstätig bleiben. Von der Beratung erwartet er konkrete Vorschläge, wie er dieses Ziel erreichen kann. Eine Tätigkeit, die hauptsächlich mit Büroarbeit verbunden ist, lehnt er konsequent ab.

Beratungsfall 2: Da ihr der bevorstehende Renteneintritt Sorgen bereitet, sucht eine 64-jährige Mitarbeiterin eines mittelständischen Unternehmens ein Beratungsgespräch. Für Hobbys, Sport oder ehrenamtliches Engagement hatte sie in den letzten Jahren keine Zeit. Daher fürchtet sich die Ratsuchende, nach Ausscheiden aus dem Betrieb „in ein Loch zu fallen." Um weiter geistig aktiv zu bleiben, sucht sie eine sinnvolle Tätigkeit für die anstehende Lebensphase. Von dem Beratungsgespräch erhofft sich die Ratsuchende Impulse und Unterstützung bei der Planung der Übergangsphase.

Beratungsfall 3: Der Geschäftsführer eines kleinen Elektrounternehmens hat große Probleme, einen geeigneten Nachfolger für seinen Betrieb zu finden. In den vergangenen Jahrzehnten war die Betriebsübergabe ausschließlich eine innerfamiliäre Angelegenheit, was aufgrund der Kinderlosigkeit des Geschäftsführers nun keine Option mehr darstellt. Einige seiner langjährigen Beschäftigten könnten zwar die entsprechende Qualifikation durch Weiterbildungsmaßnahmen perspektivisch erlangen, jedoch fehlt den meisten die Motivation, da sie selbst bereits ein höheres Alter aufweisen. Einer Beratung zum betrieblichen Übergabeprozess steht der Geschäftsführer jedoch weiterhin skeptisch gegenüber, da er in seinem ganzen Erwerbsleben ohne Beratungsunterstützung ausgekommen sei.

Beratungsfall 4: Nach der Trennung von ihrem Ehemann möchte eine 55-jährige gelernte Bürokauffrau den beruflichen Wiedereinstieg angehen. In ihrem erlernten Beruf hat sie seit der Geburt ihres zweiten Kindes vor 16 Jahren nicht mehr gearbeitet. Alle Bemühungen hinsichtlich einer sozialversicherungspflichtigen Beschäftigung waren bislang erfolglos, was zu großem Selbstzweifel und Angst bei der Ratsuchenden führte. Freunde haben ihr nun empfohlen, durch ein Ehrenamt ihre beruflichen und sozialen Kontakte auszubauen. In welchem Bereich sie sich engagieren kann und möchte, weiß sie jedoch nicht. Von der Beratung erhofft sie sich positive Anregungen, in welchen ehrenamtlichen Tätigkeitsbereichen Anknüpfungspunkte an ihr Erfahrungswissen und die bereits erworbenen (beruflichen) Kompetenzen liegen könnten.

Schon dieser kleine Ausschnitt aus Fallbeispielen macht die Vielfalt der Anliegen und Erwartungen älterer Ratsuchender deutlich, die heterogene Lebenssituationen widerspiegeln, in denen sich Personen dieser Altersgruppen befinden können. Neben dem professionellen Umgang mit komplexen Beratungssituationen soll die Weiterqualifizierung der Beratenden auch zu einer Verankerung nachfrageorientierter Beratungsdienstleistungen für Ältere in den beteiligten Institutionen führen. Ein fester Bestandteil der Trainingsmodule ist daher die Auseinandersetzung mit der Rolle der Beratenden in ihrer Organisation und den Möglichkeiten einer Verankerung ganzheitlicher alterssensibler Beratungsansätze. Ziel ist es daher, die Teilnehmenden auch als Multiplikatoren in ihren Organisationen einzusetzen.

Begleitet wird dieses durch den Aufbau eines regionalen Beratungsnetzwerks, das den Erfahrungs- und Wissensaustausch der teilnehmenden Institutionen im Anschluss an die Trainingsaktivitäten stärkt. Ausgehend von den sechs Projektpartnern richtet sich das Netzwerk darüber hinaus an andere handlungsfeldrelevante Akteure in der Metropolregion; dazu zählen insbesondere die Agenturen für Arbeit, Jobcenter, kommunale Bildungseinrichtungen und Unternehmensverbände. Den Grundstein für das Beratungsnetzwerk legten mehrere eintägige Projekttreffen mit Akteuren aus den Bereichen Beschäftigungsförderung, Bildung und Ehrenamt im Alter.

Wie bereits verdeutlicht, basiert die Entwicklung des Trainingscurriculums auf der Auseinandersetzung mit gängigen Theorien der Berufs- und Beratungswissenschaften. Um dem Anspruch einer holistischen Beratung gerecht zu werden, muss die Begrenzung auf singuläre Beratungskonzeptionen vermieden werden. Welche theoretischen Ansätze für die zielgruppenspezifische Beratung in Frage kommen, wird im Folgenden exemplarisch dargestellt.

3. Theoretische Grundlegung der Trainingsmodule zur Beratung Älterer

Verschiedene Objekttheorien, das heißt Theorien, die sich mit den Ursachen menschlichen Verhaltens auseinandersetzen, sind geeignet, auch die berufliche Situation Älterer zu charakterisieren, beispielsweise durch den Bezug auf Lebensphasen, altersspezifischen Rollenerwartungen oder Umbruchsituationen, Im Folgenden wird exemplarisch auf solche Theorien und Modelle eingegangen, die sich auf die Situation Älterer beziehen, um Ansatzpunkte für die Entwicklung einer entsprechenden Beratung aufzuzeigen. Zunächst wird das Lebensspannen- und Lebensraum-Modell nach Super (1994) erläutert, das sich mit den Rollen und Aufgaben von Personen 55+, aber auch mit der lebenslangen Entwicklung des Selbstkonzepts auseinandersetzt, welches maßgeblich Verhalten, Emotionen und Kognitionen eines Individuums bestimmt. Anschließend wird auf das Life-Designing nach Savickas et al. (2009) eingegangen, das Supers Ansatz der Bildung und Entwicklung des Selbstkonzeptes weiterführt. Zudem erläutert es die Besonderheiten der Beratung in der heutigen Arbeitswelt. Zuletzt wird das Modell des Übergangs nach Schlossberg (1981) vorgestellt, welches zentral die Umbruchphase, in der Personen 55+ sein können, zum Thema hat. Daraus können Hinweise für die Beratung in Umbruchphasen (bspw. von der Erwerbstätigkeit in das Rentenalter) gewonnen werden.

3.1 Lebensspannen- und Lebensraum-Modell nach Super (1994)

Donald Super (1994) beschreibt in seinem Lebensspannen- und Lebensraum-Modell fünf Entwicklungsstadien, welche im Laufe eines Lebens differenziert werden können:

- *Stadium des Wachstums (Geburt bis 14 Jahre):* Durch die Identifikation mit den Bezugspersonen entwickelt sich das Selbstkonzept, wobei im frühen Stadium vorwiegend die Bedürfnisse und Phantasien im Vordergrund stehen, bevor Interessen und Fähigkeiten an Bedeutung gewinnen und schließlich das Individuum verstärkt in die Gesellschaft integriert wird.
- *Stadium der Exploration (15–24 Jahre):* Diese Phase zeichnet sich durch die Sammlung von Erfahrungen in verschiedenen Rollen, Freizeitaktivitäten und Berufen aus. Dabei werden Bedürfnisse, Interessen, Fähigkeiten, Werte und Realisierungshilfen berücksichtigt und vorläufige berufliche Entscheidungen getroffen, bevor diese auf die berufliche Tragfähigkeit hin beurteilt werden.
- *Stadium der Etablierung (25–44 Jahre):* Diese Phase beinhaltet Arbeitsplatzwechsel, bis sich eine bestimmte Berufslaufbahn abzeichnet. Abschließend ist das Individuum bestrebt, sich einen festen Platz innerhalb der Arbeitswelt zu sichern.
- *Stadium der Erhaltung (45–64 Jahre):* Hier steht das Bestreben im Mittelpunkt, die erreichte Position zu halten, was zur Folge hat, dass keine neuen und unbekannten Aufgaben übernommen werden.
- *Stadium des Abbaus (ab 65 Jahren):* Aufgrund der nachlassenden psychischen und physischen Kräfte werden neue Rollen entwickelt und das Berufsleben aufgegeben.

In den einzelnen Stadien ergeben sich jeweils bestimmte Entwicklungsaufgaben, die sich als „Minizyklus" ebenfalls mit Wachstum, Exploration, Etablierung, Aufrechterhaltung und Abbau bzw. Rückzug charakterisieren lassen.

Tab. 1: Entwicklungsaufgaben im mittleren und späten Erwachsenenalter nach Super (1994)

Entwicklungsaufgaben	Stadium der Erhaltung Mittleres Erwachsenenalter (45–65 Jahre)	Stadium des Abbaus Spätes Erwachsenenalter (über 65 Jahre)
Wachstum	Akzeptieren eigener Begrenzungen	Entwickeln nicht-berufsbezogener Rollen
Exploration	Neue berufliche Herausforderungen erkennen	Angemessenen Lebensbereich für das Alter finden
Etablierung	Neue Kompetenzen entwickeln	Dinge verwirklichen, die man schon immer vorhatte
Aufrechterhaltung	Halten der Berufsposition im Wettbewerb	Sich zurückziehen auf das, was Freude macht
Rückzug, Abbau	Sich auf das Wesentliche Konzentrieren	Arbeitszeit reduzieren

Tab. 1 gibt einen Überblick der Entwicklungsaufgaben für Personen über 55 Jahre. In den Jahren von 55 bis 65 (Stadium der Erhaltung) wird noch von Kompetenzentwicklung oder neuen beruflichen Herausforderungen gesprochen, wohingegen ab 65 Jahren (Stadium des Abbaus) nach Super (1994) mehr und mehr ein Rückzug aus der „Beruflichkeit" stattfindet. Der Fokus liegt also im späteren Alter auf der „Entwicklung nicht berufsbezogener Rollen". Dabei geht es auch darum, sich langsam auf den Altersprozess einzustellen und trotzdem – soweit wie möglich – die gewohnten Aktivitäten weiterzuführen. Lediglich im Bereich Etablierung geht es um Selbstverwirklichung im Freizeitbereich.

Neben den verschiedenen Lebensphasen und den spezifischen Aufgaben entwickelte Super (1994) den sog. „Regenbogen der Laufbahn". Dieser macht deutlich, dass der Mensch verschiedene Rollen während seines Lebens wahrnimmt sowie eine soziale und biologische Entwicklung durchläuft, die sein Berufsleben und folglich auch seinen Ruhestand beeinflussen. Dabei prägen den Menschen verschiedene Einstellungen, Erwartungen und externe gesellschaftliche, wirtschaftliche, politische Faktoren (Super, 1994). Damit wird das Berufsleben zu einem lebenslangen Anpassungsprozess und der Eintritt in den Ruhestand dient demnach der Fortführung der lebenslangen Anpassung auf anderer Ebene.

Die Übergänge zwischen den einzelnen Lebensstadien werden in Stufen der Übernahme neuer Rollen und Aufgaben, Phasen der Unsicherheit und Destabilisierung, aber auch der Möglichkeit neuer Erfahrungen und des Wachstums dargestellt. Durch die gezielte Förderung der Realitätserprobung und der Entwicklung des Selbstkonzepts kann die Bewältigung der Entwicklungsaufgaben der einzelnen Phasen und der Umbrüche zwischen den Phasen beeinflusst und die Anpassungsfähigkeit gesteigert werden (Ertelt & Frey, 2013).

Auslöser für einen solchen Übergang (beispielsweise von der Phase der Erhaltung in die des Abbaus) muss jedoch nicht das Lebensalter sein. Der Zeitpunkt hängt vielmehr von der Persönlichkeit, den individuellen Fähigkeiten und der jeweiligen Situation ab. Zudem kann jeder Übergang eine Wiederholung einer oder mehrerer kleiner Zyklen, sog. „Minizyklen" mit sich bringen. Mögliche Inhalte eines solchen „Minizyklus" für das mittlere und späte Erwachsenenalter können **Tab. 1** entnommen werden. Demnach zeichnen sich auch das mittlere und spätere Erwachsenenalter keinesfalls durch eine Stagnation aus, sondern beinhalten – ganz im Sinne eines „lebenslangen Lernens" – auch das permanente Entwickeln und Etablieren neuer Kompetenzen. Gleichzeitig ist es möglich und nötig, sowohl das berufliche Konzept als auch das Selbstkonzept ein Leben lang anzupassen. Auch im Ruhestand kann man seine gesammelte Erfahrung, seine Kompetenzen und Fähigkeiten nutzen und nach (neuen) Interessen ausrichten. Das bedeutet, dass die Rolle, die man vorwiegend während seiner Berufstätigkeit ausübte und die das berufliche Selbstbild prägte, sich durchaus auf das Selbstkonzept, auch in späteren Lebensabschnitten, auswirkt. Dennoch stellt sich gerade im späteren Erwachsenenalter (Stadium des Rückzugs und Abbaus) die Aufgabe, nicht auf den Erwerbsberuf bezogene Rollen aufzubauen, unter Ausnutzung der nun ausreichend zur Verfügung stehenden zeitlichen Möglichkeiten.

Das Modell von Donald Super (1994) betont nicht nur die verschiedenen Stadien des Lebens und die damit verbundenen Entwicklungsaufgaben und Rollen. Auch die Auswirkungen auf das (berufliche) Selbstkonzept und die lebenslange Anpassung, welche sowohl durch äußere Faktoren als auch in Umbruchphasen notwendig ist, werden als wichtige Komponenten beschrieben. Damit einhergehend birgt das Modell einen Ansatz für die Beratung älterer Personen, welcher sich durch eine Klärung des Selbstkonzepts, eine verbesserte Wahrnehmung der Berufswelt sowie eine bessere Aufgabenbewältigung bei der Wahl und Umsetzung der (beruflichen) Ziele auszeichnet. Hinsichtlich der Beratung älterer Menschen, die im Übergang vom Erwerbsleben in den Ruhestand oder bereits im Ruhestand sind, nimmt das Modell an, dass das berufliche Selbstkonzept auch nach Ende des Berufslebens auf das weitere Erleben (Verhalten, Emotion, Kognition) Einfluss nehmen kann. Gleichzeitig gewinnen die nicht berufsbezogenen Rollen an Bedeutung, wodurch ihnen ein besonderes Gewicht in der Beratung älterer Ratsuchender zugemessen werden sollte.

3.2 Life Designing nach Savickas und Kollegen (2009)

Der Ansatz des Life-Designings von Savickas et al. (2009) ist eine Fortführung von Supers (1994) Ansatz mit Bezug auf Beratungssituationen. Anlass für die Weiterentwicklung war die Erkenntnis, dass die Annahme einer Stabilität der Persönlichkeitsmerkmale und sichere Arbeitsplätze voraussetzend für eine feste Abfolge von Stufen und deren Entwicklungsaufgaben waren. Tatsächlich ist das menschliche Verhalten allerdings nicht nur von der Person, sondern auch von der Umgebung abhängig. Dies wird in diesem Ansatz besonders betont und daraus die Notwendigkeit der zunehmenden Flexibilität, Anpassungsfähigkeit und des lebenslanges Lernen begründet (Savickas et al., 2009).

Nach dem Life-Designing Ansatz (vgl. hierzu auch Nota & Rossier, 2015) wird jeder Lebenslauf trotzdem zu einem individuellen Prozess, zwar beeinflusst von der Umgebung, doch maßgeblich vom Einzelnen selbst konstruiert. Diese Selbstkonstruktion hängt von der Verfügbarkeit ausreichender Fertigkeiten und Kenntnisse ab. Genau an diesem Punkt beginnt die lebensbegleitende Berufsberatung eine Rolle zu spielen. Berufsberatung im Sinne des Life-Designing-Ansatzes muss mehr leisten, als den Menschen zur Bewältigung aktueller Herausforderungen zu befähigen. Vielmehr soll sie den Einzelnen dabei unterstützen, lebensbegleitend notwendige Fertigkeiten und Kenntnisse zur jeweils angemessenen Selbstkonstruktion zu erwerben. Eine vornehmlich auf Übergangsprozesse ausgerichtete berufliche Beratung erscheint damit nicht mehr sinnvoll. Vielmehr stellt sich die Frage nach einem ganzheitlichen (holistischen) Ansatz für die Lebensgestaltung nicht nur aus methodischer, sondern auch aus lebenslaufbezogener Sicht. Denn obgleich das berufliche Selbstkonzept (als individuelle Sicht und Bewertung der eigenen Fähigkeiten, Interessen und Werte) eine zentrale Bestimmungsgröße eines Menschen darstellt, sind ebenso andere Rollenbezüge, wie Familie, Bürgerschaft oder Freizeit/Hobbys, zu berücksichtigen (Savickas et al., 2009). Dieses „Mischungsverhältnis" verschiedener Rollen stellt sich bei der „Selbstkonstruktion" eines Menschen jeweils unterschiedlich dar – ein wichtiger Hinweis für die Gestaltung nachfrageorientierter Beratungsansätze.

Notwendige Veränderungen der bisherigen Beratungspraxis ermöglichen die Zielerreichung der Life-Designing-Beratung, nämlich die Stärkung der Anpassungsfähigkeit („Adaptability") des Menschen an die wechselnden Entwicklungserfordernisse.

Zunächst sei es notwendig, von der Fokussierung auf Persönlichkeitszüge und -zustände hin zur *Berücksichtigung von Umfeldfaktoren* zu gelangen. Beratungsfachkräfte benutzen bislang häufig objektive Messgrößen oder Normprofile, welche nicht ausreichen, um Klienten als eigenständige Persönlichkeiten, die mit vielfältigen Kontextbezügen interagieren und sich selbst entsprechend anpassen, zu beschreiben. Berufsidentitäten sollten daher als sich wandelnde Verhaltensmuster betrachtet werden, die aus den Lebensgeschichten der Klienten hervorgehen. Auf den Testwerten eines Klienten basierende statische, abstrakte und vereinfachende Profile verlieren an Bedeutung (Savickas et al., 2009). Für die Beratung Älterer bedeutet dies, besonders jene Umweltfaktoren zu berücksichtigen, die für diesen Personenkreis wichtig sind. Beispiele für Fragestellungen: Gibt es finanzielle Probleme (Altersarmut)? Wie ist das Angebot an Weiterbildung und trifft dieses den Bedarf der Älteren? Mit welchen Rollenklischees (bspw. Leistungsabbau im Alter) sehen sich die Personen konfrontiert und inwiefern hindern diese sie daran, bestimmte Rollen einzunehmen?

Eine weitere notwendige Veränderung für eine gelingende Beratung ist, dass überwiegend „Überlebensstrategien" und Bewältigungsprozesse zu thematisieren sind; hingegen sollte weniger die Vermittlung von Informationen im Mittelpunkt stehen. Letzteres sei nicht erforderlich, da durch das Internet und andere Medien häufig bereits ein „Information-Overload" vorliegt. Berater müssen deshalb ihrem Klienten weniger das „*What to do*" als vielmehr das „*How to do*" erläutern.

Eine weitere Veränderung ergibt sich hinsichtlich der Perspektive der Beratenden auf ihre Vorgehensweise und Rolle. Vorwiegend lineare Gesprächsabläufe und Kausalitäten, mit einer Abfolge von „Differentialdiagnose, Indikation und Verordnung" wie in der Medizin, sollten in einer zeitgemäßen Laufbahn-Beratung die Ausnahme darstellen. Stattdessen sei es notwendig, dass die Beratenden Expertise in der Ko-Konstruktion und *Begleitung von umfassenden Lebensentwürfen* aufbauen, welche durch iterative Strategien des Problemlösens charakterisiert seien.

Dies ist vor allem bei der Beratung Älterer zu beachten, da a) innerhalb weniger Jahre verschiedene Umbruchphasen einsetzen können und besonders viel Anpassungsfähigkeit gefordert ist, welche durch eine Beratung gestärkt werden kann und b) bereits ab der ersten Beratung nicht nur der Status Quo, sondern auch die folgenden Jahre berücksichtigt werden sollten, um eine optimale Beratung und Begleitung zu ermöglichen (*life-long counselling*).

Zuletzt konstatieren Savickas et al. (2009) eine notwendige Veränderung der Beratung bezüglich einer „klientennahen" und wenig abstrakten Sprache, die den Beratenden ermöglicht, auch Hintergründe zu verstehen und dem Klienten weitere *Perspektiven zu eröffnen*, ohne in bestimmten Beratungsmodellen und -schemata zu denken. Dieses kommunikative Vorgehen ermöglicht auch den Klienten, neue Entwicklungsperspektiven zu sehen und anzunehmen.

Entsprechend des Life-Designing-Ansatzes entwickelt sich der Mensch durch ständige Anpassung und Wechselwirkung mit seiner Umwelt weiter. Eine wesentliche Ursache hierfür liegt in den von Gesellschaft und Institutionen immer wieder neu gestellten Rollenanforderungen. Die Gestaltung der (beruflichen) Rolle und des (beruflichen) Selbstkonzeptes wird durch den dabei erfahrenen Erfolg, die Bildung, die eigene Begabung, die Arbeitsbedingungen sowie durch den sozialen Rückhalt beeinflusst (Savickas et al., 2009).

Dabei stellen die Herkunft, der Bildungsstand und das soziale Umfeld wichtige Weichen für die Konstruktion der Rollen bzw. des Berufes. Diese Determinanten sind somit Grundlage für die Lebensvollzüge im Ruhestand. Die Veränderungen in den Rollenanforderungen sowie die Entwicklung und Konstruktion des Selbstkonzepts sind auch nach der Phase der Erwerbstätigkeit noch nicht abgeschlossen (Savickas et al., 2009).

Zusammenfassend lassen sich die Charakteristika des Life-Designing-Ansatzes wie folgt charakterisieren:

- Berater sollen ähnlich wie Prozessbegleiter unterstützen bei dem „how to do" und weniger die Frage „what to do" beantworten.
- Berater sollen lebensbegleitend beraten (life-long Beratung).
- Die Beratung sollte ganzheitlich erfolgen:
  o Die Selbstkonstruktion in allen Rollen und mit allen Entwicklungsaufgaben ist zu berücksichtigen.
  o Das gesamte Lebensumfeld und die bisherige Lebensgeschichte des Klienten sollen berücksichtigt werden.

3.3 Modell des Übergangs nach Schlossberg (siehe auch Beitrag Froidevaux et al. in diesem Band)

Ausgangspunkt des Modells von Schlossberg (1981) sind Veränderungen im Leben eines Menschen, die der Anpassung und der Bewältigung bedürfen. Das Modell wurde immer wieder weiterentwickelt und verbessert. Schlossberg, Goodman und Anderson (2012) formulieren drei Prämissen, die das Grundgerüst der Theorie bilden:

1. (Ältere) Personen erfahren kontinuierlich Übergänge im Leben.
2. Die Reaktion auf eine solche Phase ist abhängig von der Art des Übergangs und seiner Wahrnehmung, dem Kontext, in dem dieser geschieht, und dem Einfluss auf das Leben der betroffenen Person.
3. Der Übergang ist von Assimilation und Bewertung der Situation geprägt.

Eine neue Situation entsteht, wenn eine Person eine Rolle hinzugewinnt (bspw. durch den Eintritt in den Ruhestand) und/oder eine Rolle verliert (bspw. Rolle als Erwerbstätiger). Menschen, die eine solche Umbruchphase durchlaufen, benötigen Orientierung in dieser neuen Lebensphase. Voraussetzungen für ein Gelingen sind jedoch die Bereitschaft zur Wahrnehmung, Akzeptanz und Entwicklung neuer Perspektiven. Dies kann durch die Person selbst erfolgen, wenn sie sich bereits im Vorfeld aktiv mit dieser Übergangssituation und mit der neuen Rolle auseinander gesetzt hat. Oder aber sie erhält bei der Erschließung neuer Perspektiven Hilfe durch Beratung, die eine Stabilisierung der neuen Phase ermöglicht.

Schlossberg, Waters und Goodman (1995) entwickelten vier Faktoren, die Einfluss auf die Fähigkeit einer Person haben, mit Übergängen umzugehen. Diese Faktoren können in der Beratung thematisiert werden, um eine Person im Übergang bestmöglich zu unterstützen. Die Faktoren, auch „4-S" genannt, sind die *Situation*, das *Selbst* (Self), die *Unterstützung* (Support) und die *Strategien* (Strategies).

Abb. 1: Schlossberg's 4S (eigene Darstellung nach NAKADA, 2013)

Situation	Selbst	Unterstützung	Strategien
• Auslöser • Kontrolle (geplanter oder ungeplanter Übergang?) • Rollenänderung • Dauer • Frühere Erfahrungen mit ähnlichen Übergängen • Aktuelles Stressniveau • Beurteilung der Situation	**Persönliche/ demographische Eigenschaften** • Sozioökonomischer Status • Geschlecht • Alter/Lebensphase • Gesundheitsstatus • Kultur **Psychosoziale Ressourcen** • Selbstbewusstsein/ Selbstsicherheit • Perspektive • Werte • Spiritualität und Resilienz	**Bedürfnisse** • Akzeptanz • Selbst-Bewusstsein • Liebe und physische Nähe • Persönliche und berufliche Bindung • Stimulation und Herausforderung • Rollenmodelle und Führung • Komfort und Hilfe **Typen** • Innige Beziehungen • Familie • Freundesnetzwerk • Institutionen und Gemeinschaften **Funktionen** • Affekt und Bestärkung • Hilfe und ehrliches Feedback	• Welche Strategien werden genutzt und beeinflussen den Übergang? • Wie hilfreich sind die bisherigen Strategien? **3 Arten des Umgangs** • Änderung der Situation (Hoffnung und Optimismus) • Bedeutung der Situation verändern • Stress des Übergangs bewältigen (selektives Leugnen)

Beim ersten „S", der *Situation,* soll beschrieben werden, wie der Übergang erlebt worden ist bzw. erlebt wird. Dazu gehören Faktoren, wie bzw. ob der Übergang geplant oder ungeplant war oder welche Auslöser dazu vorlagen (s. **Abb. 1**). Bei jedem Übergang nimmt eine Person neue Rollen an, knüpft neue Kontakte und entwickelt einen neuen Alltag. Dabei handelt es sich sowohl um Wachstums- als auch Verfallsprozesse, die Stress und Unsicherheiten verursachen können. Dies muss der Beratende verstehen und nachvollziehen können, dass Menschen unterschiedlich darauf reagieren und zu verschiedenen Zeiten unterschiedlich damit umgehen (Goodman & Anderson, 2012). Ihr ganzes Leben werden Menschen mit Veränderungen und Übergängen konfrontiert und müssen sich immer wieder neu anpassen. Über diese Erfahrungen verfügen Personen im Dritten Alter beim Übergang in den Ruhestand in besonderer Weise. Doch auch in jeder anderen Lebensphase finden eine Bestandsaufnahme und eine Bewertung der Biografie statt. Dabei überdenkt der Mensch, was er erreicht und wie er gelebt hat. Manche stellen dabei etwa fest, bestimmte Rollen nicht gut ausgeführt oder eine falsche Berufswahl getroffen zu haben. Dies kann Ursache von Resignation sein, aber gleichzeitig auch Anstoß, im Ruhestand Dinge nachzuholen, die versäumt wurden. Diese Vorgänge sollte der Beratende erfassen, mit der Person besprechen und gegebenenfalls aufarbeiten.

Unter dem „*Self*" (dem Selbst) werden die Ressourcen einer Person für eine Anpassung an den Übergang betrachtet. Diese können durch verschiedene Faktoren, wie sozioökonomischer Status, Geschlecht, Alter, Gesundheit, kultureller Hintergrund, Selbstentwicklung, persönliche Werte, Spiritualität, Belastbarkeit und psychische Gesundheit, beeinflusst werden. Die Ressourcen haben Einfluss auf die Art der Anpassung und des Umgangs mit dem Ruhestand. Der Beratende sollte deshalb die für den Kunden wichtigen Faktoren besprechen und gemeinsam mit ihm herausfinden, mit welchen Ressourcen die Herausforderung des Übergangs bewältigt werden kann (Goodman & Anderson, 2012).

Beim dritten „S" handelt es sich um den „*Support*" – die Unterstützung. Dabei kann es sich um ein breitgefächertes System bzw. Netzwerk handeln, auf das man zurückgreifen kann, wie zum Beispiel Beziehungen zu anderen Menschen und Organisationen oder auch der Glaube (Goodman & Anderson, 2012). Zu beachten ist, dass eine Unterstützung von Seiten beruflicher Organisationen oder Kollegen im Ruhestand weitgehend wegfällt.

Deshalb müssen diese Personen *Strategien* entwickeln, um ihr unterstützungsgebendes Umfeld zu aktivieren oder neu aufzubauen. Einige haben bereits solche Strategien entwickelt, mit der neuen Situation umzugehen. Doch viele erleben eine grundlegende und oft schwer zu prognostizierende Veränderung der Rollenanforderungen, des Selbstkonzepts und der täglichen Routine (Goodman & Anderson, 2012), selbst dann, wenn der Ruhestand willkommen ist. Nach Schlossberg gibt es drei mögliche Wege, damit umzugehen:

1. *Die Situation verändern:* Es besteht meistens die Möglichkeit, weiter beruflich aktiv zu bleiben oder eine neue Arbeit anzufangen. Die Arbeitsbedingungen müssen nicht dieselben sein, doch vielen ist es wichtig, das Gefühl zu haben, gebraucht zu werden und einen strukturierten Tag zu haben. Es besteht beispielsweise die Möglichkeit, nur einige Stunden pro Woche zu arbeiten (Teilzeit-Modelle, schrittweise Reduzierung der Arbeitszeit).
2. *Die Bedeutung verändern:* Anstatt in eine Krise zu verfallen, sollte es wichtig sein, die Struktur und den Sinn im Leben beizubehalten. Es bestehen Möglichkeiten, seine Berufserfahrung und sein Wissen ehrenamtlich einzubringen oder neue Tätigkeiten und Bildungsangebote wahrzunehmen (z. B. Senior-Experte oder Mentor, Übernahme neuer Aufgaben/Rollen).
3. *Den Stress des Übergangs bewältigen:* Die Aufgabe des Beratenden ist es, die Stressfaktoren zu erkennen und ernst zu nehmen. Durch eine Vorteilsübersetzung sollen Strategien entwickelt werden, wie der Klient mit der Situation umgehen kann und welche Möglichkeiten ihm in der Zukunft offenstehen. Diese Strategien sollten an die Bedürfnisse des Klienten angepasst werden (vgl. Goodman & Anderson, 2012).

Es ist festzuhalten, dass das Modell von Schlossberg, ebenso wie die Modelle von Super und Savickas et al., die Notwendigkeit einer lebenslangen Anpassung betonen. Gleichzeitig werden Rahmenbedingungen der Umbruchphase betrachtet und konkrete inhaltliche Ansatzpunkte für eine entsprechende Beratung geboten.

4. Zusammenfassung und Implikationen zur Beratung Älterer

Das Modell nach Donald Super (1994) betont die verschiedenen Stadien des Lebens und die damit verbundenen Entwicklungsaufgaben und Rollen. Eine zentrale Rolle spielt dabei auch das (berufliche) Selbstkonzept für eine gelingende lebenslange Anpassung besonders auch in Umbruchphasen. Hinsichtlich der Beratung Älterer, die im Übergang vom Erwerbsleben zur Rente oder bereits im Rentenalter sind, nimmt das Modell an, dass das berufliche Selbstkonzept auch nach Ende des Berufslebens auf das weitere Erleben (Verhalten, Emotion, Kognition) Einfluss nehmen kann. Dabei ist die Zunahme der nicht berufsbezogenen Rollen zu beachten, denen ein besonderes Gewicht bei der Beratung älterer Ratsuchender zuzumessen ist.

Nach dem Life-Designing-Ansatz von Savickas et al. (2009) wird jeder Lebenslauf zu einem individuellen Prozess, zwar beeinflusst von Umgebungsfaktoren, doch maßgeblich vom Einzelnen selbst konstruiert. Das Selbstkonzept wird beeinflusst durch Erfolgserlebnisse, die Bildung, die eigene Begabung, die Arbeitsbedingungen sowie den sozialen Rückhalt. Die Selbstkonstruktion hängt somit von der Verfügbarkeit ausreichender Fertigkeiten und Kenntnisse ab. Genau dabei beginnt die lebensbegleitende Berufsberatung eine Rolle zu spielen; Berufsberatung im Sinne des „Life-Designing"-Ansatzes muss mehr leisten, als den Menschen zum Erwerb von Fertigkeiten zur Bewältigung aktueller Herausforderungen zu befähigen. Vielmehr soll durch die Beratung eine Stärkung der Anpassungsfähigkeit an die wechselnden Entwicklungserfordernisse erfolgen. Dies kann durch einen holistischen Beratungsansatz, der sowohl Umfeldbedingungen, als auch die verschiedenen Rollen des Klienten und seine Lebenserfahrungen einbezieht, geschehen. Zu berücksichtigen ist zudem, dass der Beratende als Begleiter von umfassenden Lebensentwürfen auch neue Perspektiven eröffnen sollte.

Vor allem das Modell von Schlossberg geht auf die Phase des Übergangs ein. Dabei betonen Schlossberg (1981), ebenso wie Super (1994) und Savickas et al. (2009), die Notwendigkeit einer lebenslangen Anpassung. Doch betont der Ansatz von Schossberg die Rahmenbedingungen der Umbruchphase.

Eine Möglichkeit der beraterischen Begleitung über verschiedene, auch spätere Lebensphasen hinweg ist nicht nur für die einzelne Person, sondern auch gesamtgesellschaftlich wichtig. Damit einhergehend sollten sich Beratungsangebote nicht nur auf jene konzentrieren, die erwerbstätig sind. Auch die bisherigen Konzepte zur Beratung von älteren Langzeitarbeitslosen und Personen im Ruhestand sollten kritisch geprüft und gegebenenfalls erweitert werden, um den verschiedenen Lebensphasen und -lagen sowie deren Herausforderungen konstruktiv zu begegnen.

Literatur

Bundesagentur für Arbeit (2015): *Der Arbeitsmarkt in Deutschland – Ältere am Arbeitsmarkt*, retrieved 30.06.2016, from http://statistik.arbeitsagentur. de/Statischer-Content/Arbeitsmarktberichte/Personengruppen/generische-Publikationen/Aeltere-amArbeitsmarkt-2014.pdf.

Egan, G. (2013): *The skilled helper: A problem-management and opportunity-development approach to helping*. Brooks/Cole: Cengage Learning. 10th.

Ertelt, B.-J. / Frey, A. (2013): Interessensdiagnostik. In: Frey, A. / Lissmann, U. / Schwarz, B. (Hrsg.): *Handbuch Berufspädagogische Diagnostik*. Beltz: Weinheim, Basel, S. 276–297.

Eurostat (2015): *Europa 2020 Beschäftigungsindikatoren. Erwerbstätigenquote der 20- bis 64-Jährigen in der EU im Jahr 2014 auf 69,2 % gestiegen*, retrieved 30.06.2016, from http://ec.europa.eu/eurostat/documents/2995521/6823704/3-07052015-AP-DE.pdf/eaeb88e1-2e22-4b0d-9f6d-350a751fe28f.

Goodman, J. / Anderson, M. (2012): Applying Schlossberg's 4-S model to retirement. *Career Planning and Adult Development Journal* 28(2), S. 10–20.

NAKADA (2013): *Schlossbergs 4S's. Annual Conference*, retrieved 23.06.2016, from http://apps.nacada.ksu.edu/conferences/ProposalsPHP/uploads/handouts/2013/C262-H03.pdf.

Nota, L. / Rossier, J. (Eds.) (2015): *Handbook of life design: From practice to theory and from theory to practice.* Hogrefe Publishing.

Organisation für wirtschaftliche Zusammenarbeit und Entwicklung (OECD) & Europäische Kommission (2004*): Berufsberatung – Ein Handbuch für politisch Verantwortliche*. Amt für amtliche Veröffentlichungen der Europäischen Gemeinschaften: Luxemburg.

Savickas, M. L. / Nota, L. / Rossier, J. / Dauwalder, J. P. / Duarte, M. E. / Guichard, J. / Soresi, S. / Van Esbroeck, R. / Van Vianen, A. E. (2009): Life designing: A paradigm for career construction in the 21st century. *Journal of vocational behavior*, 75(3), S. 239–250.

Schlossberg, N. K. (1981): A model for analyzing human adaptation to transition. *Counseling Psychologist* 9(2), S. 2–18.

Schlossberg, N. K. / Waters, E. B. / Goodman, J. (1995): *Counseling adults in transition: Linking practice with theory* (2nd ed.). Springer Publishing Company: New York.

Schlossberg, N. K. / Goodman, J. / Anderson, M. L. (2012): *Counseling Adults in Transition: Linking Schlossberg's Theory with Practice in a Diverse World.* Springer Publishing Company: New York.

Super, D. E. (1994): A life span, life space perspective on convergence. *Convergence in career development theories. In: Savickas, M . L. Lent, R. W (Eds.): Implications for science and practice,* Palo Alto, CA: CCP Books, S. 63–74.

Doris Lechner

Das Gasthörer- und Seniorenstudium an der Universität Mannheim
Entwicklungen und Perspektiven

Abstract: *Many universities offer courses for guest students and senior citizens. What is the origin of these courses? Who takes part in which programmes, and why? Lastly, the chapter illustrates how regular and senior students reciprocally enrich each other and make this offer a valuable experience for both old and young.*

Als im Wintersemester 1983/1984 zum ersten Mal ein kommentierter Studienführer für Senioren aufgelegt wurde, etablierte die Universität Mannheim damit auch formal eine lange Tradition. Bereits zuvor war es interessierten Bürgern möglich gewesen, an Vorlesungen der Universität teilzunehmen. Doch nun wollte man bewusst einem übergreifenden Personenkreis die Möglichkeit des Seniorenstudiums nahebringen. Mit einem auszugsweisen Vorlesungsprogramm aus dem regulären Lehrangebot sollten sich Menschen aus dem Raum Mannheim und der weiteren Umgebung aus den verschiedensten Berufen und mit unterschiedlichen Lebenshintergründen angesprochen fühlen. Die Teilnahme sollte nicht an bestimmte Voraussetzungen von schulischer oder beruflicher Bildung gebunden sein. Ausdrücklich erwartet wurde allerdings, dass die teilnehmenden Senioren „Aufgeschlossenheit und Zeit" mitbringen – Aufgeschlossenheit gegenüber neuen Themen und Denkweisen, aber auch gegenüber den jungen Menschen, die an der Universität ihr Studium verfolgen, und Zeit, sich mit dem Lehrstoff auseinanderzusetzen.

Zu Beginn der 80er Jahre wurde die akademische Weiterbildung älterer Menschen erst allmählich an den deutschen Universitäten als Thema wahrgenommen. Nachdem die sogenannte „Altenbildung", die allerdings noch von einem eher defizitären Altersbild geprägt war, bereits seit den 50er Jahren in den Institutionen der Erwachsenenbildung Fuß gefasst hatte, führte das wachsende Selbstbewusstsein älterer Menschen dazu, dass sich in den 70er Jahren Vereinigungen zur Weiterbildung gründeten. Beispiele hierfür waren der „Club der Älteren Generation an der Mannheimer Abendakademie" oder die „Kölner Akademie der Älteren Generation" (Arnold et al., 1988). Etwa zur gleichen Zeit gab es im benachbarten Ausland bereits die ersten Seniorenuniversitäten. In Toulouse wurde 1973 die erste „Universität des 3. Lebensalters" gegründet, was vor allem in Frankreich und in anderen romanischen Ländern zu weiteren, ähnlichen Gründungen führte. In der Schweiz wurde 1975 in Genf nach französischem Vorbild eine Seniorenuniversität geschaffen, der innerhalb weniger Jahre sämtliche schweizerische Universitäten folgen sollten. Ähnliche Gründungen gab es auch in Österreich und in Polen. In Deutschland waren es Ende der 70er Jahre zunächst sechs Hochschulen, die sich für Senioren geöffnet hatten, darunter Oldenburg und Dortmund (Zahn, 1993). Anfang der 80er Jahre folgten die "Universität des 3. Lebensalters" (U3L) in Frankfurt/Main und das Seniorenstudium der Universität Mannheim.

Das Seniorenstudium an den einzelnen Hochschulen war und ist recht diversifiziert ausgestaltet. Ein grundlegender Unterschied liegt vor allem darin, inwieweit die Seniorenstudierenden in den regulären Studienbetrieb mit den jungen Studierenden integriert werden oder ob sie ein separates Lehrangebot außerhalb der grundständigen Studiengänge vorfinden, das sich ausschließlich an diese Personengruppe richtet.

An einigen Hochschulen wurde eine selbstständige Institution mit eigenen, vom allgemeinen Lehrbetrieb abgekoppelten Lehrveranstaltungen für Senioren geschaffen. Ein Beispiel hierfür ist die Universität des 3. Lebensalters in Frankfurt, die als eingetragener Verein organisiert, aber durch eine Kooperation an die Universität Frankfurt angebunden ist. Auch andere Universitäten haben spezielle Programme für diesen Personenkreis eingerichtet. Insbesondere viele Hochschulen im Ausland, v. a. in Frankreich und der Schweiz, strebten die Abgrenzung vom regulären Studienbetrieb an. Dahinter stand die Überlegung, dass die Interessen der Älteren nicht notwendigerweise mit denjenigen der jungen Studierenden übereinstimmen. Auch kann bei einem solchermaßen separaten Programm die Didaktik altersspezifisch auf das Lernverhalten der Zielgruppe abgestimmt werden. Konkurrenzsituationen zu den jungen Studierenden, die zu Frustrationen führen könnten, bleiben aus.

Neben allen Vorteilen eines speziell an den Senioren ausgerichteten Angebotes gibt es aber auch Einschränkungen. So kann nicht ohne weiteres auf den Lehrkörper der Universität zurückgegriffen werden, sondern es müssen qualifizierte Dozenten angeworben und honoriert werden. Auch werden für die Lehrveranstaltungen oftmals zusätzliche Raumkapazitäten erforderlich. Hierdurch entsteht ein nicht unbeträchtlicher Verwaltungs- und Finanzierungsaufwand.

Ein ganz anderer Nachteil liegt darin, dass die Generationen nicht gemeinsam studieren, sondern die Älteren vom eigentlichen Universitätsbetrieb abgekoppelt sind, und sich abgeschottet und separiert fühlen könnten. Gerade aber der Kontakt zu den jungen Studierenden wird von den Senioren überwiegend als sehr positiv und wünschenswert wahrgenommen (Höhn, 1990). Auch eröffnen sich hierdurch wertvolle Möglichkeiten des generationenübergreifenden Zusammenarbeitens insbesondere in Seminaren oder speziellen Projekten.

An der Universität Mannheim hatte man sich 1983 nach Abwägung verschiedener Optionen für ein „klassisches" Gasthörerstudium entschieden. Interessierte Hörer sollten die Möglichkeit erhalten, ohne Prüfungsverpflichtungen an regulären Lehrveranstaltungen teilzunehmen, Alt und Jung sollten gemeinsam studieren können. Dieses integrative Modell wurde auch in den Befragungen der nachfolgenden Jahre von den Teilnehmenden stets deutlich befürwortet (Höhn, 1990).

Im Vorwort des ersten kommentierten Studienführers im Wintersemester 1983/84 schreibt Professor Gerd Roellecke, damaliger Rektor der Universität Mannheim: „Bewußt wurde darauf verzichtet, eigene 'Seniorenveranstaltungen' aufzunehmen, die die anzustrebende und bisher bewährte Begegnung zwischen Jung und Alt mehr verhindern als fördern würden."

Es waren zunächst 38 Senioren, die sich im ersten offiziellen Semester des Mannheimer Seniorenstudiums einschrieben, darunter auch die frisch emeritierte Psychologin Professor Elfriede Höhn, die maßgeblich auf die Etablierung des Seniorenstudiums hingewirkt hatte. Für das Integrative Modell und damit das gemeinsame Lernen der Generationen setzte sich später insbesondere auch die Historikerin Dr. Rosmarie Günther ein, die dieses Konzept auch heute noch sehr bewusst bei der Durchführung ihrer eigenen Lehrveranstaltungen und Exkursionen umsetzt.

Zunächst umfasste das Angebot des Seniorenstudiums nur etwa 20–30 Lehrveranstaltungen, die vor allem in den Sozialwissenschaften und der Philosophischen Fakultät angesiedelt waren. Bereits fünf Jahre später beteiligten sich alle Fakultäten. Das heutige Angebot umfasst rund 250 Lehrveranstaltungen aus allen Fakultäten (Philosophische Fakultät, Sozialwissenschaften, Betriebswirtschaftslehre, Volkswirtschaftslehre, Rechtswissenschaft, Wirtschaftsinformatik und Wirtschaftsmathematik sowie das Theologische Institut).

Schon sehr bald wurde in der Adventszeit ein „Kaffeenachmittag" auf Einladung der Hochschulleitung eingeführt. Diese Veranstaltung hatte, anders als die Bezeichnung es vermuten lässt, nicht nur das Ziel, den Teilnehmenden Gelegenheit zum gegenseitigen Austausch zu geben, sondern auch von den Rektoratsvertretern mehr über die aktuellen Entwicklungen an „ihrer" Universität zu erfahren und auch mit den unterrichtenden Dozenten ins Gespräch zu kommen. Diese Tradition ist bis heute erhalten geblieben, auch wenn die Veranstaltung inzwischen die zutreffendere Bezeichnung „Adventsgespräche" angenommen hat.

Bei der Jubiläumsveranstaltung zum zehnjährigen Bestehen im Jahr 1993 zählte das Seniorenstudium fast 600 Teilnehmende. Bei dieser Angabe wurde

allerdings eine nicht unerhebliche Zahl an voll immatrikulierten Seniorenstudierenden mitgezählt, die einen Studienabschluss anstrebten. Eine getrennte zah-
lenmäßige Erfassung wurde erst später vorgenommen. Bis zum Wintersemester
1997/98 war das Seniorenstudium kostenlos und wurde gut besucht. Nach einigen
Schwankungen, die im zeitlichem Zusammenhang mit der Einführung von Teil-
nahmeentgelten und später mit notwendig gewordenen Gebührenerhöhungen
stehen, sind die Zahlen in den letzten Jahren wieder deutlich angestiegen. Von
den aktuell knapp 450 Teilnehmenden des Gasthörer- und Seniorenstudiums
sind rund 85 % über 60 Jahre alt, davon etwa 62 % Männer und 38 % Frauen. Der
Altersdurchschnitt liegt bei 67 Jahren (**s. Abb. 1**).

Abb. 1: Altersstruktur im Gasthörer- und Seniorenstudium der Universität Mannheim,
2014

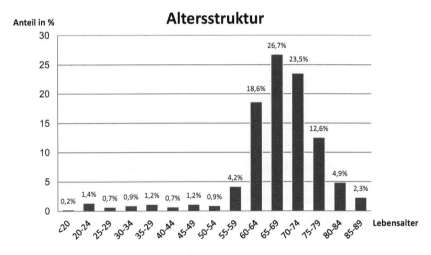

Unter den Neueinschreibern in jedem Semester sind etwa 60 % über 60 Jahre alt.
Während die jüngeren Gasthörer meist gezielt und zweckgerichtet nur für ein
oder zwei Semester Veranstaltungen belegen, bleiben die Älteren dem Seniaren-
studium durchschnittlich neun Semester lang treu (Undorf et al., 2007). Einige
sind, gegebenenfalls mit kurzen Unterbrechungen, seit weit über 20 Jahren Teilnehmende. Bei rund 12.000 regulären Studierenden an der Universität machte
der Anteil der Gasthörer und Seniorenstudierenden in Mannheim 2014 etwa
3,5 % aus.

Deutschlandweit waren 2013/14 nach Angaben des Statistischen Bundesamts insgesamt knapp 18.000 über 60-Jährige für ein Seniorenstudium eingeschrieben (Knoke, 2014). Interessanterweise haben sich die von den Teilnehmenden bevorzugten Fächer über die Jahre hinweg kaum verändert. So gaben in einer Begleituntersuchung zum Seniorenstudium an der Universität Mannheim von 1988 40 % der befragten Personen Geschichte/Archäologie als beliebtestes Fach an, gefolgt von Sprach- und Literaturwissenschaft, Philosophie und Sozialwissenschaften. Dann erst folgen Wirtschaftswissenschaften, Rechtswissenschaft und Geologie. Weit abgeschlagen waren Informatik und Mathematik (Bungard et al., 1988).

Diese Interessenverteilung ist auch heute noch im Wesentlichen bei der Belegung von Lehrveranstaltungen zu beobachten und entspricht im Übrigen den thematischen Interessenschwerpunkten, die bei einer Studierendenbefragung an 41 Hochschuleinrichtungen, die der Bundesarbeitsgemeinschaft Wissenschaftliche Weiterbildung für Ältere (BAG WiWA) angeschlossen sind, aufgelistet wurden. Darin wurde als beliebtestes Fach „Geschichte" von 32 % der befragten Frauen und von 54 % der befragten Männer genannt, gefolgt von Philosophie (23 % bzw. 28 %), Psychologie (25 % bzw. 13 %) und Literaturwissenschaften (18 % bzw. 9 %). Das Fach Kunstgeschichte erfreut sich ebenfalls großer Beliebtheit (28 % bzw. 20 %), ist jedoch an der Universität Mannheim nicht als reguläres Studienfach vertreten (Sagebiel & Dahmen, 2009).

Die Beweggründe für die Aufnahme eines Seniorenstudiums sind vielfältig und haben sich mit der Zeit auch verlagert. In den 80er und 90er Jahren lag für viele eine große Motivation darin, sich nun endlich einen langgehegten Wunsch, oft sogar einen Lebenstraum erfüllen zu können. Die Generation derjenigen, die nach einem langen Arbeitsleben in den Ruhestand ging, hatte ihre Berufswahl mehr oder weniger in der Nachkriegszeit getroffen und dabei oft nur wenige Optionen vorgefunden. Vielen war eine gute Schulbildung, z. B. das Gymnasium, verwehrt geblieben, da es am nötigen Geld fehlte, oder es von der Familie als schlicht nicht erforderlich angesehen wurde, den Kindern eine höhere Bildung angedeihen zu lassen. Dies betraf insbesondere die weiblichen Familienmitglieder, doch die Zeit des Wiederaufbaus forderte jeden, ein Studium war oft unmöglich. Oftmals war es auch die Familientradition, die mit einer gewissen Selbstverständlichkeit dazu führte, dass junge Menschen den Betrieb der Eltern übernahmen, auch wenn die Interessen und Neigungen möglicherweise ganz woanders lagen. Ein Seniorenstudent schilderte anlässlich des zehnjährigen Jubiläums 1993 seine Motivation: „Alles Vergangene hat mich schon immer fasziniert. In den Nachkriegsjahren musste jeder beim Wiederaufbau mithelfen. Studieren war zu teuer. So las ich alles Historische, das mir in die Finger kam. Ich hätte aber stets gerne gewusst, ob die Geschichte in meinen Romanen richtig oder geschönt dargestellt ist. Jetzt überprüfe ich das in meinem Geschichtsstudium…" (Büscher, 1993, S. 4).

In einer Begleituntersuchung zum Seniorenstudium an der Universität Mannheim von 1988 wurde festgestellt, dass fast 90 % der Teilnehmenden eine berufsfremde Fächerkombination wählten. Die Gründe hierfür konnten zumindest grob kategorisiert werden: Man wollte mit dem Studium ein bereits früher bestehendes Interesse verfolgen, den eigenen Horizont erweitern, oder einfach einmal etwas ganz anderes tun, indem sich beispielsweise ehemalige Naturwissenschaftler oder Ingenieure im Ruhestand mit dem Seniorenstudium vor allem geisteswissenschaftlichen Fächern widmeten. Eine weitere Motivation liegt im Kontakt zu jungen Studierenden. Gerade das Mannheimer Konzept, bei dem die Senioren an ausgewählten Lehrveranstaltungen des regulären Studienbetriebs teilnehmen und nicht etwa ausschließlich an separaten Veranstaltungen, wird in der Untersuchung von Bungard deutlich bejaht: 79 % der Teilnehmenden unterstützen dieses Konzept, „weil es mir die Gelegenheit bietet, mit jungen Studenten zusammen zu sein und ich mich nicht isoliert fühle" (Bungard et al., 1988, S. 15). Befragt man die Teilnehmenden heute, 30 Jahre nach der Gründung, aus welchen Gründen sie das Seniorenstudium betreiben, erhält man etwas andere Antworten. Die Generation derjenigen, denen in der Nachkriegszeit ein Studium verwehrt geblieben war, ist in die Jahre gekommen. Es ist nun die Generation der 68er Jahre, die nachdrängt, eine Generation, die bereits deutlich bessere Bildungschancen hatte.

Zum Ende jedes Jahres wird unter den Seniorenstudierenden der Universität Mannheim eine kurze schriftliche Befragung durchgeführt, in der die Teilnehmenden u. a. auch ihre Motivation für das Studium nennen können. An oberster Stelle stehen nahezu gleichberechtigt die Erhaltung der geistigen Fitness und die Möglichkeit der Vertiefung von Interessen (s. **Abb. 2**). Weitere Gründe sind der Kontakt zu Gleichgesinnten und das Suchen nach einer neuen Aufgabe nach Berufsleben und Kindererziehung. Seltener werden von den Älteren die berufliche Nutzung, die eventuelle Aufnahme eines regulären Studiums oder berufliche Neuorientierung als Gründe genannt. Diese letztgenannten Punkte sind dagegen für die jüngeren Gasthörer und Vorruheständler von Bedeutung, für die jedoch keine konkreten Daten vorliegen.

*Abb. 2: Motivation und Ziele der Seniorenstudierenden für die Teilnahme am Gasthörer-
und Seniorenstudium, Kurzbefragungen 2011–2014*

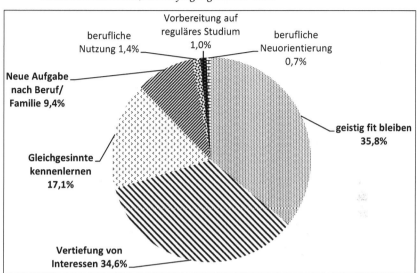

Im Jahr 2007 wurde eine umfassende Evaluation des Seniorenstudiums an der Universität Mannheim durchgeführt (Undorf et al., 2007). Die Untersuchung zielte darauf ab, ein differenziertes Bild über die Teilnehmenden zu erhalten und möglichen Änderungsbedarf zu ermitteln. Es konnten drei Gruppen identifiziert werden, die alle die integrative Konzeption befürworteten und deutlich machten, dass sie das gemeinsame Lernen mit den regulären Studierenden schätzen. Rund 50 % zeigten sich zufrieden mit dem Mannheimer Konzept. Diese Gruppe schätzt die Freiheit der Gestaltung des eigenen Studiums und sucht die Auseinandersetzung mit bestimmten Inhalten. Doch wird von dieser Gruppe auch der Wunsch nach eigenen seniorengerechten Einführungsveranstaltungen geäußert. Die zweite Gruppe mit 27 % zeigt sich ebenfalls mit dem Lehrangebot zufrieden, kritisiert jedoch die starke Ausrichtung auf Berufsausbildung. Die vorgeschlagene Modifikation einer stärkeren Strukturierung des Studiums unter Beibehaltung des Integrationsmodells wurde von der dritten Gruppe (23 % der Senioren) befürwortet. Die Vertreter dieser Gruppe, die im Durchschnitt jünger ist als die beiden anderen Gruppen, sehen das Seniorenstudium als Möglichkeit zur individuellen Weiterentwicklung und legen besonderen Wert auf geistige Fitness. Auch wenn durch die Studie das integrative Konzept grundsätzlich klar bestätigt wurde, waren die Ergebnisse Anlass dafür, neue Angebote in das Programm aufzunehmen. Zum einen wurden als begleitende Veranstaltungen Begrüßungstage, Computerkurse, PC-Sprechstunden und Bibliotheksführungen speziell für Seniorenstudierende eingeführt. Zum anderen aber erkannte man das Erfordernis, sich den Bedarfen der dritten Gruppe zu widmen, die im Seniorenstudium eine Herausforderung suchen und in der Auswertung der Studie als besonders offen und aktiv erschienen. Es ist zu vermuten, dass diese Gruppe mit der Zahl derjenigen, die die Möglichkeit des Vorruhestandes nutzen, weiter anwachsen wird. Im Jahr 2010 wurde daher das Sonderprojekt „Alter lernt und forscht" eingeführt. Damit wird interessierten Seniorenstudierenden die Möglichkeit gegeben, über das allgemeine Lehrangebot hinaus im Laufe von zwei Semestern eine eigene forschungsrelevante Fragestellung unter einem vorgegebenen Rahmenthema zu bearbeiten. Die Teilnehmenden werden zunächst in einem Basiskurs an die Grundlagen des wissenschaftlichen Arbeitens herangeführt und entwickeln dann ihr eigenes Thema, das im darauffolgenden Semester unter Anleitung einer Dozentin oder eines Dozenten ausgearbeitet und schließlich bei einem Workshop der Öffentlichkeit präsentiert wird.

Konzepte des ‚Forschenden Lernens' werden auch an anderen Hochschulen und mit verschiedener Ausgestaltung erfolgreich praktiziert, so beispielsweise an den Universitäten Ulm, Köln, Münster, Oldenburg, Leipzig, Kiel und weiteren Orten (Costard et al., 2012). Auch andere, über das allgemeine Gasthörerstudium hinausgehende, zielgruppenspezifische Angebote, wie Einführungs- und Begleitveranstaltungen bis hin zum Zertifikatserwerb, werden inzwischen von über der Hälfte aller deutschen Universitäten mit Seniorenstudium angeboten (Sagebiel & Dahmen, 2009).

In Mannheim haben sich 2010 vierzehn Seniorenstudierende am ersten Projektlauf von „Alter lernt und forscht" beteiligt, das mit dem Rahmenthema „Emotionen in Geschichte und Literatur" überschrieben war. Das zunächst eher experimentell angelegte Projekt brachte Erstaunliches hervor, so beispielsweise die rund 120 Jahre alten Funde im Familienbesitz einer Teilnehmerin zur Korrespondenz eines englischen Kaufmanns mit einem seinerzeit recht bekannten österreichischen Karikaturisten, dessen handgezeichneten „Korrespondenzkarten" zum guten Teil erhalten blieben. Auch die anderen Ausarbeitungen übertrafen die Erwartungen und enthielten eine Fülle interessanter Materialien und Erkenntnisse. Daher entschied man sich zur Publikation eines Tagungsbandes (Günther, Köck, Lechner & Völkl, 2012). Durch diesen Erfolg ermutigt, wurde das Projekt in den darauffolgenden Jahren weitergeführt. Es richtete sich zunächst nur an Senioren, 2014 jedoch schlug man mit einem zeitgeschichtlichen Projekt die Brücke zu den regulären Studierenden. Während sich Seniorenstudierende als Zeitzeugen zur Verfügung stellten, lernten junge und ältere Studierende im Seminar gemeinsam, wie man „Oral History" betreibt und die gewonnenen „Zeitzeugnisse" in den historischen Kontext einbettet. Die Ausarbeitungen und die anschließenden Präsentationen wurden gemeinsam und zum Teil generationenübergreifend gestaltet, was von allen Beteiligten durchweg positiv bewertet wurde. Diese positiven Erfahrungen dienen als Grundlage für künftige intergenerative Projekte.

Der Brückenschlag zwischen den Generationen erfolgt auch auf anderen Wegen. So ist im Jahr 2012 durch die Aktivitäten der Studierendeninitiative „Enactus" das Projekt „Doppelklick" entstanden. Ein Team junger Studierender hatte angeregt, dass die Vermittlung von Kenntnissen im Umgang mit dem PC am besten „auf Augenhöhe" stattfinden sollte, und es idealerweise also die Senioren selbst sind, die anderen Senioren ihr Wissen beibringen. Die Begründung liegt darin, dass ältere Menschen, die nicht bereits von Kindheit an mit dem Computer vertraut sind, sich eher in die Denkweise und Hemmnisse von Gleichaltrigen einfühlen können als junge Menschen, deren Herangehensweise sehr viel intuitiver ist. Die Studierendeninitiative erstellte einen PC-Leitfaden und leitete dann als „Starthilfe" PC-versierte Senioren darin an, ihr Wissen an ihre Seniorenkommilitonen weiterzugeben. Inzwischen hat sich dieses Projekt verselbstständigt und läuft ohne Mithilfe der jungen Studierenden, ganz auf der Basis des Engagements der Senioren, die dieses Projekt ehrenamtlich weiterführen.

Ehrenamtlichkeit spielt unter Seniorenstudierenden auch in anderen Bereichen eine bedeutende Rolle. Nicht wenige geben an, sich neben ihrem Studium auch bürgerschaftlich zu engagieren. Über die Rolle, die das Studium bei der Ausübung eines Ehrenamtes erfüllt, gibt es für Mannheim keine konkreten Daten. Doch befinden sich gerade unter denjenigen, die sich für Psychologie und Pädagogik interessieren, auch solche Seniorenstudierende, die im sozialen Bereich als Begleiter von Jugendlichen, Leiter von Selbsthilfegruppen, Bewährungsbegleiter oder Helfer von Menschen in schwierigen Lebenslagen engagiert sind.

Ein spezielles ehrenamtliches Engagement zeigen die Älteren bei dem Mentorenprogramm „international academics@uni-mannheim". Für Gastwissenschaftler aus aller Welt, die an der Universität Mannheim in größerer Zahl vertreten sind, stellen sich Seniorenstudierende als „Paten" zur Verfügung, um den zugezogenen Gästen das Einleben in der Region zu erleichtern. Nicht selten entstehen daraus interkulturelle Freundschaften, von denen beide Seiten profitieren.

Durch ihr ehrenamtliches Engagement leisten die Senioren an der Universität auch einen wertvollen Beitrag, der nicht alleine auf der Gewinnung von Gebühreneinnahmen beruht. Überhaupt wird großer Wert darauf gelegt, dass die Älteren das Lernen der Jüngeren in keiner Weise beeinträchtigen, sondern im besten Fall bereichern. Die große Zahl an Lehrveranstaltungen, die für Senioren geöffnet sind, ergänzt durch einige spezielle Lehraufträge, bedeutet nicht, dass jede beliebige Vorlesung „gestürmt" werden kann. Die Dozenten legen fest, ob und wie viele Gasthörende ihre Lehrveranstaltungen besuchen können, ohne dass dies zu Lasten der Jüngeren geht. So müssen sich die Teilnehmenden für jede einzelne Vorlesung und jedes einzelne Seminar anmelden, eine Zuteilung erfolgt nur, solange das vorgegebene Platzkontingent noch nicht ausgeschöpft ist. Dies trägt sicherlich maßgeblich dazu bei, dass sich das gemeinsame Lernen relativ harmonisch gestaltet, und die Öffnung von Lehrveranstaltungen unter den Dozenten breite Unterstützung findet.

Das Gasthörer- und Seniorenstudium an der Universität Mannheim wird offensichtlich von den Teilnehmenden auch nach 30 Jahren noch sehr geschätzt. Insbesondere werden die neuen, zielgruppenspezifischen Begleitangebote und Projekte, die das bisherige klassische, integrative Modell ergänzen, von den Teilnehmenden gut angenommen. Wenn in wenigen Jahren die Auswirkungen des demografischen Wandels spürbarer werden und die geburtenstarken Jahrgänge in den Ruhestand gehen, liegt darin auch eine Chance für die Universität, dem wachsenden Bedarf an nachberuflicher akademischer Weiterbildung mit entsprechend ausgerichteten Angeboten zu begegnen.

Literatur

Arnold, B. / Schnittker, G. / Scholz, W. D. (1988): *„Ich warte auf den Tag an der Uni": Studienerfahrungen von Studierenden über 60 Jahre; Ergebnisse einer Befragung.* Bibliotheks- u. Informationssystem der Univ. Oldenburg.

Büscher, R. (1993): *10 Jahre Seniorenstudium an der Universität Mannheim. Dokumentation von der Jubiläumsfeier am 12. November 1993.* Unveröffentlichtes Manuskript, Universität Mannheim.

Bungard, W. / Groth, G. / Hofer, M. (1988): *Spät studiert, nicht gereut: eine Begleituntersuchung zum Seniorenstudium der Universität Mannheim.* Otto-Selz-Inst. für Psychologie und Erziehungswiss. der Universität Mannheim.

Costard, A. / Haller, M. / Meyer-Wolters, H. / Pietsch-Lindt, U. (Hrsg.) (2012): *Alter forscht! Forschungsaktivitäten im Seniorenstudium. Forschendes Lernen, Aktionsforschung und Ageing Studies: Jahrestagung 2009. DGWF.*

Günther, R. / Köck, J. / Lechner, D.; Völkl, M. (Hrsg.) (2012): Emotionen in Geschichte und Literatur. Alter lernt und forscht Band 1. St. Ingbert.

Höhn, E. (1990): Bildungsmöglichkeiten im Alter. In: Hiller G. H. / Kautter, H. (Hrsg.), *Chancen stiften. Über Psychologie und Pädagogik auf den Hinterhöfen der Gesellschaft.* C&S Verlag: Langenau-Ulm, S. 11–20.

Knoke, M. (2014): Die Grauen da vorne. *DUZ Deutsche Universitätszeitung* 11, S. 13 ff.

Sagebiel, F. / Dahmen, J. (2009): *Erforschung der Ist-Situation von Studienangeboten für Ältere an deutschen Hochschulen.* DGWF.

Studienführer für Senioren, Universität Mannheim, *Programm für das Wintersemester 1983/84.*

Undorf, M. / Auer, T-S. / Link, E. / Löh, C. & Erdfelder, E. (2007): *Evaluation des Seniorenstudiums.* Unveröffentlichtes Manuskript, Universität Mannheim.

Zahn, L. (1993): *Die akademische Seniorenbildung: eine historische Bilanz in methodisch-didaktischer Absicht.* Dt. Studien-Verlag.

Joanna Górna

Die Rolle der Universität des Dritten Lebensalters an der Jan Długosz Universität in Częstochowa – ein Beitrag zum aktiven Altern

Abstract: *The inclusion of older adults and specific contributions to active aging are pressing challenges for HE. The young 'University of the 3rd Age' in Czestochowa, Poland offers plenary sessions on specific topics, lectures and various workshops. A particular focus lies in the participation in research on career guidance for older individuals.*

Eingangs soll die Bedeutung von innovativen Angeboten für aktives Altern an ausgewählten statistischen Zahlen verdeutlicht werden. Der Altersdurchschnitt der Bevölkerung in Polen nimmt zu. Dieser Vorgang ist eine allgemeine und unumkehrbare Erscheinung in Europa, aber der Grad des Fortschreitens dieses Prozesses hängt ab vom Entwicklungsstadium der jeweiligen Gesellschaft. Polen gehörte jahrelang zu den „jüngsten Ländern" in Europa, aber jetzt wird es hinsichtlich der Altersstruktur den anderen Ländern Westeuropas immer ähnlicher. Im Jahre 1950 machten ältere Menschen ab 65 Jahren 5,3 % der Gesamtbevölkerung in Polen aus. Die Bevölkerungsprognose des Statistischen Hauptamts (2014, S. 132) schätzt für die Jahre bis 2050 den Zuwachs der Anzahl Älterer (65+) auf 19 % in den Städten und 16,8 % auf dem Lande. Der Anteil der älteren Menschen an der Gesamtbevölkerung übersteigt dann 30 % in ländlichen Gebieten und erreicht fast 35 % in städtischen Gebieten. Landesweit nimmt die Zahl dieser Bevölkerungsgruppe um 5,4 Millionen zu. Im letzten Jahr des prognostizierten Zeitraums wird die Anzahl der Menschen im Alter von 65 Jahren und älter in den Städten 179,3 % und in ländlichen Gebieten 224,9 % des Standes des Jahres 2013 betragen. Derzeit leben in Polen annähernd 7,2 Millionen Menschen über 60 Jahre, im Jahre 2035 steigt die Anzahl der Personen im Rentenalter auf fast 9,6 Millionen, das heißt, ihr Anteil an der Gesamtbevölkerung beträgt dann 26,7 %, wird sich im Vergleich zum Jahr 2011 also verdoppeln. Die Zahl der Menschen über 60 Jahre macht gegenwärtig 22,2 % der Gesamtbevölkerung aus. Wenn man 14,2 % der Personen im Alter zwischen 51–59 Jahren dazurechnet[1], dann umfasst die sogenannte Generation 50+ mehr als ein Drittel aller Polen. Diese fortschreitende

---

[1] Population. Size and structure of population and vital statistics in Poland by territorial divison. As of December 31, 2014, www.sta.gov.pl vom 30.06.2015.

Alterung der Gesellschaft macht es notwendig, die Erwerbsarbeit der Polen zu verlängern, was sich auch damit begründen lässt, dass – wie Untersuchungen zeigen – der Gesundheitszustand der polnischen Senioren relativ gut ist (die durchschnittliche Zahl der Lebensjahre mit gesundheitlichen Einschränkungen gehört in Polen zu den niedrigsten in den Ländern der EU) und wird sich in Zukunft weiter verbessern. Die Lebenserwartung für polnische Männer beträgt gegenwärtig 70,9 Jahre und für Frauen 79,6 Jahre. Die steigende Anzahl der Menschen im fortgeschrittenen Alter, die über genügend Freizeit verfügen und ein festes Einkommen haben, beeinflusst positiv das Interesse an den Universitäten des Dritten Lebensalters (U3L), denn sie ermöglichen die Befriedigung der Bedürfnisse im Bereich der Bildung, der Fortbildung, der Teilnahme am Kultur- und Sportleben und der gesellschaftlichen Integration. Diese Angebote sind in der Lage, die Persönlichkeit zu bereichern, neue Erfahrungen, Fähigkeiten und Kenntnisse zu gewinnen sowie die Lebensqualität der älteren Menschen zu steigern. Die sinnvoll genutzte Freizeit erhöht die körperliche und geistige Leistungsfähigkeit und senkt dadurch indirekt die Kosten für das Gesundheitssystem.

Die erste polnische Universität des Dritten Lebensalters entstand im Jahre 1975 in Warschau. Ihre Gründerin war Prof. Halina Szwarc. Zurzeit gibt es in unserem Land mehr als 500 U3L, an deren Veranstaltungen jährlich über 150.000 Hörer teilnehmen (Angaben des Ministeriums für Arbeit und Soziales, 2014). Sowohl die Zahl der U3L als auch die von Jahr zu Jahr steigende Anzahl ihrer Hörer zeugen von der Zweckmäßigkeit und Notwendigkeit ihrer Existenz. In Polen gibt es drei verschiedene Formen von Universitäten des Dritten Lebensalters. Die erste umfasst Institutionen, die ein integraler Teil von Hochschulen/ Universitäten sind und von einem Beauftragten des Rektors geleitet werden. Die zweite Art sind Universitäten, die nur lose mit einer Hochschule verbunden sind und meistens von verschiedenen Vereinigungen gegründet wurden, die sich kulturell, populärwissenschaftlich oder im Bereich der Freizeitgestaltung betätigen. Die dritte Art bilden die U3L, deren Träger öffentliche Institutionen sind, wie Bibliotheken, Kulturhäuser oder Seniorenheime.

Die U3L richten ihre Hauptaufgaben auf die Einbeziehung der Älteren in das System des lebenslangen Lernens:

– Förderung des intellektuellen, psychischen und physischen Trainings;
– Weitergabe von Informationen über eine gesunde Lebensweise und Maßnahmen zur gerontologischen Vorbeugung;
– Durchführung von Gymnastik- und Rehabilitationsübungen sowie Veranstaltungen im Bereich der Touristik;

- Organisation der Selbstverwaltung und des Kulturlebens in Form der Einrichtung von Gesangsgruppen, Computer- und Malerworkshops, Fremdsprachenkursen sowie gemeinsamer Freizeitgestaltung.

Die Teilnahme an den Veranstaltungen der U3L, die Tatsache, dass man den Pflichten eines Studierenden nachgehen muss, die Notwendigkeit, eine bestimmte Form der Lehrveranstaltung zu wählen und die Planung der eigenen Freizeit haben zur Folge, dass sich der Mensch mehr gebraucht fühlt und an den Sinn des eigenen Lebens glaubt. Die Beteiligung an den U3L hat auch eine Rehabilitationsfunktion. Das Interesse an dem neu erworbenen Wissen erlaubt dem Menschen sowohl sein psychisches als auch physisches Potenzial zu mobilisieren und so die Lebensaktivität zu steigern. Die Teilnahme an Sportveranstaltungen, wie zum Beispiel Gymnastik, Joga oder Schwimmen, tragen dazu bei, Beweglichkeit, Ausdauer und Kraft zu erhalten und beeinflusst positiv die eigene Gemütslage.

Die U3L haben auch bestimmte soziale Funktionen:

- Die integrative Funktion kommt dadurch zum Ausdruck, dass sich die Menschen gegenseitig helfen und gemeinsam ihre Freizeit verbringen.
- Die therapeutische Funktion erlaubt es, die soziale Isolation zu überwinden und beugt den Gefühlen der Einsamkeit und Entfremdung vor.
- Die edukative Funktion beruht darauf, die entsprechenden Bedingungen zu schaffen, um den Studierenden an den U3L Kenntnisse in den Wissenschaftsbereichen zu vermitteln, für die sie sich am meisten interessieren (Chabior, 2000).

Die U3L an der AJD Częstochowa war die 18. Universität ihrer Art in Polen. Sie wurde am 14. November 1994 eröffnet.

Die Hauptziele, die zur Gründung dieser Universität führten, umfassten:

- Einbeziehung der Älteren in das System des lebenslangen Lernens
- Förderung des intellektuellen, psychischen und physischen Trainings
- Beteiligung an wissenschaftlicher Forschung
- Erarbeitung eines Weiterbildungsangebots für ältere Menschen und die Anwendung gerontologischer Vorbeugungsmaßnahmen

Die ersten Veranstaltungen fanden am 24. November 1994 statt und täglich kamen neue Hörer hinzu. Gegen Ende des ersten Studienjahres waren schon 215 Personen eingeschrieben, darunter 180 Frauen und 35 Männer im Alter zwischen 30 und 86 Jahren, mit unterschiedlichen Bildungsniveaus – von der Grundschulbildung bis zur Hochschulbildung – und mit verschiedenen Berufsabschlüssen. Die didaktische Basis bildeten wöchentliche Vorlesungen, deren Thematik sich auf Geisteswissenschaften, Medizin und Biologie bezog. Die Dozenten waren in der Regel wissenschaftliche Mitarbeiter der damaligen Pädagogischen Hochschule und der Technischen Hochschule in Częstochowa, der Jagiellonen-Universität Kraków und der Warschauer Universität.

Die Lehrveranstaltungen im Bereich der Kulturwissenschaften wurden in kleineren Gruppen durchgeführt; es gab Literatur-, Kunst-, Gesangs- und Musikgruppen. Die Hörer lernten im Rahmen des studienbegleitenden Fremdsprachenunterrichts Französisch, Englisch, Deutsch, Esperanto und Latein. Im Rahmen der Förderung der Beweglichkeit und der aktiven Erholung wurden gemeinsame Spaziergänge und Ausflüge organisiert. Die Teilnehmer besuchten Kunstausstellungen, Konzerte in der Philharmonie, Theateraufführungen, das Fitnessstudio, machten Gymnastik, spielten Tischtennis, gingen ins Schwimmbad und lernten so verschiedene Erholungstechniken kennen. Die Selbstorganisation der Hörer veranstaltete gesellige Treffen anlässlich von Feiertagen, wie Andreasnacht, Nikolaustag, Heiligabend, Frauentag oder Ostern.

Zurzeit sind an der Universität des Dritten Alters an der AJD über 800 Personen eingeschrieben. Es gibt viel mehr Bewerber, aber es fehlt an entsprechenden Räumlichkeiten an der Hochschule. Unter den Studierenden überwiegen die Frauen mit 83 %. Das Durchschnittsalter beträgt 70 Jahre. Die jüngsten Hörer sind 53, die ältesten 90 Jahre alt. Ein Drittel der Hörer verfügt über eine Hochschulbildung, 57 % haben das Abitur. Formale Zulassungsbedingungen bezüglich des Schulabschlusses bestehen nicht. Das einzige Kriterium ist das Alter eines Bewerbers, der im Ruhestand sein muss. Das Veranstaltungsangebot im Rahmen der U3L war und ist sehr vielfältig. Die Hörer der U3L an der AJD haben die Möglichkeit, jede Woche Vorlesungen aus den verschiedenen Fachgebieten der Wissenschaft zu besuchen, an den Computer- und Gesundheitsworkshops sowie dem studienbegleitenden Fremdsprachenunterricht teilzunehmen. Unter den Fremdsprachen erfreuen sich Englisch, Italienisch, Deutsch, Französisch und Russisch größter Beliebtheit.

Die Dozenten sind sowohl wissenschaftliche Mitarbeiter der Universität als auch eingeladene Experten. Im Gesundheitsbereich sind nach wie vor Joga, Gymnastik, Schwimmen und Fitnessübungen sehr beliebt. Interessenten können sich aber auch in Astronomie- und Bridgearbeitskreisen oder Handarbeitenworkshops weiterentwickeln. Ferner gibt es die Gesangsgruppe „Uni", eine Kunstarbeitsgruppe und einen Dichter-Club. Im Rahmen dieser Arbeitsgemeinschaften gestalten die Hörer selbst ihr Programm mit und setzen es in die Praxis um. Die sehr aktive Hörerselbstverwaltung plant für die gesamte U3L Kulturprogramme, Ausflüge, Workshops und andere Formen der Freizeitgestaltung.

Alle Informationen bezüglich der Tätigkeit der U3L stehen auf der Internetseite der U3L (www.utw.ajd.czest.pl) zur Verfügung, die die Hörer selbst gestalten. Man kann sich dort mit dem Programm der U3L und den aktuellen Ereignissen vertraut machen, sich die Fotos anschauen und die Interessen der Hörer kennenlernen. Im Jahr 2008 erschien die erste Ausgabe des Newsletters „UNSERE UNIVERSITÄT", in dem die Geschichte und die Tätigkeit der U3L geschildert wurden. Der Newsletter wurde von den Hörern vorbereitet, redigiert und dank der Unterstützung der Universitätsbehörden herausgegeben. Seit dieser Zeit erscheint er regelmäßig einmal im Jahr, 2016 in der neunten Ausgabe.

Seit neun Jahren nehmen unsere Hörer auch an der Gesamtpolnischen Olympiade der Studierenden der U3L „Das dritte Lebensalter an den Start" teil, die jedes Jahr in Łazy organisiert wird. Im Jahr 2011 wurde auf Initiative der U3L der AJD, in Zusammenarbeit mit der Stadt Częstochowa und dem Städtischen Zentrum für Sport und Erholung, die „Senioren-Olympiade" der Region Częstochowa veranstaltet.

Die Hörer der U3L beteiligen sich auch an verschiedenen Projekten, die aus EU-Mitteln finanziert werden. Das erste davon war das Projekt „Die Universität für Gesundheit", das für eine gesunde Lebensweise warb. Außer Vorträgen zum Thema „Gesundheit und gesunde Lebensweise" hatten die Hörer auch die Gelegenheit zu Relax-Übungen und Joga-Kursen, die von über 150 Personen besucht wurden.

Im Rahmen des internationalen EU-Projekts „Evaluation toolkit on senior's education to improve their quality of life" (LLP Gruntvig) hatte die U3L der AJD die Projektteilnehmer zu Gast. Das Ziel war, Instrumente zur Messung der Bildungsqualität von Senioren zu entwickeln, um die Bildung in dieser Altersgruppe zu verbessern. Die Hörer der U3L nahmen an den entsprechenden Fragebogenuntersuchungen teil.

Im Jahr 2012 boten sich den Hörern im Rahmen des Europäischen Projekts „Aktiver Senior – Aktive Seniorin" weitere Möglichkeiten: Jogakurse, Spanisch lernen, Begegnungen mit den „Globetrottern", wobei sie sich mit der Idee des Volontariats vertraut machten und durch den Jura der Region Kraków-Częstochowa wanderten.

Außerdem begannen 2012 kostenlose Computerkurse für die Studierenden der U3L im Rahmen des Programms „Digitales Polen der Chancengleichheit – Leuchtturmwärter'" gegen die technologische Isolierung der Senioren, das in ganz Polen durchgeführt wird. Es handelt sich um eine Basisinitiative mit dem Ziel, Maßnahmen zur Entwicklung der digitalen Kompetenz der Generation 50+ in ihrem lokalen Umfeld zu fördern. Sie wird vom Verein „Städte im Internet" und dem Ministerium für Verwaltung und Digitalisierung realisiert. Für die Beteiligung der Senioren an der digitalen Welt setzen sich die lokalen Animateure, die sogenannten ‚Leuchtturmwärter des Digitalen Polens', ein. Die Lehrveranstaltungen zu diesem Thema werden aktuell weitergeführt.

Im Studienjahr 2013/2014 wurde im Rahmen des bilateralen Forschungsprojektes „Überfachliche Kompentenzen, Berufsinteressen und Bedarf an Bildungs- und Berufsberatung bei älteren Menschen" der Hochschule der Bundesagentur für Arbeit (HdBA), Mannheim, und der Jan Długosz-Universität, unter Beteiligung der Jagiellonen-Universität Kraków, eine breit angelegte empirische Untersuchung durchgeführt. Den Kontext bildete die Diskussion um die Erhöhung des Renteneintrittsalters und die Notwendigkeit einer längeren Erwerbstätigkeit. Die ersten Forschungsergebnisse weisen darauf hin, dass es unerlässlich ist, älteren Menschen in Bezug auf alle Bereiche des Lebens, einschließlich des Berufs, ein spezifisches holistisches Beratungsangebot zu machen. Dieses Projekt unterscheidet sich von anderen dadurch, dass es sich nicht nur auf die Vorbereitung und Unterstützung der Transition vom Erwerbsleben in den Ruhestand konzentriert, sondern auch auf die Phase danach vorbereitet (vgl. Ertelt & Górna, 2015).

Jährlich werden von der Föderation der U3L „Gesamtpolnische Konferenzen der Universitäten des Dritten Lebensalters – Forum des III. Lebensalters" organisiert. Der erste Kongress dieser Art fand im Rahmen des „Europäischen Jahres der Aktivität älterer Personen und der Solidarität unter den Generationen" (2012) statt. Unsere Studierenden haben sich auch hier aktiv eingebracht.

Die U3L der AJD ist Mitglied dieser Föderation mit Sitz in Warschau. Ihre Zielsetzung umfasst:

- Vertretung der U3L und deren Interessen
- Erfahrungsaustausch und Werbung anhand von Beispielen guter Praxis
- Information und Beratung in Bezug auf Ausschreibungen zur Finanzierung der Forschung
- Schulungen zur Verbesserung der Standards für die Tätigkeit der U3L
- Unterstützung der neu gegründeten U3L
- Organisation von Veranstaltungen, die die Mitglieder integrieren und deren Handlungsformen bereichern
- Initiieren gemeinsamer Publikationen und anderer Aktivitäten der Öffentlichkeitsarbeit

Die U3L arbeitet im Rahmen der Integration unter den Generationen mit den Studierenden der AJD zusammen. Im akademischen Jahr 2015/2016 wurde zum fünften Mal mit Studierenden der Fakultät für Polnische Philologie die Veranstaltung „Diktat für den Senior" organisiert und in Zusammenarbeit mit der studentischen Selbstverwaltung zum vierten Mal der „Ball der Pädagogen", auf dem alle Studierenden gemeinsam feierten, veranstaltet. Viele Studierende an der

Jan Długosz-Universität führen im Rahmen ihrer Bachelor- und Masterarbeiten mündliche und schriftliche Befragungen bei Hörern der U3L durch, die sich auf verschiedene Lebensbereiche und Aktivitäten der Senioren beziehen.

Seit dem Studienjahr 2013/2014 halten die Doktoranden der Philologisch-Historischen Fakultät jede Woche offene Vorlesungen, in denen sie ihre Forschungsarbeiten und Interessen-Schwerpunkte im Bereich der Geschichte, der Literatur und Kunst präsentieren. Ähnliches tun die Studierenden des Instituts für Musik mit der Vorstellung ihrer Werke.

Wichtig ist die Zusammenarbeit mit den Kulturinstitutionen unserer Stadt, die unseren Hörern – neben der Möglichkeit für eigene Ausstellungen – vielfältige Beteiligungen am Kulturleben in Częstochowa bieten (inkl. Ermäßigungen für Kino, Theater, Konzert und Kunstausstellungen). Von hoher Wertschätzung zeugen die regelmäßige Anwesenheit des Stadtpräsidenten, der Vertreter der städtischen Kulturinstitutionen, der Abgeordneten sowie die von Jahr zu Jahr steigende Zahl an Gästen bei allen Festveranstaltungen der U3L.

Aus mehrjähriger Betrachtung der Studierenden der U3L der AJD ergibt sich die Erkenntnis, dass diese Gruppe sehr heterogen ist. Nicht nur im Hinblick auf das Altersgefälle (zwischen den 50- und 90-Jährigen) haben wir es hier quasi mit zwei unterschiedlichen Generationen zu tun. Die jüngeren Jahrgänge sind besser ausgebildet, sich ihrer Möglichkeiten besser bewusst und gewillt, daraus einen Nutzen zu ziehen; sie sind auch in allen anderen Lebensbereichen aktiver. Einige waren schon reguläre Studierende unserer Universität, meistens in Philosophie und den Bildenden Künsten.

Leider engagieren sich aber nur wenige Seniorenstudierende ehrenamtlich in der Arbeit zugunsten anderer Menschen. Die Idee eines solchen Engagements ist noch zu wenig populär unter den polnischen Senioren; deshalb müssen wir in diesem Bereich noch viel Überzeugungsarbeit leisten. Unsere empirischen Untersuchungen haben auch gezeigt, dass ein hohes Interesse an Beratung, bei persönlichen Finanzfragen und in Bezug auf die eigene Pension/Rente oder staatliche Sozialleistungen besteht; doch ist die Bereitschaft, dieses Wissen mit anderen zu teilen, gering.

Unsere Senioren sind kaum daran interessiert, wieder eine Arbeit aufzunehmen, eine Firma zu gründen oder sich weiterzubilden. Nur wenige Personen würden gerne ihre berufliche Karriere bzw. berufliche Tätigkeit fortsetzen. Diese Einstellung zu Bildung und Beruf resultiert ganz offensichtlich aus ihren früheren Erfahrungen. Die längere Beteiligung der Senioren am Berufs- und Sozialleben wird daher zur Herausforderung für sie selbst und für die Sozialpolitik. In Anbetracht der begrenzten Zahl der Studienplätze an der U3L ist festzustellen, dass die Teilnehmer zu den Privilegierten gehören, die über bessere Möglichkeiten zur Selbstverwirklichung und Nutzung ihres Potenzials verfügen. Wenn also die

Aktivierung und berufliche Orientierung dieser Gruppe schon eine so schwierige Aufgabe darstellt, um wie viel schwerer dürfte dann in Polen die Aktivierung aller anderen Menschen im Ruhestand fallen?

Das Handeln der zuständigen staatlichen Behörden und anderer gesellschaftlicher Institutionen sollte der Bildung, der Verbesserung und/oder der Erhaltung des sozialen Status, der persönlichen, gesundheitlichen und sozialen Sicherung, der Erhöhung der Lebensqualität älterer Menschen und der Bereitstellung von Möglichkeiten, sich am kulturellen und gesellschaftlichen Leben in vollem Umfang zu beteiligen, dienen. Dieses soll die Chancen der älteren Generation verbessern, ein aktives, selbstständiges und unabhängiges Leben zu führen, solange das hinsichtlich der Gesundheit, der Leistungsfähigkeit und der persönlichen Perspektiven möglich ist. Doch das sind bislang eher vernachlässigte Aufgabenbereiche der Sozial- und Beschäftigungspolitik.

Die relativ geringe Erwerbsbeteiligung Älterer in Polen vermindert die individuelle Lebensqualität und birgt auch die Gefahren der Marginalisierung, zunehmender „Empfängermentalität" und des Anspruchsdenkens, was wiederum ein negatives Bild des Alters verfestigt. Die Erfahrungen und die Fähigkeiten Älterer gilt es demgegenüber zu betonen, zum Wohle der ganzen Gesellschaft, denn kein Land kann es sich leisten, dieses Humankapital zu unterschätzen.

In der Tätigkeit der U3L sehen wir ein gutes Beispiel für die Umsetzung dieser Ideen zusammen mit der Zielgruppe, unter Berücksichtigung aller Lebensbereiche im Sinne einer holistischen Betrachtung der Lebensqualität. Daher arbeiten wir auch aktiv an der Entwicklung einer innovativen Beratungskonzeption und Professionalisierung von spezialisierten Beratungskräften mit.

Literatur

Chabior, A. (2000): *Die Rolle der Kultur- und Bildungsaktivität bei der Anpassung an das Alter.* Das Institut für die Nutzungstechnologie, Radom-Kielce.

Ertelt, B. J. / Górna, J. (Hrsg.) (2015): *Aktywizacja zawodowa osób 50+ wyzwaniem dla rynku pracy,* (Aktivierung der beschäftigungsorientierten Beratung für Menschen 50+). Wyd. AJD, Częstochowa.

Ministerium für Arbeit und Soziales, www.mpips.gov.pl vom 12.12.2014. Population. *Size and structure of population and vital statistics in Poland by territorial divison.* As of December 31, 2014, *vom 30.06.2015.*

Statistisches Hauptamt [poln. Główny Urząd Statystyczny GUS] (2014): *Die Bevölkerungsprognose für die Jahre 2014–2050.* Warszawa.

„ZOOM auf U3L" – Forschungsbericht, Gesellschaft der Kreativen Initiativen „ę". Warszawa 2012.

Marion Kopmann

Good Practice in Beschäftigungsangeboten für Ältere

Abstract: *The article outlines demands of the elderly workforce (55+) in Germany considering changing images of age in society and growing job opportunities for skilled persons in high age. The interactive online-tool MASTERhora is introduced as an instrument that makes qualified job offers available to elderly professionals.*

Die Bevölkerung in Deutschland und damit die Zahl der Erwerbstätigen schrumpft und altert. Derzeit leben in Deutschland bereits 25 Millionen Rentner. Schätzungen zufolge ist knapp die Hälfte von ihnen vorzeitig in Rente gegangen. Dahinter stehen – neben dem regulären Eintritt in den Ruhestand – entweder sogenannte „sozial verträgliche" Personalabbauprogramme von Unternehmen oder der selbst herbeigeführte Ausstieg mit bewusster Inkaufnahme von Abschlägen. Momentan sind es die „Alt-68ziger", die in Rente gehen oder kurz davor stehen. Gleichzeitig rückt die Babyboomer-Generation in die Altersgruppe der 55+. Diese Situation stellt den deutschen Arbeitsmarkt vor enorme Veränderungen. Unternehmen sind gezwungen, sich mit einem spärlicher fließenden Strom an „frischen Nachwuchskräften" sowie auf eine zunehmend älter werdende Belegschaft einzustellen. Letztere haben andere Ziele und Ansprüche an ihren Arbeitgeber als Berufseinsteiger. Problematisch erscheint die Situation besonders in den MINT-Berufen, denn in sämtlichen MINT-Berufskategorien fehlen heute laut MINT-Frühjahrsreport 2016 des Instituts der Deutschen Wirtschaft Köln (2016) 171.400 Arbeitskräfte. Besonders stark ist dieser Mangel in den Berufsfeldern Maschinen und Fahrzeugtechnik wie auch Gesundheit, Soziales und Bildung. Die demografische Falle schnappt immer öfter zu. Gleichzeitig waren Bildungsstand und Fachwissen der Rentnergeneration noch nie so hoch wie heute. In ihr liegt das gesamte Wissen von „Made in Germany" und „Engineered in Germany". Dieses Wissen droht unwiderruflich verloren zu gehen. Die deutsche Wirtschaft steht damit vor einer der größten Herausforderungen seit der Nachkriegszeit. Dringend müssen Lösungen gefunden werden, will Deutschland den Anschluss an die Weltelite nicht verlieren.

Mit wachsender Lebenserwartung und hohem Anteil an Frührentnern wandelt sich das Selbstbild der Älteren. Statt „Vorlese-Omas" und „Handwerker-Opas" begegnen uns mehr und mehr körperlich und geistig aktive Senioren, die alles andere als im Ruhestand sind. Vielmehr engagieren sie sich politisch oder ehrenamtlich – angefangenen von Gemeinderatsmandaten über Wirtschaftspaten bis hin zur Wahrnehmung von Aufgaben im Bildungssektor. 65 ist das neue 55. Die Motive dahinter sind vielfältig. Das große ehrenamtliche Engagement zeigt, dass finanzielle Interessen nicht zwingend im Fokus stehen. Es geht um Sinnstiftung, um das Gebrauchtwerden, um den Beitrag für die Gesellschaft. Gleichwohl gibt es mehr und mehr Menschen, denen die Rente nicht ausreicht und die neben ihrem Rentenbezug erwerbstätig sein müssen.

Doch die Arbeitswelt ist darauf noch wenig vorbereitet und steht praktisch vor einer Revolution. Nur wenige deutsche Unternehmen haben in ihrer Personalpolitik dazu bereits Antworten parat. Dieser Beitrag will für das Thema sensibilisieren, Handlungsfelder aufzeigen und stellt anhand von „MASTERhora" ein Instrument vor, das beide Welten verbindet – die der Unternehmen, die Wissen dringend erhalten möchten und die der älteren Arbeitnehmer, die sich weiter aktiv einbringen möchten.

1. Forderung der Generation 55+

Betrachten wir die Generation 55+ genauer: Viele Ältere kennen das aus eigener Erfahrung: kaum haben sie den 55. Geburtstag hinter sich, gelten sie im Job als weniger belastbar, als anpassungsunfähig, als technikfeindlich. Doch wie ist das Altersbild der Arbeitnehmer 55+ tatsächlich, was denken Führungskräfte und was ist die Erwartungshaltung der älteren Arbeitnehmer?

Eine Studie aus dem Jahr 2014, die mit Hilfe einer Online-Befragung unter den Mitgliedern des Berufsverbandes DIE FÜHRUNGSKRÄFTE (DFK) durchgeführt wurde, hat dieses Altersbild genauer untersucht. An der Umfrage nahmen insgesamt 1.134 Menschen teil, von denen wiederum 50 Prozent zur Altersgruppe 50+ gehörten und drei Viertel selbst Personalverantwortung trugen. Die Umfrage ergab im Kern, dass sowohl das Bild von Mitarbeitern 55+ als auch deren Selbstbild überwiegend positiv ausfallen und weit entfernt von vielen „Defizit geprägten Stereotypen" liegen. Vor allem „Kompetenz", „Erfahrung" und „Wissen" werden oft als wichtige Pluspunkte erkannt. Es sind eher die gesellschaftlich geprägten, tendenziell negativen Denkweisen, die sich hemmend auf die Zweitkarriere im Alter auswirken. Die größte Herausforderung sei es, dieses Altersbild zu ändern. Deutlich wird in dieser Studie der klare Wunsch, über das Renteneintrittsalter hinaus beruflich tätig zu sein: Knapp 80 % der Teilnehmer gaben an, im Alter weiter arbeiten zu wollen. Die Voraussetzungen dafür lauten jedoch „flexibel und freiwillig", eine Zwangsverlängerung bis 67 Jahren hingegen wird von drei Viertel aller Befragten abgelehnt.

Dieses Bild unterstreicht auch eine Umfrage des Bundesinstitutes für Bevölkerungsforschung (2010) unter 5.000 Menschen im Alter zwischen 55 und 70 Jahren, nach der rund die Hälfte aller erwerbstätigen Menschen ab 55 Jahren sich vorstellen können, auch nach ihrer Verrentung einer bezahlten Tätigkeit nachzugehen. Arbeitnehmer 55+ wollen und fordern altersgerechte Tätigkeiten. Sie sind fit, technikaffin, verfügen über einen großen Erfahrungsschatz und sind bereit, Neues zu lernen.

Viele Mitarbeiter 55+ haben jedoch noch keine genaue Vorstellung davon, wie sich ihre Zukunft im Zuge des demografischen Wandels verändern wird. Gesetzesänderungen, wie die „Rente mit 63" einerseits und Diskussionen über mögliche freiwillige „Hinzuverdienst-Möglichkeiten bis 70" andererseits, Begriffsverwirrungen um Altersteilzeit, Teil- und Vollrente etc., haben bei Wirtschaft und Betroffenen zu erheblicher Verunsicherung geführt.

Die Forderung lautet daher: Wirtschaft und Politik müssen *jetzt* die Weichen stellen, damit Perspektiven geschaffen werden und das Wissenspotential einer ganzen Generation nicht unwiderruflich verschwindet, sondern weiter genutzt werden kann. Das bedeutet, der Übergang in die Rente muss flexibel gestaltbar werden, die Arbeitsbedingungen altersgerechter und die Erwerbsmöglichkeiten attraktiver werden. Welche Rückschlüsse können für die Arbeitswelt daraus gezogen werden? Unternehmen müssen ihre Rahmenbedingungen für Ältere derart gestalten, dass möglichst viele ältere Menschen ihr körperliches und geistiges Potential auch voll ausschöpfen können. So werden die Voraussetzungen dafür geschaffen, dass bis zum Eintritt in die Rente und darüber hinaus die Arbeitsfähigkeit der Älteren erhalten und damit der Wissenstransfer an die Jüngeren gewährleistet werden kann.

Als Handlungsfelder lassen sich ableiten:

- Gesundheits- und Stressmanagement zur Aufrechterhaltung der körperlichen und geistigen Fitness
- Personalentwicklung 50+
- Flexibilisierung der Arbeitszeit
- Attraktive Hinzuverdienst-Grenzen im Rentenalter

Das *Gesundheits- und Stressmanagement* gehört schon lange zu den Basisinstrumenten, die ein Arbeitgeber im Sinne eines wertschätzenden und nachhaltigen Umgangs mit Mitarbeitern anwenden kann. Im Hinblick auf ältere Mitarbeiter seien hier Stichworte wie Ergonomie am Arbeitsplatz, Rückenschule oder auch mentale Stressbewältigung genannt. Im Bereich der *Personalentwicklung* sind

Unternehmen noch wenig vorbereitet, will heißen: Personalentwicklung hört mit Erreichen des 45. Lebensjahr in den meisten Unternehmen auf. Dabei ist die Gleichsetzung „Talent Management = Entwicklung von (Nachwuchs-) Führungskräften" längst nicht mehr zeitgemäß. Denn hierbei wird das ganze Entwicklungspotential eines erfahrenen Mitarbeiter-Segments geradezu verschleudert.

Um die Motivation und Leistungsfähigkeit im Alter zu erhalten, gilt es,

- lebenslanges Lernen im Unternehmen zu verankern,
- für Job-Rotation zu sorgen und so die Flexibilität und Lernbereitschaft zu stärken,
- Wissenstransfer von Erfahrenen zu neuen Mitarbeitern zu gewährleisten,
- die Motivation auch in einem Karriereplateau, das für die meisten älteren Mitarbeiter irgendwann Realität wird, aufrecht zu erhalten,
- Generationen übergreifende Zusammenarbeit zwischen den Altersgruppen zu fördern.

Die Belastung am Arbeitsplatz und der Leistungsdruck werden mit zunehmenden Alter schwerer verkraftbar. Viele ältere Arbeitnehmer wünschen sich, langsam und in modularen Strukturen in die Rente überzugleiten. *Flexible Arbeitszeitmodelle* sind hierbei ein hervorragendes Werkzeug, diesem Wunsch nachzukommen. In Frage kommen unterschiedliche Modelle, wie etwa

- Langzeitkonten bzw. Lebensarbeitszeitkonten,
- Altersteilzeit und allgemeine Teilzeit,
- Jobsharing,
- Arbeit auf Abruf,
- Home-Office-Arbeit,
- Gleitzeit und variable Arbeitszeit.

Der Einsatz von altersgerechten Instrumenten zur Personalentwicklung und Arbeitszeitmodellen schafft zusammen eine Unternehmenskultur, in der Ältere Anreize finden, motiviert möglichst lange in ihrem Job zu bleiben.

Hier schafft die in 2017 in Kraft getretene **Flexi-Rente** (Gesetz zur Flexibilisierung des Übergangs vom Erwerbsleben in den Ruhestand und zur Stärkung von Prävention und Rehabilitation im Erwerbsleben) neue Möglichkeiten. Die Flexi-Rente soll drei Ziele erreichen: Längeres Arbeiten ermöglichen, längeres Arbeiten belohnen und den Übergang von Arbeit zum Ruhestand fließender gestalten. Teile der Neuregelung sind bereits zum 1. Januar 2017 in Kraft getreten, andere – insbesondere die neue Teilrentenregelung mit den geänderten Hinzuverdienstgrenzen – treten erst zum 1. Juli 2017 in Kraft. Wer die Regelaltersgrenze erreicht hat, darf wie bisher unbegrenzt hinzuverdienen. Die Regelaltersgrenze liegt in 2017 bei 65 Jahren und 6 Monaten und steigt bis zum Jahr 2031 auf 67 Jahre an. Änderungen gibt es jedoch für Frührentner, die z. B. bereits mit 63 Jahren in Rente gehen und hinzuverdienen möchten. Diese Hinzuverdienstmöglichkeiten für Rentner vor Erreichen der Regelaltersgrenze waren bislang durch komplizierte und sehr bürokratielastige Teilrentenregelungen stark begrenzt. Zukünftig können Personen bei vorzeitigem Renteneintritt bis zu 6.300 Euro im Jahr anrechnungsfrei hinzuverdienen. Die bisherige monatliche Grenze von 450 Euro wird aufgegeben. Ein über den Betrag von 6.300 Euro hinausgehender Verdienst wird zu 40 Prozent auf die Rente angerechnet. Diese stufenlose 40 Prozent-Regelung gilt allerdings nur bis zu einer Obergrenze, welche sich am höchsten Bruttoeinkommen innerhalb der letzten 15 Jahre vor Renteneintritt orientiert (sogen. Hinzuverdienstdeckel). Diese Neuregelung dürfte sich für den überwiegenden Teil der Rentner, vor allem für Gering- und Normalverdiener, positiv auswirken. Sollte die Summe aus gekürzter Rente und dem Hinzuverdienst allerdings über dem Hinzuverdienstdeckel liegen, folgt eine Anrechnung des darüber liegenden Hinzuverdienstes zu 100 Prozent[1].

Wer bereits Altersrente bezieht und weiterarbeitet, kann hierdurch anders als bisher seinen Rentenanspruch erhöhen. Arbeitnehmer, die die Regelaltersgrenze erreicht haben und Vollrente beziehen, können freiwillig auf ihre Versicherungsfreiheit verzichten. Hierdurch wirkt sich sowohl ihr eigener Arbeitnehmeranteil als auch der bisher wirkungslos gebliebene Arbeitgeberanteil rentensteigernd aus. Vor Erreichen der Regelaltersgrenze sind Vollrentner fortan stets rentenversicherungspflichtig und erhöhen dadurch ihre Rentenansprüche. Für Unternehmen wird es zukünftig attraktiver, Rentner zu beschäftigen, da befristet für fünf Jahre die Beiträge zur Arbeitslosenversicherung entfallen. Außerdem soll es für diejenigen, die eine Frührente planen, einfacher werden, anfallende Rentenabschläge auszugleichen. Ab Anfang 2017 sind Ausgleichszahlungen schon ab 50 Jahren und nicht erst ab 55 Jahren möglich. Das geht auch mit Teilzahlungen. Um eine Verbesserung der Information der zukünftigen Rentner über ihre zu erwartende Rente und deren Gestaltungsmöglichkeiten zu erreichen, wird die Rentenauskunft, die jeder ab einem Alter von 55 Jahren erhält, zukünftig um weitere Informationen ergänzt, z. B. wie es sich auf die Rente auswirkt, wenn der Rentenbeginn vorgezogen oder hinausgeschoben wird.

---

1   Vgl. http://www.deutsche-rentenversicherung.de/Allgemein/de/Inhalt/Allgemeines/ FAQ/gesetzesaenderungen/flexirente/01_faq_liste_hinzuverdienstgrenzen.html.

2. Das Dilemma der Unternehmen

Wie stellt sich nun die Situation auf Unternehmensseite dar? Wie erwähnt, geht den Unternehmen früher oder später essentielles Wissen verloren. In einer Umfrage des Statistischen Bundesamtes zur Auswirkung des demografischen Wandels (2010) wird deutlich, welche Veränderungen Unternehmen heute bereits deutlich spüren. Beinahe 50 Prozent sehen den Fachkräftemangel als gravierendste Auswirkung. Was jedoch noch mehr beunruhigt: 11,3 Prozent der befragten Unternehmen sind der Meinung, dass der demografische Wandel bereits heute eine Abnahme der Leistungs- und Innovationsfähigkeit bewirkt. Hochrechnungen ergeben, dass im Jahr 2020 etwa zwei Drittel der Führungskräfte über 50 sind.

Vor diesem Hintergrund ist schnelles Handeln gefragt. Leistungsfähige Talente zu gewinnen und an sich zu binden, ist in den vergangenen Jahren immer aufwändiger geworden. Die Forderungen und Ansprüche junger Akademiker wachsen beständig. Der „War for Talents" ist bereits im vollen Gange. Die Arbeitgebermarke und die Attraktivität des Unternehmens sind wichtige Faktoren beim „Recruiting" von jungen Talenten. Heute schon werden Millionen von Euro jährlich für das „Employer Branding" ausgegeben. Darüber hinaus bilden Unternehmen Netzwerke mit anderen Unternehmen, setzen auf Aus- und Weiterbildung und binden ihre Mitarbeiter stärker ein, um sie nicht nur zu gewinnen, sondern auch zu halten. Doch dem Fachkräftemangel können die Unternehmen nicht nur mit vermehrten Recruiting- und Ausbildungsmaßnahmen begegnen. Es wird immer deutlicher, dass Wissen und Erfahrung gar nicht so schnell aufgebaut werden können, wie sie schwinden. Fortschrittliche Unternehmen denken daher um, fördern ältere Fach- und Führungskräfte und binden sie stärker an sich. Manches Unternehmen holt frühverrentete Fach- und Führungskräfte sogar inzwischen zurück.

Ein wichtiges Gestaltungselement sind altersgemischte Teams. Dabei werden die individuellen Stärken und Schwächen älterer Mitarbeiter beachtet und deren Bedürfnisse berücksichtigt, aber auch Verständnis geschaffen für die jeweiligen Einstellungen und Werte. Spezielle Mentoring-Programme ermöglichen in einer wertschätzenden Kultur die gezielte Weitergabe der Berufserfahrung Älterer an jüngere Mitarbeiter. Altersgemischte Teams bringen vielerlei Vorteile mit sich. Verschiedene Sichtweisen durch die Brille mehrerer Generationen ermöglichen eine effektivere Zusammenarbeit und eine höhere Innovationskraft. Ältere Mitarbeiter profitieren vom Elan der Jüngeren. „Diversity" ist nicht nur eine Frage der klugen genderspezifischen Heterogenität, sondern auch der verschiedenen Altersstufen.

Bei der Förderung einer erfolgreichen Zusammenarbeit in altersgemischten Teams kommt der Führungskraft eine besondere Rolle zu. Sie muss bestimmte Voraussetzungen schaffen, damit sich ältere wie auch jüngere Mitarbeiter gleichermaßen als Teil des Teams fühlen. Zunächst gilt es, ein positives und wertschätzendes Miteinander jüngerer und älterer Mitarbeiter zu fördern. Die Beteiligung aller Altersklassen an Entscheidungen und Weiterbildungsangeboten sowie die faire Behandlung eines jeden sind weiterhin wichtige Faktoren für eine erfolgreiche Zusammenarbeit in altersgemischten Teams. Auch liegt es an der Führungskraft, die Augenscheinlichkeit der Altersunterschiede im Team zu überbrücken

3. Vernetzen, Arbeiten und Lernen mit MASTERhora

Dem Wissensabfluss zu begegnen, mit der Generation 50+ wertschätzend umzugehen, diese weiter zu binden und arbeitsfähig zu halten und ihnen Unterstützung zu bieten, fordert einen nachhaltigen Umgang mit den Ressourcen Mensch und Wissen. Nachhaltigkeit lässt sich an vielen Merkmalen festmachen, sie beginnt aber ganz deutlich bei der Unternehmenskultur. Ist diese wertschätzend und gleichberechtigt älteren Arbeitnehmern gegenüber? Wie wird Gleichberechtigung tatsächlich gelebt, etwa in Bewerbungsprozessen? Wie wird mit den ausscheidenden Mitarbeitern umgegangen – im Prozess des Übergangs, wie auch danach? Unternehmensleitung und Führungskräfte sind gleichermaßen gefragt, einen glaubwürdigen Rahmen zu schaffen und auch vorzuleben, der ein wertschätzendes Arbeiten über die Generationen hinweg ermöglicht.

Auf der Instrumentenebene bietet sich dazu MASTERhora an. MASTERhora. de ist ein professionelles, interaktives Online-Portal, das den Wissenserhalt der älteren Arbeitnehmer in den Fokus stellt und eine Antwort auf die demografische Entwicklung am Arbeitsmarkt gibt. Die Plattform etabliert sich derzeit in Deutschland als das Netzwerk für Wissenstransfer und qualifizierte Arbeit auf Zeit. Sie vernetzt ältere Arbeitnehmer bzw. Ruheständler mit langjährigen Fachkenntnissen und Unternehmen, die vor der Herausforderung stehen, genau diese Fachkenntnisse schon bald nicht mehr verfügbar zu haben. Die älteren Arbeitnehmer bzw. Ruheständler auf der Plattform suchen nach Möglichkeiten, im Job aktiv zu bleiben, ihr Wissen weiterzugeben und noch gebraucht zu werden. Kurz: Tätigkeiten, bei denen sie Wertschätzung erhalten. Ältere Arbeitnehmer suchen aber nicht nur nach Gelegenheiten, ihr langjähriges Wissen einzubringen, sondern sie möchten ihr Wissen auch teilen. MASTERhora vernetzt diese Menschen in einer Community, die über kurz oder lang das Wissen der Generation 55+ in sich vereint. Hier entsteht ein Klub der klugen Köpfe.

3.1 Vernetzung auf MASTERhora

Zweck einer Social Media Plattform ist die Vernetzung. Diese lässt sich auf unterschiedliche Weisen realisieren.

1. **Experten vernetzen sich untereinander**
   Experten können als Mitglied „Business Profile" anlegen, werden so für die anderen Mitglieder sichtbar und können direkt Kontakt zueinander aufnehmen, sich austauschen und bei Interesse zusammenarbeiten. Zusätzlich können sich die Experten aktiv am Aufbau der Community beteiligen, in dem sie z. B. eigene Aufsätze, Projektarbeiten oder fachliche „News" einstellen, die Arbeiten anderer kommentieren und diskutieren und somit „Wissen" teilen.

2. **Experten vernetzen sich mit Unternehmen**
   Neben den privaten Usern, den sogenannten Experten, wendet sich MASTERhora an Unternehmen, an Kommunen, an Nichtregierungsorganisationen (NGO) oder Einrichtungen, die im Bürgerengagement tätig sind. Eben an alle Organisationen oder Institutionen, die das Wissen und die Erfahrung der Generation 55+ schätzen und – zumeist modular und zeitlich befristet – einsetzen möchten. Diese Mitgliedsunternehmen haben ebenfalls die Möglichkeit, sich selbst darzustellen und können jederzeit direkt und so oft sie wollen, auf Experten zugehen und sie bei Bedarf für eine Tätigkeit gewinnen – entgeltlich oder „pro bono", dass bleibt den Beteiligten selbst überlassen. Allerdings bietet MASTERhora Arbeitshilfen, wie standardisierte Verträge oder Checklisten, die auch kleinen Unternehmen und Organisationen helfen, ihren aktuellen Ressourcenengpass möglichst schnell und unkompliziert zu überwinden.

3. **Alt trifft Jung**
   MASTERhora bietet zudem eine Plattform zur Vernetzung von Senior Experte zu Junior Experte. Die sogenannte Tandembörse unterstützt Mentorenprogramme mit Technik, Inhalt und Wissen. Eine besondere Art der Vernetzung, nämlich auf persönlicher Ebene, stellen die „GründerLounges" dar. Unter dem Motto „Experte trifft Jungunternehmer" treffen sich alle zwei Monate Experten von MASTERhora mit Gründern aus Frankfurt, Berlin oder München. Als Gründer benötigt man eine Vielzahl an Fähigkeiten und Kompetenzen, sei es steuerlich, rechtlich, im Marketing, IT etc. Vieles davon muss noch nicht umfänglich und an jedem Tag „vorrätig" sein, sondern es reicht eine Projektphase oder ein wöchentlich befristeter Einsatz. Dafür will MASTERhora den Blick auf die älteren, erfahrenen Experten richten und beiden Marktteilnehmern die Infrastruktur bieten. Auf diese Weise werden das Wissen und die Erfahrung von Experten mit Junggründern zusammengebracht, um ihnen den Schritt ins

Unternehmertum zu erleichtern. Jung muss dabei nicht immer heißen, dass man tatsächlich noch jung an Jahren ist: Schon heute ist jeder vierte Gründer älter als 45 Jahre! Zu jeder GründerLounge kommen etwa 70 bis 80 Teilnehmer, relativ gleich verteilt auf Experten von MASTERhora und auf Gründer oder auf diejenigen, die es noch werden wollen. Ein interessanter Vortrag liefert den Einstieg in die folgenden Gespräche. An Thementischen und in strukturierten „Speed-Meetings" suchen und finden die jungen Unternehmer danach den Austausch mit Anwälten, IT-Spezialisten, „SEO-Experten", Wirtschaftsprüfern, Logistikern und vielen mehr. Manch einer ist im Kontakt geblieben und hat konkrete Kollaborations-Möglichkeiten wahrgenommen.

3.2 Beschäftigung neben der Rente

Ein weiteres Ziel von MASTERhora ist es, Experten im „Unruhestand" mit Unternehmen zusammenzubringen, die Projekte realisieren, wofür sie das Fachwissen und die Kompetenzen von Senior-Experten benötigen. Experten können dabei nach Projekten und Unternehmen suchen, aber auch umgekehrt ist eine Suche möglich. Um gefunden zu werden, erhalten die Mitglieder von MASTERhora einen Profilbogen, in den sie ihre Kompetenzen und Fähigkeiten eintragen können. Ein aussagekräftiges, professionelles Profil mit Bild erhöht die Chance, von Unternehmen gefunden zu werden. Es ist ebenfalls möglich, seinen Lebenslauf hochzuladen, der wiederum von anderen Experten oder Unternehmen abgerufen werden kann. So bekommen Unternehmen schnellen und unkomplizierten Zugriff auf einen umfassenden Experten-Pool und können gleichzeitig ihre Projektvakanzen veröffentlichen und Bewerbungen dafür erhalten.

3.3 Zweitkarriere „Berater"

Die beliebteste Form der Beschäftigung neben der Rente ist es, als Berater tätig zu sein. Denn neben den Zuverdienstgrenzen ist der rechtliche Aspekt ein ebenso wichtiger Faktor, wenn es um die Planung der Erwerbstätigkeit in der Rente geht. Meist wird zwischen Unternehmen und Experten ein Werkvertrag abgeschlossen. Der Auftragnehmer, also der Experte, verpflichtet sich dabei zur Erbringung einer Leistung in Form eines Werkes. Nach Abnahme des Werkes zahlt der Auftraggeber die vereinbarte Vergütung, die zum Beispiel auf Stundenlohnbasis erfolgen kann. Prinzipiell gilt, dass der Auftragnehmer wirtschaftlich selbstständig tätig ist. Bei Abschluss eines Werkvertrages sind die Rechtsentwicklung zu beachten sowie Einzelfragen juristisch abzuklären. Vorlagen gibt es beispielsweise bei der IHK. Zur Vermeidung von Scheinwerkverträgen muss im Werkvertrag ein konkretes Arbeitsergebnis vereinbart werden. Der Auftragnehmer, also der Senior-Experte haftet nicht für das vereinbarte Werk, er ist nicht fremdbestimmt und wird auch nicht als Teil der Stammbelegschaft eingeordnet.

3.4 Bildung durch MASTERhora

MASTERhora gibt seinen Nutzern nicht nur die Möglichkeit, Projekte auf Zeit zu finden und sich mit anderen Experten zu vernetzen, sondern liefert auch konkrete Weiterbildungsangebote, die auf Fach- und Führungskräfte über 50 zugeschnitten sind. Im Bereich „Journal" finden sich Artikel, Studien und Hintergrundberichte aus den Themenfeldern Technologie, Management & Service sowie Leben & Gesundheit. Hier erfährt man z. B. neueste Entwicklungen in der Rentendebatte, über die Besteuerung oder die neuen Auflagen zum Mindestlohn. Gleichzeitig informieren Artikel aus Fachmagazinen über neueste Erkenntnisse aus Forschung und Technik, zu aktuellen Managementthemen oder zu ausgewählten Themen rund um das Thema Gesundheit.

In der Rubrik „Lernen & Vernetzen" finden die Mitglieder ein großes Angebot an Online-Vorträgen sowie Veranstaltungen von MASTERhora. Renommierte Referenten berichten beispielsweise darüber, wie viel man neben der Rente hinzuverdienen darf und auf was man bei Beraterverträgen achten muss. Aber auch Tipps zum Gehirntraining und Sprachen lernen sorgen für ein breites Wissen auch außerhalb der angestammten Unternehmenskreise. Experten können aber auch selbst aktiv werden: Wer Zeit und Interesse hat und sein Wissen mit anderen Experten teilen will, wird selbst zum Referenten eines Webinars.

3.5 Lebenslanges Lernen als wesentliche Säule der Arbeit im Alter

In den letzten Jahren richten Universitäten vermehrt Studiengänge und Seminare für Menschen über 50 ein. Vor diesem Hintergrund stellt MASTERhora in der speziell eingerichteten Rubrik „Universitäre Angebote" Informationen zu Studien- und Weiterbildungsangeboten zur Verfügung. Hier lohnt es sich zu stöbern. Die Rheinisch-Westfälische Technische Hochschule Aachen oder die Technische Universität Ilmenau bieten beispielsweise spezielle Seniorenstudiengänge an.

Weiterhin gibt es Messen und Kongresse zu entdecken, die wiederum speziell auf die Zielgruppe über 50 zugeschnitten sind. Neben einer Preisübersicht führt ein Link direkt zu einer Anmeldeseite, um sich zu Veranstaltungen oder Messen direkt anmelden zu können. Ob die Baumesse in Chemnitz oder die TerraTec, eine internationale Fachmesse für Umwelttechnik und -dienstleistungen, MASTERhora möchte interessierten Experten alles auf einen Blick bieten.

Um die Experten auf ihre Aufgaben vorzubereiten, wurde die Rubrik „Arbeitshilfen" geschaffen. Hier kann man sich wichtige Tipps und Tricks beispielsweise beim Bewerben über 50 holen. Auch alle Webinar-Unterlagen werden hier gesammelt und bilden ein stetig wachsendes Archiv, um denjenigen, die nicht daran teilnehmen konnten, auch später noch die Informationen zur Verfügung zu stellen.

4. Resümee

Zusammenfassend kann festgestellt werden, dass Deutschland, aber auch andere westliche Länder, vor einer großen, gesellschaftspolitischen Herausforderung stehen, die jedoch in weiten Teilen bei den Entscheidern in Wirtschaft, Politik oder Bildung noch nicht in Gänze erkannt ist. Die Generation 50+ scheint dagegen weiter zu sein und hat für sich bereits entschieden, dass die herkömmlichen Altersbilder nur bedingt gelten und sie neue Wege gehen wollen, bestimmt von der eigenen guten Ausbildung, einem souveränen Umgang mit den modernen Kommunikationsmedien und vor allem einem Selbstbild, das heißt: 60 ist das neue 50. Partizipation am wirtschaftlichen Arbeits- und kulturellen Leben sind wesentliche Forderungen der älteren Generation. Junge Unternehmungen wie MASTERhora haben das reflektiert und wollen zeitgemäße Antworten bieten.

Literatur

Berufsverband DIE FÜHRUNGSKRÄFTE – DFK: *Deutsche Führungskräfte wollen länger und flexibler arbeiten. Pressemitteilung des Verbandes.* Essen, 26.11.2014. https://www.diefuehrungskraefte.de/fileadmin/downloads/ pressemittelungen/2014_11_26_PM_DFK.pdf.

Bundesagentur für Arbeit (BA) (2016): *BA 2010 – Bringt weiter. Schwerpunktheft: Fachkräfte für Deutschland. Zwischenbilanz und Fortschreibung.* Nürnberg.

Bundesagentur für Arbeit (BA): *Da geht noch was – Geschichten von erfolgreichen Spätstartern.* Nürnberg 2013. retrieved from www.arbeitsagentur. de/web/wcm/idc/ groups/public/documents/webdatei/mdaw/mje1/~edisp/ l6019022dstbai621734.pdf?_ba.sid=L6019022DSTBAI621743 (HF 2).

Bundesinstitut für Bevölkerungsforschung BiB (Hrsg.) (2010): *Materialien zur Bevölkerungswissenschaft*, Heft 129. Weiterbeschäftigung im Rentenalter Wünsche – Bedingungen – Möglichkeiten. Wiesbaden.

Bundesverband Deutscher Unternehmensberater BDU e. V. (Hrsg.) (2015*): Demografie- Exzellenz – Herausforderungen im Personalmanagement 2015.* Bonn.

Deutsche Rentenversicherung. *Veränderung bei den Hinzuverdienstgrenzen*, retrieved 24.1.17, from http://www.deutsche-rentenversicherung.de/Allgemein/ de/Inhalt/ Allgemeines/FAQ/gesetzesaenderungen/flexirente/01_faq_liste_ hinzuverdienstgrenzen.html.

Heckel, M. (2013): *Aus Erfahrung gut. Wie die Älteren die Arbeitswelt erneuern.* (Edition Körber-Stiftung). Hamburg.

Institut der deutschen Wirtschaft Köln: *MINT-Frühjahrsreport 2016.* Gutachten für BDA, BDI, MINT Zukunft schaffen und Gesamtmetall. Köln, April 2016.

Statistisches Bundesamt: *Umfrage zu den Auswirkungen des demografischen Wandels auf die Unternehmen.* Wiesbaden 2010. retrieved from: http:// de.statista.com/ statistik/daten/studie/173235/umfrage/auswirkungen-des-demografischen-wandels-auf-unternehmen/).

Towers Watson (Hrsg.): *Erfolgsfaktor Demografie-Management. Status quo, Herausforderungen und Lösungsansätze für Unternehmen.* Frankfurt am Main 2014.

Marion Baader und Franziska Schmidt

Persönliche Erfahrungen und Einschätzungen aus der Beratung im Bereich Bildung, Beruf und Beschäftigung

Abstract: *The Interview gives an insight into counselling offers, methods and responsibilities of a systematic coach and counsellor with many years of experience. Thereby the differences and the similarities of younger and elderly in counselling reasons and procedures are highlighted.*

Im Rahmen des Projektes „INBeratung – Innovative Beratung Älterer zur Teilhabe am Arbeits- und gesellschaftlichen Leben" an der Hochschule der Bundesagentur für Arbeit (HdBA) wurden Interviews mit ausgewählten Partnern durchgeführt. Im Folgenden werden die Antworten von Frau Marion Baader (Regionalbüro Baden-Württemberg) auf die Interviewfragen zum Teil in gekürzter Form wiedergegeben.

Welche Aufgaben haben Sie als Freiberuflerin und wie stehen Sie hierbei im Kontakt mit älteren Menschen?

Die meisten Erfahrungen mit älteren Menschen habe ich in den Einzelberatungen und in der Gruppenarbeit. Ich bin freiberuflich als Bildungs- und Laufbahnberaterin tätig, d.h., ich berate und coache Menschen, die sich in beruflichen Umbruch- und Entscheidungssituationen befinden. Ich biete auch Bewerbungscoaching und Beratung bei Konflikten im beruflichen Umfeld an, denn die Klammer meiner Beratungstätigkeit ist der berufliche Kontext.

Dies mache ich seit 2008 – ich bin da für Einzelpersonen, aber auch für kleinere und mittlere Unternehmen, die für ihre Mitarbeiterinnen und Mitarbeiter Unterstützung durch Beratung im Sinne der Personalentwicklung brauchen. Ich arbeite auch in Projekten mit, bei denen Bildungsberatung oder Berufsberatung die wichtigste Thematik ist. Seit 2009 bin ich in unterschiedlichen Projekten in Kooperation mit der Mannheimer Abendakademie tätig und derzeit leite ich das Regionalbüro der Netzwerke für berufliche Fortbildung Heidelberg, Mannheim, Neckar-Odenwald und Sinsheim.

Wie laufen Einzel- und Gruppenberatungen ab und was umfassen diese inhaltlich?

Ich stelle dies an einem Beispiel dar. Regelmäßig leite ich eine Gruppe zum Thema „Was sind meine besonderen Kompetenzen und Stärken? Was sind meine Ideen oder Ziele und wie kann ich diese ehrenamtlich umsetzen?" Anwesend sind Menschen, die sich in der Phase „ausklingendes Berufsleben" oder schon im Rentenalter befinden und die sich für das Thema Ehrenamt interessieren und sich engagieren wollen.

Ein Instrument, das ich in der Gruppenarbeit und auch in der Einzelberatung gerne nutze, ist der ProfilPASS (www.profilpass.de). Dies ist eine sehr strukturierte Vorgehensweise, mit der Menschen sich anhand ihrer eigenen Biographie (die nicht nur das Erwerbsleben beschreibt, sondern auch ehrenamtliche Engagement, Freizeitaktivitäten und Familienleben einbezieht) ihrer besonderen Stärken bewusst werden können.

Der ProfilPASS hilft zu erkennen, was man alles getan hat, wie man dabei vorgegangen ist und welche Lernerfahrungen dabei gemacht wurden. Dieser Prozess wird durch die Arbeit mit einem Ordner unterstützt, bei dem bestimmte Teile in der Einzelberatung oder in der Gruppenarbeit erarbeitet werden und sich die/der Ratsuchende dann alleine weiter damit auseinandersetzt. Bei den Beratungs- oder Gruppentreffen tauscht man sich immer wieder im Zweiergespräch oder in Kleingruppen aus. Das Ziel ist es, gemeinsam Erfahrungen zu teilen, um so voneinander profitieren zu können und auch neue Ideen zu bekommen.

Als systemischer Coach arbeite ich auch mit zirkulären Fragen, mit Bildern oder Metaphern, mit Lebenslinien oder mit Aufstellungen usw. Das sind alles Methoden, die ich gerne in Beratungsprozessen oder in der Gruppenarbeit einsetze. Und dann gibt es Methoden, die sich im Beratungsprozess oder in der Gruppenarbeit entwickeln, in denen ich die Ideen der Menschen, die zu mir kommen, aufgreife und einbinde. So dass sich eine Methode, die ich in der Fachliteratur gefunden habe, verändert, der aktuellen Situation angepasst wird oder ich diese einbinde. Das ist ein sehr spontanes, flexibles und manchmal auch sehr intuitives Vorgehen. Manche Menschen können gut mit Bildern umgehen, mit Fotografien. Andere haben die Bilder eher im Kopf, wo dann die Arbeit mit Metaphern hilfreicher ist. Ich muss sehen und spüren, was gerade passt und wirkt, das ist ein sehr konzentriertes und manchmal sehr anstrengendes Tun – aber das macht die Beratungsarbeit ja gerade so spannend.

Mit welchen Anliegen kommen die Ratsuchenden zu Ihnen?

Ein wichtiges Thema ist die *berufliche Neuorientierung* – Menschen begleiten, die auf der Suche nach etwas Neuem sind, weil sie es wollen oder weil sie es müssen. Zum Beispiel wegen Krankheit oder Arbeitsplatzverlust oder weil es die Firma nicht mehr gibt. Die Menschen, die sich fragen: „Was gibt es für Möglichkeiten für mich? An was habe ich Freude? Was habe ich für Visionen und Ziele und was ist tatsächlich realisierbar?" Es geht dabei meist um Entscheidungshilfe, die Prüfung von Ideen und um Zielfindung, aber auch um eine Auseinandersetzung mit den eigenen Stärken und Kompetenzen.

Auch *Konflikte am Arbeitsplatz* sind immer wieder ein Thema, wie „Ich werde gemobbt oder ich glaube das ist Mobbing." Oder „Ich habe einen Konflikt mit einer Kollegin, mit meinem Vorgesetzten oder mit einem Mitarbeiter. Wie kann ich diesen Konflikt angehen?" Auch das sind Anlässe, mit denen Menschen zu mir kommen und berufliches Coaching oder Coaching im beruflichen Umfeld wünschen, wobei es vorrangig um Reflexion der erlebten Situationen und des eigenen Handelns geht.

Der *Ausstieg aus dem Erwerbsleben* ist ein weiteres Thema. Wenn Menschen sagen: „Ok – jetzt ist es dann soweit, bald werde ich verrentet oder gehe in Pension, was ist denn dann? Was tut sich da? Kommt da noch was? Und was möchte ich machen? Will ich auf Honorarbasis weiterarbeiten? Suche ich mir einen 400-Euro-Job, was könnte das dann sein? Soll ich mir ein Ehrenamt suchen oder engagiere ich mich in einem sozialen Projekt?"

Außerdem gibt es die Fragen, die ganz konkret die *Suche nach einer ganz bestimmten Fortbildung* betreffen: „Ich habe eine Idee, ich möchte mich zu dem oder dem Thema weiterbilden, welches ist das passende für mich?", oder „Ich möchte dieses berufliche Ziel erreichen, welche Wege gibt es dorthin?" Hierbei geht es meist um *berufliche Weiterentwicklung*, also nicht um eine Erstausbildung, eher um Fragen wie: „Was kann ich auf meinen beruflichen Abschluss aufbauen? Ich habe verschiedene Erfahrungen gemacht, wie kann ich mich weiterentwickeln, so dass ich eine bessere Position erreiche, mehr verdiene, interessantere Aufgaben oder mehr Verantwortung habe?"

Beruflicher Wiedereinstieg ist ebenfalls ein Thema – entweder nach Elternzeit, Familienzeit (Pflege von Familienangehörigen) oder Arbeitslosigkeit: „Wie schaffe ich diesen Wiedereinstieg? Mache ich etwas in meinem alten, erlernten Beruf, wo ich berufliche Erfahrung mitbringe – oder mache ich etwas ganz Anderes? Und wenn ich etwas ganz anderes machen möchte, was denn? Was muss ich tun bzw. ist das überhaupt realisierbar? Und wenn es realisierbar scheint, was muss oder kann ich tun, damit ich dorthin komme und wer hilft mir dabei oder welche finanziellen Förderungen gibt es?"

Und natürlich das Thema: „Wie baue ich meine *individuelle Bewerbungsstrategie* auf? Wie schreibe ich einen aussagekräftigen Lebenslauf? Wie plane ich das alles, so dass es Sinn macht, dass ich den Überblick behalte, dass ich auch wirklich für mich eine Entwicklung sehe? Nicht einfach nur reagiere, sondern ins Agieren komme!"

Bezüglich der beruflichen Neuorientierung: Kommen hierfür viele Personen über 55 oder eher viele Jüngere?

Mit dieser Frage kommen mehr Menschen, die sich zwischen dem 35. und 50. Lebensjahr befinden, die eine neue Herausforderung oder eine für sie sinnvollere Tätigkeit suchen oder feststellen, dass sie ihre Berufswahl aufgrund sachlicher Gründe oder auf Druck anderer getroffen haben. Für 55+ Jährige ist berufliche Neuorientierung dann ein Thema, wenn sie ihren Arbeitsplatz verloren haben oder wenn Krankheit die Ursache ist. Es sind schon eher die etwas Jüngeren, die mit diesem Thema zu mir kommen. Wobei sich das jetzt auch verändern wird, da die Menschen länger arbeiten müssen. 55 Jahre heißt, sie müssen mindestens noch 12 Jahre arbeiten und da kann man doch nochmal einiges neu planen.

Mit welchen Erwartungen kommen die Leute ab 55?

Ich denke, dass sich die Erwartungen der Leute ab 55 nicht so sehr von denen Jüngerer unterscheiden. Viele hätten am liebsten, dass jemand da ist, der ihnen sagt, was sie jetzt tun sollen. Das ist so die erste etwas naive Erwartung. Sie erkennen aber relativ schnell, dass ihnen das nicht weiterhelfen würde und dass sie das auch eigentlich nicht wollen. Und so sehe ich es als meine erste Aufgabe, herauszubekommen, was das tatsächliche Anliegen ist. Geht es um Informationen, geht es um Entscheidungshilfe, geht es darum, Perspektiven zu eröffnen oder Mut zu machen, eine verrückte Idee zu relativieren oder um etwas ganz anderes? Da unterscheiden sich die Menschen über 55 gar nicht von denen, die mit 25 oder 30 Jahren kommen.

Aber natürlich ist es schon bei den Personen über 55 so, dass sie in ihrer besonderen Situation gesehen werden möchten und „Respekt" für das, was sie schon alles geleistet haben, bekommen wollen. Also Empathie und eine wertschätzende Haltung sind hierbei sehr wichtig!

Wo sehen Sie die Unterschiede zwischen der Gruppe von über 55-Jährigen oder anderen Gruppen, also gerade jüngeren Leuten?

Die Selbst- und Fremdeinschätzung stimmen oft nicht überein und Zweifel und Verunsicherung in Bezug auf (eigene) Möglichkeiten und realistische Umsetzung sind bei älteren Menschen größer. Ältere Frauen haben viel mehr Zweifel an dem, was sie können. Da sind jüngere Frauen selbstbewusster. Und hier unterscheiden sich auch Männer und Frauen. Ältere Männer überschätzen sich oft und ältere Frauen stellen ihr Licht meist unter den Scheffel. Also dieser Unterschied zwischen Männern und Frauen ist in dieser Altersgruppe viel deutlicher als bei Jüngeren. Es fällt auch auf, dass ältere Menschen entweder ziemlich genau wissen, was sie wollen oder sie wissen es gar nicht. Diese Extreme beobachte ich in dieser Altersgruppe sehr häufig. Ebenso die Spannung, dass sie entweder sehr risikobereit sind, dass sie sagen „Ich mache das jetzt, egal was passiert", oder sie sehr zaudern. Bei Jüngeren gibt es viel mehr Grautöne. In dieser Generation gibt es oft nur entweder oder, die Zwischentöne sind da nicht so sichtbar oder werden nicht zugelassen.

Ältere Menschen sind es auch weniger gewohnt, sich mit sich selbst und ihren Bedürfnissen auseinanderzusetzen. Sie schauen mehr auf das, was die Anderen brauchen. Ältere Menschen haben ja ganz viele unterschiedliche Erfahrungen im Leben gemacht, positive und negative, die sie prägen. Da ist viel mehr im Rucksack als bei Jüngeren, die noch nicht so viele Geschichten erzählen können, da sie noch nicht so viele Erfahrungen gemacht haben. Bei jüngeren Menschen sind Einstellungen und Werte auch noch nicht so festgezurrt. Bei Älteren bedarf es mehr Arbeit ein Vorurteil oder ein Lebensprinzip in Frage zu stellen. Und dies ist gerade wichtig, wenn man sich beruflich neu orientiert, dass man einen Perspektivwechsel herstellt und sich überlegt, wie könnte es anders gehen, als ich es in den letzten zwanzig Jahren gemacht habe. Ältere und vor allem die, die dann Beratung in Anspruch nehmen, haben schon viel häufiger Mobbing oder andere Ausgrenzungserfahrungen machen und mit Misserfolgen wie Absagen, Kündigungen, Konflikten umgehen müssen.

Was sind wichtige Kompetenzen einer Beraterin oder eines Beraters?

Eine ganz wichtige Kompetenz ist es, die eigenen Werte, Klischees bzw. Vorurteile immer wieder zu überprüfen und zu reflektieren. Sich selbst zu sagen, das ist jetzt meine Einstellung, und das hat oft nichts mit der Person, die mir gerade gegenüber sitzt zu tun. Also die Fähigkeit, wertschätzend, aber nicht bewertend zu beraten. Die professionelle Distanz zu wahren, ist ebenfalls sehr wichtig, um nicht Partei zu ergreifen, sich gefühlsmäßig zu verstricken oder auszubrennen. Es ist eine hohe Fähigkeit zur Eigenreflexion gefragt, also eine stete Reflexion der eigenen Werte und der eigenen Geschichte.

Man sollte auch in der Lage sein, visionäres Denken zu fördern, ohne dabei die realisierbaren Möglichkeiten zu beschönigen oder zu leugnen. Das Spannungsfeld zwischen „Was würde ich am liebsten machen?" und „Was ist tatsächlich möglich und was bin ich bereit, dafür zu investieren?" Manche Menschen neigen dazu, sich total zu überschätzen oder ins Reich der Ideen und Träume abzuschweifen. Es ist eine wichtige Aufgabe einer Beraterin oder eines Beraters, diesen Menschen dabei zu helfen zu erkennen, was überhaupt für sie realisierbar ist. Manche Menschen wiederum müssen animiert oder dabei unterstützt werden, sich selbst mehr zuzutrauen und auch etwas zu wagen.

Gleichzeitig ist ein umfangreiches berufskundliches Wissen nötig, also Wissen über Berufsbilder und -wege, über rechtliche Rahmenbedingungen und gesetzliche Vorgaben; und natürlich eine große Methodenvielfalt vor allem in Bezug auf Biografiearbeit, interkulturelle Kompetenz Toleranz sowie ein ressourcenorientierter Blick. Ganz wichtig ist eine positive und zuversichtliche Grundeinstellung, und man muss die Menschen mit all ihren „Eigentümlichkeiten" annehmen und respektieren.

Gab es bisher kritische Momente in bestimmten Beratungssituationen mit Personen über 55, wo Sie einfach nicht mehr so genau wussten, wie sie damit umgehen sollen?

Schwierig werden meist die Situationen, wenn Menschen psychische Probleme mitbringen. Schwierig ist es, gerade Älteren deutlich zu machen, dass sie eigentlich eine Therapie bräuchten. Diesen Menschen wertschätzend, ohne sie zu verletzen, nahe zu bringen, dass jetzt eine Beratung oder ein Coaching nicht das richtige Mittel für sie ist, sondern eine therapeutische Begleitung hilfreicher und sinnvoller wäre, fordert viel Fingerspitzengefühl. Das ist bei dieser Altersgruppe viel schwerer als bei Jüngeren. Bei Jüngeren ist das Thema „psychische Erkrankung" nicht so tabuisiert, nicht so problematisiert, wie bei älteren Menschen. Da hat sich in den letzten Jahren einfach auch etwas verändert.

Ebenfalls kritische Momente treten in Beratungssituation auf, wenn es um die Grenzen des Arbeitsmarktes geht. Wenn man einfach erkennen und sagen muss, so ist es leider, mehr geht nicht. Diese Hilflosigkeit: wir können den Arbeitsmarkt jetzt nicht ändern. Da hilft es auch nicht, politisch zu argumentieren oder über die Gesellschaft zu klagen.

Gibt es Unterschiede bei Menschen über 55 in Bezug auf den Bildungsstand?

Ja, je höher der Bildungsstand, desto größer sind die Ansprüche auch im Alter noch eine sinnhafte Tätigkeit zu machen, vor allem dann auch über das Erwerbsleben hinaus, entweder ehrenamtlich oder gegen Bezahlung. Manche sagen sogar, ich möchte jetzt nochmals eine Ausbildung oder ein Studium machen, so dass ich eine befriedigende Beschäftigung im Ruhestand habe. Je höher der Bildungsstand, desto weniger geht es bei älteren Menschen ums Geldverdienen und umso mehr darum, etwas für sie Sinnhaftes zu machen. Ich glaube, dass für ältere Menschen mit höherem Bildungsstand berufliche Anerkennung sehr wichtig ist und sie diese für ihr Selbstwertgefühl auch über die Erwerbsphase hinaus brauchen.

Wie bewerten Sie im Moment generell, unabhängig von Ihnen, die Angebote, die es für die Zielgruppe über 55 gibt?

Da muss man unterscheiden: Es gibt viele Coaches oder Berater/innen im Bereich Bildung und Beschäftigung, die kostenpflichtig ihre Dienstleistung anbieten. Und man kann hier viel Geld investieren und gute aber auch schlechte Erfahrungen machen. Aber eine kostenfreie Beratung, vor allem eine für die Zielgruppe über 55, ist selten. Es gibt in Baden-Württemberg Angebote, wie die Regionalbüros der Netzwerke für berufliche Fortbildung (www.fortbildung-bw.de) oder das Landesnetzwerk Weiterbildungsberatung (www.lnwbb.de), die mit Landesmitteln gefördert werden. In diesen Projekten wird aber oft nur eine Erst- und Orientierungsberatung angeboten, die eine Lotsenfunktion zu den Möglichkeiten der beruflichen Fortbildung hat. Gezielte Angebote speziell für die Zielgruppe 55+ gibt es wenig und die sind meist eingebunden in andere Themen oder vereinzelt an ausgewählten Standorten angesiedelt. Viele dieser Angebote sind zeitlich befristet oder nur für eine bestimmte Klientel nutzbar. Auch das Beratungsangebot der Bundesagentur für Arbeit stößt hier schnell an Grenzen, da eine intensive Begleitung in der Phase der beruflichen Neu- oder Umorientierung vor allem für ältere Menschen viel Zeit benötigt.

Wie bewerten Sie die Entwicklung der Häufigkeit und den Umfang der Beratung für Ältere in den vergangenen Jahren?

Ich beobachte, dass der Bedarf stetig zunahm und auch noch weiter steigen wird. Momentan ist der Arbeitsmarkt zwar gut und es gibt viele offene Stellenangebote; und auch ältere Menschen finden leichter einen neuen Arbeitsplatz als noch vor 5 Jahren. Aber trotzdem ist es für diese Altersgruppe viel schwieriger, sich auf dem Arbeitsmarkt zu behaupten und ihre Beschäftigungsfähigkeit zu sichern als für Jüngere. Und dafür brauchen sie unterstützende Beratung und Begleitung.

Und wenn die Menschen immer länger arbeiten müssen oder können, werden sie sich öfter fragen „Will ich oder kann ich das, was ich zur Zeit mache, noch länger machen?" oder sich sagen „Ich kann es mir jetzt leisten, auch mal zu wechseln und ich habe den Mut, etwas Neues anzufangen". Diese suchen dann viel häufiger nach Beratungsangeboten, weil Beratung in Anspruch zu nehmen, in unserer Gesellschaft immer mehr akzeptiert wird. Es ist nun legitim, sich Hilfe und Begleitung in beruflich und persönlich schwierigen Situationen zu holen.

Ich glaube schon, dass es einen „Markt", also einen immer größeren Bedarf und eine Nachfrage nach Beratung im beruflichen Umfeld gerade für ältere Menschen, geben wird.

Die Frage ist, wie greift unsere Gesellschaft und die Politik dieses Bedürfnis auf und wie reagiert sie darauf. Und welche Beratungsangebote stellt sie für die unterschiedlichen Zielgruppen, insbesondere der über 55-Jährigen, zur Verfügung und zu welchen Bedingungen. Ein breites Spektrum verschiedener Anbieter, öffentlich gefördert oder privat finanziert, ausgerichtet an den unterschiedlichen Bedürfnissen und Möglichkeiten der Ratsuchenden, wird ein wichtiger Bereich in unserer Gesellschaft werden.

Autorinnen und Autoren

Alt, Heinrich, Studium der Politikwissenschaft und Germanistik an der Universität Trier. Ab 1977 in mehreren Führungspositionen der damaligen Bundesanstalt für Arbeit, u. a. Direktor des Arbeitsamtes Bad Kreuznach. Von 1998 bis 2001 Staatssekretär im Arbeits- und Sozialministerium Schleswig-Holstein. 2001 Rückkehr als Vizepräsident zur Bundesanstalt, ab 2002 Mitglied des Vorstandes der Bundesagentur für Arbeit. Seit 1.7.2015 im Ruhestand.

Baader, Marion, Dipl. Sozialpädagogin, systemisches Coaching, ProfilPASS-Multiplikatorin, Leiterin des Regionalbüros der Netzwerke für berufliche Fortbildung und freiberufliche Beraterin im beruflichen Kontext; Projektarbeit bei „AHA! Bildungsoffensive Mannheim" und „LEARN – Bildungsberatung im Rahmen der Lernende Regionen"; Arbeitsvermittlerin bei der Bundesagentur für Arbeit (SGB II + III); Geschäftsführerin, Beraterin und Sexualpädagogin bei pro familia Augsburg.

Barham, Lyn, Dr., worked as a careers adviser and manager for many years, before moving into national training, research and evaluation roles. She is a Fellow of NICEC (UK), and served for ten years on the executive of the International Association for Educational and Vocational Guidance (IAEVG). Following a 'late career' doctorate, Lyn's research interests now focus on the older workforce and on 'green guidance' – career guidance for a sustainable future.

Baumann, Isabel, Ph.D., M.A. Social Sciences, is a research collaborator at the Institute of Health Sciences at Zurich University of Applied Sciences (ZHAW), Switzerland. She received a M.A. in Social Sciences from University of Fribourg and a Ph.D. in Social Sciences from University of Lausanne. She was a visiting scholar at the Stanford Department of Sociology in 2013/2014 and is member of the Swiss National Centre for Competence in Research "Overcoming Vulnerability: Life Course Perspectives" (NCCR LIVES).

Ertelt, Bernd-Joachim, Prof. Dr., bis 2005 Professor an der Fachhochschule des Bundes für öffentliche Verwaltung, Fachbereich Arbeitsverwaltung, Mannheim, danach Lehrbeauftragter an der Hochschule der Bundesagentur für Arbeit (HdBA), a.o. Professor für Wirtschaftspädagogik und Beratungswissenschaft an der Jan Długosz Universität, Częstochowa/Polen, Lehrbeauftragter an den Universitäten Heidelberg und Mannheim. Honorarprofessor an der University of National and World Economy, Sofia/Bulgarien, ausländischer Universitätsprofessor an der Kath. Universität Lublin/Polen. Beteiligung an europäischen Projekten sowie internationale Expertentätigkeit in Beratungswissenschaft. Zahlreiche nationale und internationale Publikationen.

Frey, Andreas, Prof. Dr., seit 2008 Professor für Berufs- und Wirtschaftspädagogik und seit März 2012 Rektor der Hochschule der Bundesagentur für Arbeit (HdBA), Lehrbeauftragter am Eidgenössischen Hochschulinstitut für Berufsbildung (EHB), Zollikofen (Schweiz). Beteiligung an zahlreichen europäischen Forschungs- und Entwicklungsprojekten sowie internationale Expertentätigkeit in den Bereichen Curriculumentwicklung, Kompetenzdiagnostik und -bilanzierung sowie Beraterausbildung. Umfangreiche nationale und internationale Publikationen.

Froidevaux, Ariane, Ph.D., has obtained her M.Sc. in Career Counseling and her Ph.D. in Psychology from the University of Lausanne, Switzerland. She has been awarded a postdoctoral mobility fellowship from the Swiss National Science Foundation and currently develops her research projects at the Department of Management of the Warrington College of Business of the University of Florida. Her research interests focus on the transition to retirement and on the career development of workers aged 55 years old and above.

Górna, Joanna, Dr., Mitglied der Arbeitsgruppe „Berufsberatung" der Päd. Fakultät und Rektorin der „Universität des Dritten Alters" der Jan Długosz Universität (AJD), Częstochowa/Polen. Zahlreiche Publikationen und aktive Beteiligungen an Fachkonferenzen im In- und Ausland. Beteiligung an mehreren EU-Projekten. Lehr- und Forschungsgebiete: Kompetenzen bei älteren Menschen, Probleme auf dem Arbeitsmarkt, Gesundheitserziehung, Management kleiner und mittlerer Betriebe.

Höft, Ramona, M.Sc. Wirtschaftspädagogik, während ihrer Masterthesis an der Universität Mannheim 2015 beschäftigte sie sich mit der Thematik „Einflussfaktoren auf die Entwicklung der Arbeitsleistung älterer Arbeitnehmer – eine Kasuistik". Aktuell arbeitet sie an der Berufsbildenden Max-Hachenburg Schule in Mannheim.

Imsande, Annika, M.Sc. Psychologie, seit 2016 wissenschaftliche Mitarbeiterin im Projekt „Innovative Beratung zur Verbesserung der Teilhabe Älterer am Arbeits- und gesellschaftlichen Leben (INBeratung)" an der Hochschule der Bundesagentur für Arbeit (HdBA). Teilnahme an Fachkonferenzen im In- und Ausland.

Kopmann, Marion, Diplom-Kauffrau, ist Gründerin und Geschäftsführerin von MASTERhora.de und war viele Jahre erfolgreich in der Beratung bei Internal Relations GmbH tätig. Seit 2013 bringt sie auf MASTERhora.de Menschen ab 50 plus/Senior-Experten mit Unternehmen zusammen, die Fachkräfte suchen und/ oder auf Kompetenz und Wissen ihrer eigenen Mitarbeiter im Ruhestand weiter zugreifen wollen.

Lechner, Doris, war nach dem Studium der Volkswirtschaftslehre (Abschluss 1990) zunächst einige Jahre lang wissenschaftliche Mitarbeiterin an der Universität Mannheim und am Zentrum für Europäische Wirtschaftsforschung (Mannheim). Nach mehreren Auslandsaufenthalten (USA und Schweiz) und einem Abstecher in den Bereich der Öffentlichkeitsarbeit ist sie seit 2007 Koordinatorin für das Gasthörer- und Seniorenstudium an der Universität Mannheim. Daneben ist sie als Trainerin in der Erwachsenenbildung tätig.

Maggiori, Christian, Ph.D., is a Professor at the HES-SO – University of Applied Sciences and Arts Western Switzerland, School of Social Work Fribourg. He also collaborates with the Swiss National Centre of Competence in Research LIVES: Overcoming vulnerabilities at the University of Lausanne. His teaching areas and research interests include ageing, well-being and affectivity, transition to retirement, and ageism.

Noworol, Czesław, Prof. Dr., arbeitet am Institut für Wirtschaft, Finanzen und Management der Jagiellonen-Universität (JU), Kraków. Ph.D. in technischen Wissenschaften im Bereich Organisation und Management sowie Habilitation im Bereich Sozialwissenschaften (Psychologie). Mitglied im Rat für Wissenschaft und Hochschulbildung der (JU). Autor von über 200 Publikationen, darunter 20 Bücher auf den Gebieten Psychometrie, Ökonometrie, Berufsberatung und Bildungsberatung, Anwendung statistischer Forschungsmethoden in den Sozialwissenschaften. Vorsitzender des Nationalen Forums für Laufbahnberatung in Polen. Aktive Beteiligung an mehr als 20 EU-Forschungs- und Entwicklungsprojekten.

Rossier, Jérôme, is a full professor of vocational and counseling psychology at the University of Lausanne, Switzerland. He is the editor-in-chief of the *International Journal for Educational and Vocational Guidance*. His teaching and research areas include counseling, personality, and cross-cultural psychology. He initiated and participated to several multi-national studies, published a great number of scientific contributions, and co-edited the "Handbook of life design: From practice to theory and from theory to practice".

Scharpf, Michael, Prof. Dr., Diplom-Volkswirt, seit 2008 Professor an der Hochschule der Bundesagentur für Arbeit (HdBA) in Mannheim mit dem Schwerpunkt Public Management (Unternehmenssteuerung, Rechnungswesen und Controlling). Seit 2012 ist er Prorektor der HdBA und zuständig für die Bachelor-Studiengänge. Seine Lehr- und Projektschwerpunkte im In- und Ausland liegen in den Bereichen Management, Beratung und Entwicklung von Curricula.

Schmidt, Franziska, Studentin der Psychologie an der Universität Mannheim, arbeitete seit 2016 im Projekt „Innovative Beratung zur Verbesserung der Teilhabe Älterer am Arbeits- und gesellschaftlichen Leben (INBeratung)" an der Hochschule der Bundesagentur für Arbeit (HdBA). Unter anderem unterstützte sie die Durchführung und Auswertung der qualitativen Interviews mit Projektpartnern in der Metropolregion Rhein-Neckar.

Thalhammer, Stephanie, B.A. Arbeitsmarktmanagement an der Hochschule der Bundesagentur für Arbeit, ist Arbeitsvermittlerin im Jobcenter München. In Ihrer Bachelor-Thesis hat sie „Berufliche Interessen im Dritten Alter" thematisiert und dazu mit Andrea Wunderlich und Caroline Tittel eine empirische Studie durchgeführt.

Tittel, Caroline, B.A. Arbeitsmarktmanagement an der Hochschule der Bundesagentur für Arbeit, in dessen Rahmen sie am Forschungsprojekt „Berufliche Beratung im Dritten Alter" teilnahm und ihre Thesis dazu verfasste. Nach dem Studium begann sie ihre berufliche Tätigkeit im bewerberorientierten Arbeitgeberservice des Jobcenters München. Seit 2015 studiert sie berufs- und organisationsbezogene Beratungswissenschaft im Masterstudiengang an der Ruprecht-Karls-Universität Heidelberg und wechselte 2016 in das Jobcenter Mainz in die Arbeitsvermittlung.

Walther, Thorsten, M.A. Sozialpolitik, arbeitete nach dem Studium der Sozialwissenschaften und Sozialpolitik in Projekten zur beruflichen Weiterbildung am Forschungsinstitut Betriebliche Bildung (f-bb) in Nürnberg. Seit 2016 ist er wissenschaftlicher Mitarbeiter im Projekt „Innovative Beratung zur Verbesserung der Teilhabe Älterer am Arbeits- und gesellschaftlichen Leben (INBeratung)" an der Hochschule der Bundesagentur für Arbeit (HdBA) in Mannheim. Als wissenschaftliche Lehrkraft an der HdBA liegen seine Schwerpunkte in den Bereichen Arbeitsmarktintegration und berufliche Aus- und Weiterbildung.

Wieber, Frank, PD Dr., studied psychology in Jena, Canterbury, Louvain-la-Neuve, and New York. As a senior researcher at the Institute for Health Sciences at the ZHAW and private lecturer at the University of Konstanz, he addresses questions of (health) behavior change in individuals and groups with an emphasis on goal setting and planning.

Wunderlich, Andrea, B.A. Arbeitsmarktmanagement an der Hochschule der Bundesagentur für Arbeit; ihre Bachelorthesis mit dem Thema „Berufliche Beratung im Dritten Alter – Eine empirische Studie des Beratungsbedarfs" schrieb sie im Jahr 2014. Diese erfolgte im Rahmen des Lehrforschungsprojekts „Berufliche Beratung im Dritten Alter" in Kooperation mit der polnischen Universität Jan Długosz in Częstochowa. Heute arbeitet sie als Berufsberaterin in der Agentur für Arbeit Ravensburg.